COLEÇÃO
ABERTURA
CULTURAL

Publicado originalmente em holandês pelo Historische Uitgeverij sob o título
Politicide - De moord op de politiek in de Franse filosofie. Copyright © Luuk van Middelaar 2011.
Copyright da edição brasileira © 2015 É Realizações

A É Realizações Editora agradece o apoio da Dutch Foundation for Literature.

Nederlands letterenfonds
dutch foundation
for literature

Editor
Edson Manoel de Oliveira Filho

Produção editorial e projeto gráfico
É Realizações Editora

Preparação de texto
Lizete Mercadante Machado

Revisão
Luciane Helena Gomide

Capa
A2 / Mika Matsuzake

Reservados todos os direitos desta obra. Proibida toda e qualquer reprodução desta edição por qualquer meio ou forma, seja ela eletrônica ou mecânica, fotocópia, gravação ou qualquer outro meio de reprodução, sem permissão expressa do editor.

CIP-BRASIL. CATALOGAÇÃO NA PUBLICAÇÃO
SINDICATO NACIONAL DOS EDITORES DE LIVROS, RJ

M573p

    Middelaar, Luuk van
    Politicídio : o assassinato da política na filosofia francesa / Luuk van Middelaar; tradução Ramon Alex Gerrits. - 1. ed. - São Paulo : É Realizações, 2015.
    272 p. ; 23 cm. (Abertura cultural)

    Tradução de: Politicide : de moord op de politiek in de franse filosofie
    Inclui índice
    ISBN 978-85-8033-210-0

    1. Ciência política - Filosofia. 2. Filosofia francesa. 3. Existencialismo. I. Título. II. Série.

15-25656
                                                      CDD: 840.9
                                                      CDU: 821.133.1.09

18/08/2015   18/08/2015

É Realizações Editora, Livraria e Distribuidora Ltda.
Rua França Pinto, 498 · São Paulo SP · 04016-002
Caixa Postal: 45321 · 04010-970 · Telefax: (5511) 5572 5363
atendimento@erealizacoes.com.br · www.erealizacoes.com.br

Este livro foi impresso pela Edições Loyola em setembro de 2015. Os tipos são da família Sabon Light Std e Frutiger Light. O papel do miolo é o off white norbrite 66g, e o da capa, cartão ningbo star 250g.

POLITICÍDIO

O Assassinato da Política na Filosofia Francesa

Luuk van Middelaar

TRADUÇÃO RAMON ALEX GERRITS

Aos meus pais.

Sumário

Prefácio 7

Introdução 11

Capítulo 1 | As lições de Alexandre Kojève 29
    De Kant a Hegel 29
    A História do Mundo desde o Primeiro Homem até Napoleão 36
    Após o Fim da História 43
    Terror e Propaganda 58
    O Legado de Kojève 63

Capítulo 2 | Uma Ciranda de Engajamento Revolucionário:
               O Existencialismo Marxista (1945-1960) 71
    De Boa-fé 71
    A Política do Ser e o Nada 80
    Apologias da Violência Revolucionária 91
    A Rebelião do Bem 97
    Saindo do Impasse? 107

Capítulo 3 | A Luta na Praia: O Neonietzschianismo (1960-1975) 113
    Com Nietzsche contra Hegel 113
    Um Dragão de Três Cabeças 118
    Soberanas Máquinas Desejadoras 126

    Poder e Resistência.. 139
    Um contra Todos, Todos contra Um 153

Capítulo 4 | Como Ratos nos Escombros:
                 O Neokantismo (1975-1989) 157
    A Desilusão após o Gulag 157
    Um Desejo por Justiça.. 170
    O Retorno do Homem e da Justiça 184
    O Fim da Exceção Francesa 196
    O Bom e o Verdadeiro.. 202

Epílogo | A Morte e o Retorno da Política 209
    A Morte da Política... 209
    A República: uma Comunidade de Cidadãos 225
    A Democracia: uma Sociedade em Conflito........................... 237

Bibliografia.. 256
Índice Onomástico 267

Prefácio

Este livro, minha estreia, surgiu há doze anos. Não passou despercebido. Causou surpresa que um desconhecido de 26 anos inopinadamente ousasse desafiar consagrados pensadores franceses. Sem o saber, na época coloquei em prática um aforismo de Stendhal: o ingresso na sociedade deve ser feito com um *duelo*. E que oponentes eu havia escolhido!

Desde 1945, o pensamento francês tornou-se preponderante na Europa Ocidental e nos Estados Unidos. Modismos intelectuais parisienses projetavam-se muito além das fronteiras nacionais; eles definiam as concepções sobre poder e injustiça, sobre progresso e liberdade. Assim ocorreu que também nos Países Baixos e em Flandres diversos pensadores viram uma parte da sua biografia intelectual retratada em *Politicídio*, o que levou a debates, por vezes existenciais.

Mesmo agora que mais de vinte anos já se passaram desde a queda do comunismo soviético, permanece um enigma que pessoas inteligentes e bem-educadas ignorem ou justifiquem horrores elementares, como os campos de concentração russos. Não procuro a explicação para isso em teorias psicológicas ou políticas sobre comportamento coletivo ou a Guerra Fria, mas na própria filosofia francesa; especialmente nas lições sobre Hegel do misterioso russo Alexandre Kojève. Um homem que colocou seu entorno e as gerações seguintes numa trajetória perigosa. Foi um episódio único. Ainda assim, momentos de cegueira podem ocorrer novamente no futuro, nos quais o bom senso é suplantado por delírios ideológicos a custa do bem público. Aquele que por experiência sabe que isso pode ocorrer já está mais bem preparado.

As perguntas que este livro levanta não me abandonaram. Elas tocam a natureza e a essência da política. Em *Politicídio* frequentemente se trata de encontrar uma *posição intermediária*; entre o ideal e a prática, entre universalismo e relativismo, entre terror e impotência, entre a glorificação da violência e a utopia do pacifismo. Na sua propensão pelo absoluto, Sartre, Foucault e outros rejeitam qualquer posição intermediária como traição ou covardia burguesa. Mas eles bem ousam repensar esses extremos e com isso me forçaram também a defender a democracia filosoficamente. A tensão com que lidam em essência é aquela entre o pensar e o atuar, entre o filósofo e o rei, uma tão antiga quanto Platão e a própria filosofia política.

Em um trabalho posterior, fortalecido por uma experiência mais profunda da prática política que um estudante da Universidade de Groninga poderia ter, enfatizei outra posição intermediária: a da política como elo *entre passado e futuro*, como momento de livre atuação na corrente do tempo. Os embriões dessas concepções também se encontram no pensamento francês, sobre o qual sou tão crítico em *Politicídio*. Não podemos moldar a história (como Sartre queria), tampouco podemos fugir dela (como Camus queria) – pois (como Merleau-Ponty afirmava) estamos no seu entremeio.

Temos política porque a história foi tão imprevisível como o futuro o é. Por isso a lição de *Politicídio* não é que os filósofos devessem se distanciar da política. Certamente, devem-se evitar os excessos, mas há um trabalho incitante a cumprir. Cabe ao filósofo político repensar uma sociedade no âmbito do tempo e assim manter o futuro aberto para uma democracia. Somente assim podemos entender para onde vamos, a cada novo dia.

1º de setembro de 2011

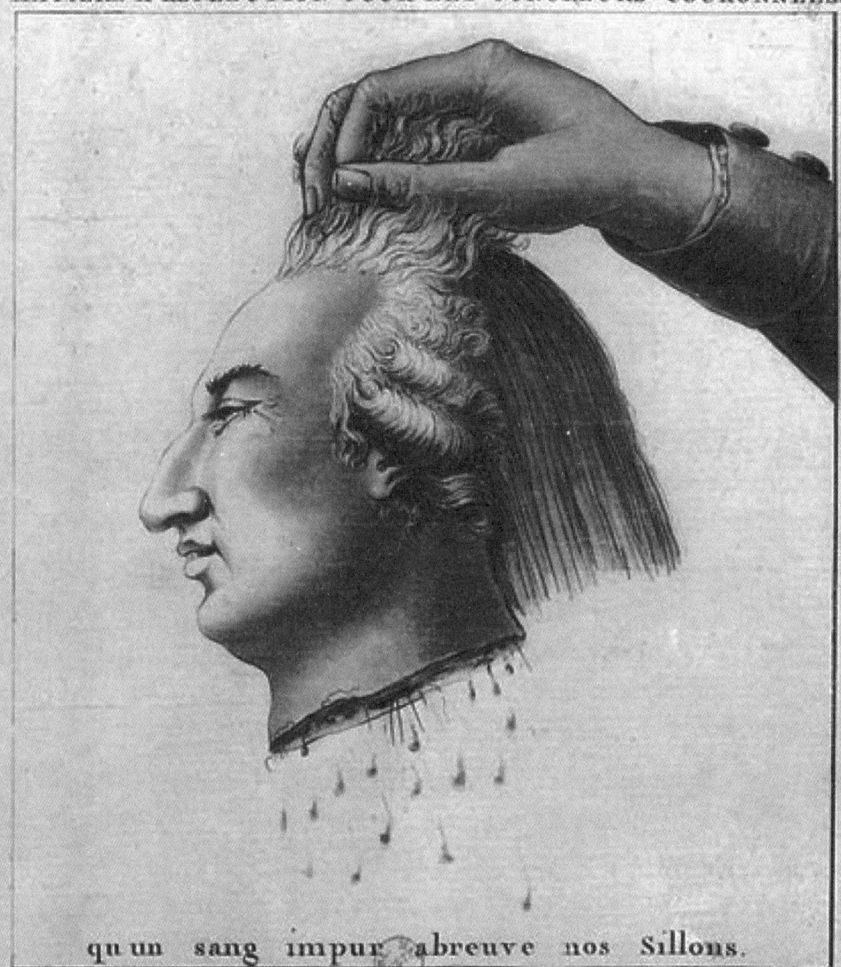

Introdução

Temos que cortar a cabeça do rei;
Na filosofia política, isso ainda está para acontecer.
Michel Foucault (1977)

Em 1937, o jovem filósofo e escritor romeno Emil Cioran (1911-1995) chegou a Paris com uma bolsa de estudos. Ficou deslumbrado com a cidade. Tudo ali era diferente do seu país de origem. O que mais impressionou Cioran, porém, foi o sistema político francês. Anos depois, ele expressou seu espanto assim:

> O fato de que partidos pudessem rivalizar sem se destruírem mutuamente ia além da minha compreensão. Como uma vergonha para a Espécie, como símbolo de uma humanidade anêmica, desprovida de paixão e convicção, inepta para o absolutismo, roubada de um futuro, limitada em todos os sentidos, incapaz de alcançar a suma sabedoria que me ensinou que o objetivo de uma discussão era esmagar o partido contrário – assim eu percebia o regime parlamentar.[1]

Seriam os desatinos de um brutamontes impetuoso dos Bálcãs, dir-se-ia, que se corrigiriam com o tempo. E, de fato, foi o que ocorreu. Cioran, que passou o resto da vida morando em Paris, tornou-se cada vez mais brando em sua opinião sobre a democracia. Segundo ele mesmo, porém, isso se devia antes ao esgotamento natural da sua elação juvenil que aos impulsos argumentativos do seu novo meio. No entreguerras e mesmo muito depois, praticamente não houve pensador francês que

---

[1] Cioran, *Histoire et Utopie*, p. 11. [A referência completa das obras mencionadas pode ser encontrada na bibliografia no fim deste volume.]

pudesse demover o imigrante romeno do seu ponto de vista antidemocrático. Apesar de Paris impressionar o mundo desde 1945 como um centro aparentemente inesgotável de novas verdades e estilos político-filosóficos, a questão da democracia raramente era mencionada.

Essa situação surpreendente é o assunto deste livro. Como é possível que justamente na França, o país que se vangloria de ter inventado a democracia moderna em 1789, o esboço do pensamento político desde 1945 tenha evoluído invariavelmente na defesa do terrorismo ou em declarações de impotência? Por que os filósofos franceses modernos, ávidos por fazer o salto do *pour-soi* a uma recomendação eleitoral e do enigma mundial ao *Le Monde*, se emaranhavam constantemente quando se tratava de pensar sobre política? E como pode que praticamente todos eles se esquecessem de que eram livres e capazes de *pensar* justamente em virtude da *democracia*? Essas perguntas formam o cerne deste estudo sobre a filosofia política francesa do pós-guerra.

Procuro o princípio de uma resposta a isso nas influentes palestras proferidas na década dos 1930 por Alexandre Kojève em Paris. Esse russo obstinado introduzia um vitalismo inescrupuloso *à la* Cioran nas suas lições sobre a doutrina filosoficamente aceitável da dialética do senhor e do servo de Hegel. Com isso, ele soube inspirar duas gerações de filósofos, a "geração marxista de 1945", de Sartre e Merleau-Ponty, e a "geração nietzschiana de 1960", de Foucault e Deleuze. Não obstante a divergência de suas ideias e pontos de vista, todos esses descendentes de Kojève compartilhavam uma predileção pela retórica bélica, uma intransigente tendência ao absoluto e a determinação de impor seus argumentos por meio da violência, caso necessário: exatamente as características que excluem uma avaliação positiva sobre a democracia. Nunca o cerne desse soberano desprezo foi resumido de forma tão contundente quanto no *slogan* antieleitoral de Sartre de 1973: "*Élections, piège à cons*" ("Eleições, armadilha para aloprados").

Consequentemente, Emil Cioran, que em todos esses anos, do seu minúsculo *loft* em Paris, espreitava altivamente as querelas político-filosóficas, nas primeiras décadas após a Segunda Guerra Mundial viu reforçada sua opinião de que "o regime parlamentar" não prestava. Somente a partir de 1975 é que o cínico autor de títulos como *Geboren zijn is ongemak* [Nascer é inconveniente] foi mais contestado. Após uma súbita visão dos horrores siberianos de um kojevianismo posto em prática, a maioria dos intelectuais franceses passou a acreditar na democracia. O novo problema, contudo, era que se costumavam apresentar os argumentos errôneos. A "geração kantiana de 1975" retornou aos axiomas atemporais de uma moral com a qual Kojève – com razão, mas de maneira equivocada – tentara acertar as contas quarenta anos antes. Meio século após a sua chegada à capital francesa, o entrementes já grisalho Cioran zombaria calorosamente desses democratas ingênuos. Estes lidavam com a democracia como uma criança que, após ingerir gulosamente um doce, se perguntava: "E agora?". Assim, ocorreu que o grosso dos participantes do debate político-filosófico francês do período 1945-1989 não foi capaz de convencer um romeno exaltado das virtudes de um sistema político graças ao qual o próprio debate, em primeira instância, podia ser conduzido. Nessa incompreensão generalizada, segundo o principal teorema deste livro, as três gerações de filósofos políticos franceses depois de Kojève praticaram um atentado coletivo à política. Em outras palavras, eles se tornaram culpados de *politicídio*.

No entanto, eis a pergunta: se a filosofia política francesa do pós-guerra proporcionou tão pouco à primeira vista, então por que ainda fazer este estudo? Por duas razões. Em primeiro lugar, a filosofia francesa do pós-guerra simplesmente é um fenômeno de grande importância histórica. Os pensadores de Paris desde 1945 determinaram em grande parte o clima intelectual internacional, mudando a maneira pela qual contemplamos o ser humano e o mundo – e com isso também o próprio ser humano e o mundo! Por isso é relevante analisar como eles lidaram com a parte do mundo que chamamos de "política". Além do mais, essa pesquisa comprovou que justamente na área política há uma conformidade substancial e extremamente surpreendente no pensamento dos filósofos citados. Embora frequentemente ridicularizassem e contestassem as ideias recíprocas, todos trabalhavam no mesmo projeto oculto, a "morte da política". (Contudo, essa conclusão um tanto sombria vale apenas expressamente para os textos políticos dos pensadores citados; aqui não se diz nada de mal sobre, por exemplo, a estética de Merleau-Ponty, a teoria do conhecimento de Foucault ou a filosofia da linguagem de Lyotard.) Ao demonstrar essa inesperada uniformidade na filosofia francesa do pós-guerra surge um novo e melhor entendimento de um fenômeno histórico-cultural excepcionalmente influente.

A segunda razão de ser deste livro é de natureza mais sistemática. Considerando que o pensamento francês do pós-guerra contém uma amostra única de filosofias políticas, podem-se tirar várias conclusões *sistemáticas* da sua análise *histórica*, relacionadas à filosofia política em geral. A grande força e o mérito do debate francês eram a sua vitalidade e a sua diversidade; pensava-se sem limites e nada era evitado. Assim, percorreu-se em meio século todo o programa de "Kant" a "Hegel" para "Marx" a "Nietzsche" e de volta a "Kant" – o assunto dos capítulos 1 a 4. O resto do mundo assistia a esse espetáculo com admiração e espanto. Na sua turbulência, em particular, o debate político-filosófico francês diferenciava-se do seu equivalente anglo-americano ou alemão. Ali se atuava principalmente dentro da matriz kantiana. Os alemães se encontravam demasiadamente atribulados pelo seu passado recente para versarem sobre outras coisas senão uma "teoria crítica" moralista. Os ingleses e os americanos, por outro lado, não estavam bem-dispostos a escrutinar drasticamente as suas hipóteses político-filosóficas, dado o desfecho a seu favor da Segunda Guerra Mundial. Talvez esteja aí a explicação para o vigor renovador dos filósofos franceses: eles não tinham a timidez do perdedor (graças a De Gaulle), mas (devido a Pétain) tampouco a indolência do vencedor. Seja como for, justamente graças a essa prévia e audaciosa viagem de exploração político-filosófica, por fim pôde surgir na França uma forma totalmente nova de pensamento político. A experiência amarga de meio século de politicídio fez com que mais que em outros lugares se evidenciasse a necessidade de um tipo diferente, *mais vital* de filosofia política. Foi Claude Lefort quem primeiro pressentiu essa necessidade e concluiu sua implícita missão, de forma satisfatória. Desde a década dos 1980, ele desenvolveu um forte pensamento *democrático* que rompeu o círculo vicioso procedente de Kojève e, com isso, também conseguiu dizer algo a mais. Por esse motivo, no epílogo deste livro tentarei demonstrar, em estrita consonância com uma retrospectiva sistemática do período 1945-1989, onde se encontra a superioridade do pensamento político de Lefort. Dessa forma, a história do assassinato da política na filosofia francesa termina com sua mais valiosa e convincente tentativa de reanimação.

Daí seguem algumas observações sobre o procedimento usado. Tento combinar uma abordagem sistemática e histórica da filosofia política francesa. Faço isso com base na convicção de que esse seja o único caminho possível para um assunto em que aspectos filosóficos e históricos estão tão estreitamente entrelaçados como na filosofia política. Uma ideia política que pode ser entendida mesmo sem a sua realidade política, não é uma boa ideia política.

Desde 1945, um sem-número de publicações surgiu sobre a filosofia francesa do pós-guerra. Nos termos do *Sens et Non-Sens* de Merleau-Ponty (1948) –, procurei evitar ser levado pelo mar de *non-sens*, mantendo o curso guiado pela sinalização disponível do *sens*. Gostaria de mencionar aqui os três semáforos mais importantes. O melhor comentarista da filosofia francesa do pós-guerra é Vincent Descombes. Seu *Le Même et l'Autre. Quarante-cinq Ans de Philosophie Française* (1933-1978) de 1979, uma exposição abstrata sobre o terreno em que ocorreram os debates filosóficos desde Kojève, ofereceu a estrutura da minha argumentação para o período até 1975. Em segundo lugar, a norte-americana Shadia Drury escreveu em *Alexandre Kojève:*

The Roots of Post-Modern Politics (1994) um estudo arrojado sobre as teorias de Kojève e sua influência sobre o pós-modernismo francês e norte-americano que me convenceu ainda mais da imensa importância de Kojève. Por fim, *Face au Scepticisme (1976-1993): Les Mutations du Paysage Intellectuel ou l'Invention de l'Intellectuel Démocratique*, que surgiu em 1994 da pena de Olivier Mongin, é de natureza totalmente diferente. Esse livro mapeia o recente debate intelectual de forma inteligente e foi, sobretudo, instrumental na discussão sobre o último período (1975-1989). Essas três perspectivas diferentes – o filosófico de Descombes, o *there's much in Kojève* de Drury e o intelectual-histórico de Mongin – contudo nunca foram combinadas. Tampouco se discutiu todo o período do pós-guerra em um só estudo. Consequentemente, a inesperada conexão sistemática entre três gerações de filósofos políticos franceses do período pós-Kojève nunca havia sido demonstrada. É essa a lacuna que este livro vem preencher.

No que se refere aos filósofos discutidos, tentei fazer jus tanto ao *sens* quanto ao *non-sens* do seu trabalho. Para tal, baseei-me o máximo possível em seus próprios textos. Além das fontes primárias, consultou-se um grande número de artigos e livros sobre pensadores ou correntes individuais, assim como algumas historiografias sobre intelectuais de natureza mais ampla.[2] Na seleção do material, concentrei-me em três questões principais. Quais foram os *debates exemplares* em cada período distinto? O que causou as *rupturas* entre os três

---

[2] Duas boas obras extensas sobre os intelectuais franceses de século XX são Ory e Sirinelli, *Les Intellectuels em France de l'Affaire Dreyfus à nos Jours* (1986), e Michel Winock, *Le Siècle des Intellectuels* (1997). Um menor escopo, mas a visão aguda de um forasteiro bem inserido no meio tem Tony Judt, *Past Imperfect. French Intelectuals*, 1944-1956 (1992). A afirmação de que a cultura intelectual e política francesa do pós-guerra pode ser mais bem compreendida a partir da história revolucionária francesa é o tema central de Sunil Khilnani, *Arguing Revolution. The Intelectual Left in Post-War France* (1994). Valioso também foi o quinquagésimo número da revista *Le Débat* (1988): uma minienciclopédia redigida por Pierre Nora e Marcel Gauchet sobre 35 anos de cultura intelectual francesa (1953-1988).

períodos? E o que permeou como *basso continuo* esses três períodos? Essas três perguntas são o fio condutor para cada escolha feita.[3]

---

[3] Talvez uma das escolhas mais marcantes necessite uma justificativa prévia explícita. Neste livro há relativamente poucas referências teóricas ao marxismo. Menos talvez do que se poderia esperar, dado que o marxismo – pelo menos no que se refere à atenção pública – constituiu a teoria política dominante entre 1945 e 1975. A razão para isso de maneira alguma é que o marxismo, desde que "o comunismo real existente" começou a desmoronar em 1989, não merecesse mais atenção por constituir uma filosofia historicamente ultrapassada (nesse caso, grande parte deste livro não precisaria ser escrita). A razão está antes na natureza e no desenvolvimento do próprio marxismo francês. Para o desenvolvimento do marxismo francês, as palestras de Kojève sobre Hegel desempenharam um papel decisivo. Kojève proporcionava a seu público, que até então não tinha como ler os primeiros textos de Marx em francês, um Marx hegeliano e antropológico, com ênfase na dialética do senhor e o servo. Sartre e Merleau-Ponty, entre outros, ficaram muito impressionados com as implicações morais dessa análise. Além disso, o influente filósofo (do partido) comunista, Henri Lefebvre, igualmente chegou a Marx por intermédio de Hegel. Logo após ter apresentado uma antologia sobre Hegel, Lefebvre publicou *Matérialisme Dialectique* (1939); o seu *Marxisme*, iniciado antes da guerra (publicado em 1948), foi o primeiro grande estudo em que Marx foi apresentado como pensador alienador. Na esteira de tais autores, após a guerra desenvolveu-se na França um marxismo especificamente *humanista*. Havia uma clara preferência pelas categorias morais (servidão, alienação) do Marx jovem e filosófico. No Marx economista os franceses não estavam essencialmente interessados; a teoria marxista do valor agregado era tida sem mais como verdadeira. (Entretanto, uma interessante exceção é o artigo de Castoriadis no *Socialisme ou Barbarie*, intitulado "Les Rapports de Production en Russie" (1949), no qual se demonstra por meio de uma argumentação econômica que o burocrático comunismo soviético era intrinsecamente explorador e criava novas desigualdades de classes – provando, assim, o fracasso do comunismo russo com um embasamento marxista.) Para o marxismo oficial *materialista* de Moscou, nenhum teórico se apresentou na França. Veja para esse marxismo francês de caráter hegeliano e "jovem-marxista" Poster, *Existential Marxism*, p. 3-71; e Judt, *Marxism*, p. 179-83. Veja no capítulo 3, nota de rodapé 8, os motivos para também não tomar Althusser em consideração. Contra esse pano de fundo, decidi limitar a minha abordagem ao marxismo humanista de Kojève e dos existencialistas, tão característico da França. Eles serão tratados respectivamente nos capítulos 2 e 3. A consequência disso, no entanto, é que no capítulo 3 – que trata do período 1960-1975, quando a maioria dos intelectuais ainda o endossava – este não será abordado novamente. Em contraste, no capítulo 4 será discutido como, nos anos após 1975, o marxismo foi ruidosamente levado à

Antes de dar início ao meu tema de fato, eis um esboço da Revolução Francesa. Algum conhecimento sobre os acontecimentos de 1789 e anos seguintes é certamente indispensável para um bom entendimento da filosofia política francesa do pós-guerra. Os principais episódios e personagens da Revolução não apenas constituem referência para qualquer enunciado sobre a política até o presente século,[4] ela moldou a própria essência da política francesa. O historiador François Furet chegou a afirmar: "Não basta dizer que a Revolução 'explica' a nossa história contemporânea. Ela *é* a nossa história contemporânea".[5] Certamente o assassinato contemporâneo da política não pode ser compreendido sem o assassinato revolucionário do rei. Sem *regicídio* não há *politicídio*.[6]

---

cova. Justamente a intensidade do pesar público na época sustenta a impressão de que para os intelectuais franceses o marxismo representava não mais que o sucessor natural do jacobinismo republicano. A sua sensação de perda não se referia tanto a três décadas de comunismo, mas a dois séculos de Revolução.

[4] Um pequeno exemplo: numa polêmica famosa, a ser discutida no segundo capítulo, Jean-Paul Sartre disse a Albert Camus: "O senhor concluiu seu Thermidor" (Sartre, "Réponse à Camus", p. 334). Essa simples referência ao mês revolucionário de julho de 1794 podia representar uma terrível reprimenda no contexto francês – comparável à categoria holandesa "errado na guerra". [A expressão se refere à colaboração com os alemães no período 1940-1945. (N. T.)]

[5] Furet, *Penser de la Révolution*, p. 16. A interpretação da Revolução aqui apresentada se baseia na de François Furet; ele quebrou o prolongado monopólio intelectual da interpretação jacobino-marxista e devolveu a dimensão política autônoma à Revolução. Uma consequência da abordagem de Furet é a suposição de que a Revolução se estende até no mínimo 1880.

[6] Jean-François Lyotard não hesitou em projetar a sombra do regicídio sobre o pensamento político francês inteiro até o final do século XX: "Nós, franceses, não somos capazes de pensar sobre política, filosofia ou literatura sem lembrarmos que tudo isso – política, filosofia, literatura – ocorreu na modernidade sob o signo de um crime. Em 1792 [sic] cometeu-se um crime na França. Mataram um rei amistoso e bonachão, que incorporava a legitimidade na sua própria pessoa (no sentido que Hegel afirmava que o poder tem que ser incorporado por um indivíduo). Não conseguimos deixar de lembrar que isso constitui um crime hediondo. Isso significa que, quando tentamos

A Revolução Francesa foi o ato dramático de abertura da política moderna. Os homens e as mulheres de 1789 deixaram Deus e Rei de lado e fizeram uma grandiosa tentativa de fundar uma nova ordem social e política somente com base em princípios lógicos. Assim, liberaram forças inesperadas. Em 1789 entrou em movimento uma sequência inexorável de acontecimentos por seu rigor na época muitas vezes comparada a uma tempestade, a um *tsunami* ou a uma erupção vulcânica. Assim ocorreu que, no inverno de 1793 a 1794, o revolucionário jacobino Collot d'Hernois clamou: "Alguns querem abrandar o movimento revolucionário. O quê? Uma tempestade então se deixa dominar? A Revolução é uma tempestade. Não temos o direito nem podemos frear os seus movimentos".[7]

Frear a tempestade da Revolução mediante palavras e ações – esta é, no sentido mais genérico, a difícil tarefa diante da qual o pensar e atuar político francês se viu colocado desde 1789. A história política francesa dos dois séculos anteriores girava, em grande parte, em torno de questões como o melhor ponto para arrematar a Revolução e pôr esse ponto final em forma de instituições. Os conturbados anos de 1789 a 1804 forneceram o grosso dos modelos políticos aos quais depois se recorreu. Os liberais do século XIX, por exemplo, gostariam de ter visto a revolução terminar com a monarquia constitucional de Luís XVI, os republicanos moderados com Danton, os republicanos radicais com Robespierre, os bonapartistas com o Império Napoleônico – e para os realistas contrarrevolucionários ela nunca deveria ter ocorrido. Apesar de todas essas contradições (que na sua forma moderna até hoje estruturam o espectro político francês), todos concordavam sobre a necessidade de traçar um limite em algum ponto nessa torrente

---

pensar sobre política, a qualquer momento a questão da legitimidade pode ser levantada. Sabemos isso pela nossa história, pois desde aquele crime certamente já mudamos a nossa Constituição umas dez vezes, e isso não pode ser coincidência" (*Discussion Lyotard-Rorty*, p. 583).

[7] Jean-Marie Collot d'Herbois, citado em Von der Thüsen, *Het verlangen*, p. 51.

de consecutivas formas de governar. Até mesmo aqueles que alegavam querer deixar a Revolução correr desabaladamente, como o Collot d'Hernois do inverno de 1793 ou o Cohn-Bendit do maio de 1968, por fim estavam à procura de um ancoradouro, apesar de que em ambos os casos este se encontrava no futuro. A filosofia política francesa do pós-guerra, segundo uma das principais teses deste livro, pode em grande parte ser considerada uma sofisticada manifestação contemporânea dessa "obsessão com o ponto final" proveniente da Revolução.[8]

A Revolução Francesa distinguiu-se fundamentalmente de sua predecessora inglesa ou norte-americana pelo rompimento radical com a tradição e a transcendência. A ambição primária era reinstituir a sociedade segundo as ideias de Rousseau, ou seja, regenerar o ser humano por meio do estabelecimento de um novo contrato social.[9] A Revolução pretendia fundar uma nova sociedade, porém – *voilá le drame* – ela não sabia em que bases. Conforme Furet o exprimiu com exatidão:

> Essa fundação da sociedade constitui um princípio que está constantemente à procura de si mesmo na medida em que não encerra nenhum ponto fixo e se manifesta como uma sequência de acontecimentos, uma história sem fim. Ela não possui uma plataforma fixa para fundamentar a nova sociedade, nem para-choque para detê-la, nem âncora para retê-la.[10]

Ao passo que a revolução inglesa (1688) e a norte-americana (1776) em último instante se valeram da religião e da tradição (o seu objetivo era reencontrar uma ordem original segundo a vontade de

---

[8] Devo esse termo a Furet, *La Révolution*, p. 174.

[9] No último discurso que fez, um dia antes da sua prisão e execução, Robespierre formulou essa ambição nos seguintes termos: "As revoluções que antes de nós mudaram a face de Estados tinham como único objetivo uma mudança de dinastia ou a transição de um regime de um para o de muitos. A Revolução Francesa é a primeira baseada na teoria dos direitos da humanidade e na justiça. As outras revoluções exigiram somente a cobiça, a nossa pede virtude" (Robespierre, *Oeuvres X*, p. 544).

[10] Furet, *La Révolution*, p. 173.

Deus e o *commom law* da Idade Média) que desse modo pudessem formar a base para um consenso nacional pós-revolucionário, a Revolução Francesa cortou todos os laços com a história e a religião. O rompimento simbólico com o passado foi a execução de Luís XVI, em 21 de janeiro de 1793. O soberano, que constituía a *personificação* do poder político, foi decapitado. Após esse regicídio, a política teve que se fundamentar sozinha. Uma vez diante desse paradoxo da "autoinstituição", digno do barão de Münchhausen, a política francesa desabalou. A contradição interna da Revolução era que ela ao mesmo tempo constituía o fundamento da política e também a própria política. Em outras palavras: "*la Révolution*" significava tanto o preceito "poder para o povo" como a luta entre sempre novos governantes que alegavam representar esse povo. Entre a ideia abstrata e a luta pelo poder não havia absolutamente nada.

Já não deve surpreender mais, portanto, que ninguém conseguisse deter a "enchente revolucionária" (Camille Desmoulins). Desde os primórdios da Revolução havia protagonistas que – obviamente também no intuito de manter o poder – fizeram tentativas nessa direção: Mounier (logo em julho de 1789), Mirabeau, La Fayette, Barnave, os girondinos, Danton, Robespierre. Todas igualmente em vão. Até mesmo a *Fête de l'Être Suprême* de Robespierre (junho de 1794), indubitavelmente a tentativa mais patética da Revolução Francesa para transcender o temporário e o imanente, em momento algum conseguiu provocar a ilusão de ser mais do que outra tentativa de manipulação hipócrita do povo pelo governante de plantão. O único que soube frear o processo revolucionário por algum tempo foi Napoleão, porém somente ao espalhar a enchente da Revolução por toda a Europa. Quando essa mesma Europa finalmente derrotou Napoleão militarmente, ele tampouco deixou algum legado institucional duradouro à França e os franceses se encontravam tão divididos quanto um quarto de século antes.

Assim, em 1815 a França aparentemente havia retornado ao ponto de partida. Sob a pressão europeia a antiga ordem havia sido restaurada e novamente o trono se encontrava ocupado por um rei

Bourbon. Mas o século XIX trouxe uma estranha reapresentação da tormenta de 1789-1814. Com um fôlego maior, o completo ciclo revolucionário foi percorrido novamente: primeiro a Revolução de 1830 e o tricolor da monarquia constitucional de julho, depois a Revolução de Fevereiro de 1848 e o júbilo da Segunda República. A seguir – quando, em 1851, como se realmente não fosse inevitável, essa Segunda República também foi derrubada por um Bonaparte – o reencontro com um Império Napoleônico.[11] O inevitável desfecho seguiu-se em setembro de 1870, quando Napoleão *le Petit*, além do golpe de Estado de seu grandioso tio, também copiou sua fatal derrota militar; o sobrinho encontrou seu Waterloo em Sedan.

Pois então, para esse argumento, é importante estabelecer que nessa situação, sempre assombrada por 1789, pensar sobre política não poderia ser nada além do que pensar sobre a Revolução. Todo aquele que praticava a política no século XIX francês o fazia com determinada visão sobre os acontecimentos de 1789-1814. Inversamente, desse modo a elaboração de uma nova interpretação *histórica* da Revolução adquiriu grande importância *política*. Essa conexão é ilustrada admiravelmente pela vida e pelo trabalho do liberal conservador François Guizot.[12] Nos anos 1920, Guizot, que era professor de história na Sorbonne, por meio da historiografia fazia oposição à Restauração; assuntos como "A origem do regime representativo na Europa" não deixavam dúvida quanto às suas intenções políticas contemporâneas; a França deveria se tornar uma monarquia *à l'anglaise*, como o foi brevemente em 1791-1792.

---

[11] Que essa permanente reapresentação revolucionária também foi considerada como tal por seus atores e espectadores fica evidente a partir da afirmação de Karl Marx no seu célebre comentário político *Der 18. Brumaire de Louis Bonaparte* [O 18 Brumário de Luís Bonaparte] (1852): "Napoleão foi uma tragédia; Luís Bonaparte, uma farsa".

[12] Referente à estreita relação entre visão política e visão histórica, assim como uma reabilitação para o em geral difamado político Guizot, veja Ankersmit, *De Spiegel*, capítulo 4. Para as atividades do historiador Guizot, veja além de Furet também Den Boer, *Geschiedenis als beroep*, p. 85-103.

Quando esse ideal de fato foi alcançado graças à Revolução de 1830, Guizot projetou-se como o principal estadista da nova monarquia julista. Sua visão histórica transformou-se junto com ele: após 1830 a historiografia oposicionista de Guizot virou uma triunfante apologia mantenedora da ordem existente. O primeiro-ministro de Luís Filipe acreditava sinceramente que a história da França teria sido concluída pela monarquia julista. Inevitavelmente, porém, novas interpretações se seguiram, todas focadas em outra fase "autêntica" da Revolução. Nesse sentido, o ano de 1847 deveria ter posto Guizot de sobreaviso. Foi quando notadamente três historiadores oposicionistas publicaram uma historiografia da Revolução: o republicano Jules Michelet, o socialista Louis Blanc e o poeta sentimentalista Alphonse de Lamartine, cujo *Histoire des Girondins*, que surgiu na forma de um folhetim em oito partes, transformou-se no sucesso de vendas daquele ano. Em menos de um ano e uma revolução depois, Guizot foi demitido, Luís Filipe fugiu para a Inglaterra, e Blanc e Lamartine faziam parte do Regime Provisório de uma república. Agora eram eles que podiam tentar realizar a sua visão da Revolução. Caso se queira expandir a lista de políticos-historiadores, o ministro Tocqueville (*L'ancien Régime et la Révolution*, 1856) e o parlamentar Edgar Quinet (*Histoire Critique de la Révolution Française*, 1867) não podem de modo algum ser omitidos. Em suma, os mais importantes pensadores políticos e parte dos melhores estadistas da França do século XIX eram historiadores da Revolução. Todo aquele que pensava ou atuava na política, interpretava a Revolução.

Não obstante, entrementes a implacável tempestade da Revolução parecia amenizar em 1880. Sobre aquele ano, no qual o dia 14 de julho tornou-se um feriado nacional, seu melhor historiador escreveu: "A Revolução Francesa aportou no cais".[13] A Terceira República – proclamada em setembro de 1870, três dias após a derrota de Napoleão III contra a Prússia – foi a primeira que não ruiu devido às contradições internas da Revolução. Ela conseguiu unir o princípio

---

[13] Furet, *Terminer la Révolution*, p. 467.

revolucionário da soberania do povo com uma instituição estável apoiada pela maioria (ainda que apertada) da população. Uma das razões mais importantes para esse êxito em pontos nos quais muitos haviam falhado antes foi que em 1870 a proclamação da República já não representava mais uma *tábula rasa,* mas podia contar com uma tradição de mais de oitenta anos. De uma ideia abstrata, nesse ínterim a Revolução havia se tornado história nacional. Além disso, nos anos após 1880, os governantes republicanos fizeram de tudo para reforçar esse ainda frágil consenso nacional com relação à Revolução e República. A fim de tornar todos os franceses conscientes da visão republicana sobre os acontecimentos de 1789-1814, eles começaram uma verdadeira ofensiva ideológica na educação.[14] O seu instrumento mais famoso foi o *Petit Lavisse,* um caderno didático de teor patriótico e republicano do historiador Ernest Lavisse (primeira edição: 1876). Milhões de pequenos franceses – futuros soldados e cidadãos – aprenderam, entre outros, o seguinte dessa cartilha:

> Só depois da Revolução é que a França de fato se tornou uma pátria. A Revolução trouxe a revogação dos três estados – a nobreza, o clero e o terceiro estado – onde o povo estava inserido. [...] A Revolução implantou na alma dos franceses o amor pela justiça, pela igualdade e pela liberdade. Nossos antepassados acreditavam que a França libertaria todos os povos do mal que os afligia. Orgulhavam-se em ser um grande povo que deve mostrar o caminho aos demais.[15]

O mundo, porém, seguiu o próprio caminho; alguns povos trilharam caminhos que ainda não haviam sido explorados por *le grand*

---

[14] Também as primeiras tentativas para interpretar a Revolução no contexto jacobino-marxista datam dos primeiros anos da Terceira República (depois difundido por autores como Jean Jaurès, Lucien Herr, Albert Mathiez, Georges Lefebvre, Albert Soboul) – o "catecismo revolucionário" (Furet), que durante a maior parte do século gozou tanto de um monopólio acadêmico como popular (Veja Furet, *Penser la Révolution*).

[15] Ernest Lavisse, *Petit Lavisse,* edição de 1912, citada em Girardet, *Le Nationalisme Français,* p. 83.

peuple français. Um acontecimento em particular abalou essa autoafirmação dos franceses: a Revolução Russa em outubro de 1917.

A Revolução Francesa, cujo espírito malmente havia se cristalizado nas instituições da Terceira República, após 1917 foi reduzida da apoteose da história do mundo a um mero degrau para uma mudança *real* da sociedade, a ser realizada pela revolução comunista. Para a intelectualidade francesa, seguiram-se duas décadas de confusão ideológica. Embora o socialismo e o comunismo tenham feito parte do espectro político francês desde o final do século XIX, líderes como Jaurès e Blum combinavam suas análises sociais marxistas com os métodos democráticos e republicanos da tradição revolucionária.[16] Isso funcionava bem desde que o próprio marxismo não dispusesse de métodos políticos. Após 1917, porém, essa curiosa combinação subitamente ficou desacreditada como forma de política *revolucionária* – daí a confusão.[17] Novos acontecimentos históricos no âmbito mundial mostravam o caminho para escapar do dilema "república ou comunismo". Especialmente o contraste mordaz entre as posições de Pétain, de um lado, e de Stálin, de outro, em relação ao regime nazista de Hitler – a vergonhosa rendição da Terceira República *versus* a heroica luta da União Soviética –, tornou as coisas bem mais simples: a partir de 1945 a maioria dos intelectuais franceses era marxista. Nessa condição, eles rejeitavam a República (isto é, a Quarta República, a partir de 1946, e a Quinta, a partir de 1958) e até 1975 fizeram tentativas em nome do proletariado para novamente retirar o gênio da Revolução da garrafa. De importância decisiva para essa escolha política não foi tanto o envolvimento dos

---

[16] Compare com Glucksmann, *Les Maîtres Penseurs*, p. 293: "Fosse o marxismo por muito tempo menos dominante na França do que nos países vizinhos, então a causa é simples: seu lugar estava ocupado. Antes de o marxismo ter sido adotado, as grandes lições da Revolução já haviam sido tiradas pelos historiadores, discutidas pelos intelectuais e propagadas em grande escala pelo sistema educacional".

[17] Judt, *Marxism*, p. 6-7.

intelectuais com a situação prática da subclasse francesa, mas antes a sua lealdade incondicional para com a ideia abstrata da revolução – não importando em que lugar do mundo.[18]

Essa virada produzida pela Revolução de Outubro é de imensa importância. Até 1917, "*la Révolution*" obviamente significava "a Revolução Francesa". Após 1917 – e certamente após 1945 – o conteúdo desse conceito transformou-se e "*la Révolution*" passou a significar um projeto, no qual todas as relações humanas seriam alteradas de forma grandiosa. Embora a Revolução permanecesse inalterada como noção central no pensamento político francês, ela se mudou do passado para o futuro. A partir de agora, a linha de orientação política não era mais o passado revolucionário, mas um futuro incerto. Com isso, dos historiadores que os pensadores políticos franceses haviam sido durante todo o século XIX,[19] eles agora eram filósofos atemporais.

Essa virada crucial nos leva ao argumento de fato. A transição de uma visão histórica para uma visão filosófica sobre a política se passou no influente trabalho de Alexandre Kojève. Na série de palestras que proferiu em Paris de 1933 a 1939 sobre o *Fenomenologia do Espírito* de Hegel, esse russo imigrado (nascido Aleksandr Kojetnikoff) realizou uma extraordinária façanha intelectual. Na linguagem do que era antigo, ele criou e vendeu algo completamente novo. Dito de forma mais precisa: com base em Hegel, Marx, Nietzsche e Heidegger, Kojève elaborou uma nova visão *apriorística* do homem, a-histórica e apolítica (três noções que para ele se relacionavam todas à *luta*), o que em si já

---

[18] Judt, na conclusão do seu capítulo "French Marxism 1948-1975", torna plausível que toda a renitência teórica e os interesses estrangeiros de Sartre, Althusser e seus muitos seguidores acabaram antes prejudicando do que promovendo a causa dos trabalhadores na França (Judt, *Marxism*, p. 169-238).

[19] Não por acaso, Jean Jaurès (1858-1914), o grande líder socialista de antes da Revolução Russa, também foi o último político francês a escrever uma influente obra sobre a história da Revolução Francesa (tratava-se da obra em sete partes intitulada *Histoire Socialiste de la Révolution Française* [1901-1904], que nos anos 1968-1973 foi relançada na íntegra sob a redação de Albert Soboul.)

tinha seus aspectos sedutores, mas que para sua audiência composta pelos melhores estudantes da França tornou-se verdadeiramente irresistível pelo fato de ele conseguir enquadrá-la e "prová-la" dentro de uma visão histórica vivaz, na qual toda a história do mundo encontrava seus fins e objetivos no Terror da Revolução Francesa. Merleau-Ponty, Bataille, Breton, Klossowski, Lacan, Queneau – eles ficavam extasiados. Quando a seguir Kojève revelou aos seus pupilos em 1937 que, considerando bem, o trabalho de Robespierre e Napoleão na história do mundo ainda não estava acabado, mas que ainda deveria ser concluído pelo comunismo de Stálin, então o destino do pensamento político francês do pós-guerra estava em grande parte selado. No capítulo 1, que forma o prelúdio para a argumentação, isso será explicado em mais detalhe.

*

Este livro foi escrito originalmente como uma tese de doutorado conjunta para os cursos de História e Filosofia (Universidade de Groninga, fevereiro de 1999). Agradeço em primeiro lugar ao meu orientador, Frank Ankersmit, que certamente já sabe que sem os seus conselhos eu não seria capaz de levar este trabalho a uma conclusão satisfatória, mas que talvez ainda não saiba que sem seu incentivo decisivo eu nunca teria tido a coragem de começá-lo. Por seu empenho e pelo valor extraordinário de seus comentários sobre o texto, agradeço a Jan Hein Furnée e a Ike Huber; o último me ajudou também com a tradução das citações francesas. Pelo resto, agradeço a todas as outras pessoas em cujo conhecimento e pontos de vista pude me basear: René Boomkens, Kiene Brillenbrug Wurth, Patrick Everard, Hans Harbers, Serge Lellouche, Lolle Nauta, Daan Roovers, Coen Simon e Arjo Vanderjagt. Por fim, sou muito grato à Fundação Prix de Paris e à Nuffic por me permitirem dar continuidade a esta pesquisa no lugar mágico onde há 66 anos tudo começou com as aulas de Kojève, na École des Hautes Études em Paris.

1999

Alexandre Kojève

Capítulo 1 | As Lições de Alexandre Kojève

– Você é membro do partido?
– Não, e você?
– Não, sou simpatizante.
– Eu também simpatizo.
– Simpatiza, mas não se filia.
– É que política não me interessa.
– Mas não se trata de política. Trata-se da Revolução.
Raymond Queneau, *Odile (1937)*.

DE KANT A HEGEL

Toda segunda-feira, de setembro de 1933 até maio de 1939, às 17h30 começavam as palestras de Alexandre Kojève na École Pratique des Hautes Études, em Paris, sobre a *Fenomenologia do Espírito* de Hegel. O jovem imigrante russo não atraía grande público, mas entre os ouvintes, vinte em média, encontravam-se alguns dos maiores de uma nova geração de intelectuais: Maurice Merleau-Ponty, Raymond Aron, Georges Bataille, Jacques Lacan, Raymond Queneau e André Breton.[1] Kojève conseguia fascinar tal plateia de eminentes intelectuais em pleno desabrochar ao transformar a abstrata e hermética fenomenologia numa dramática história mundial, uma

---

[1] Dignos de assinalar são, ademais, o filósofo da ciência Alexandre Koyré (cunhado de Kojève e seu predecessor como docente de Hegel na École), os filósofos hegelianos Jean Hippolyte e Éric Weil, o filósofo nietzschiano Pierre Klossowski, o sociólogo Roger Caillois, o stalinista Jean Desanti e o jesuíta Gaston Fessard. (Para uma lista completa dos estudantes, veja Auffret, *Alexandre Kojève*, p. 239.) Também Hannah Arendt, que em 1933 fugiu da Alemanha para Paris, parece ter frequentado algumas vezes os seminários de Kojève (veja Enegrén, *La Pensée Politique*, p. 18).

epopeia emocionante cheia de luta e sangue, com um começo e – algo excepcional para uma historiografia mundial – um final. Com sua interpretação voluntariosa, Kojève influenciaria decisivamente a filosofia francesa.[2]

Kojève (1902-1968) devia esse sucesso em grande parte a seu talento como orador e à excelência da sua dialética. Raymond Aron – provavelmente uma das mentes mais céticas entre os presentes – meio século depois ainda estava impressionado com tudo aquilo. Em suas *Memórias*, Aron conta como eram essas palestras:

> Kojève primeiramente traduzia algumas linhas do *Fenomenologia*, enfatizando certas palavras energicamente, e então falava, sem nenhuma anotação, sem jamais tropeçar nas palavras, num francês impecável, que pelo sotaque eslavo ficava ainda mais charmoso e original. [...] O assunto era, ao mesmo tempo, a *Fenomenologia* e a história do mundo. O segundo elucidava o primeiro. De repente, tudo adquiria um sentido. Mesmo aqueles que costumeiramente desconfiavam da providência histórica, que inferiam os artifícios por detrás da arte, não podiam resistir ao mago; naqueles momentos, o próprio entendimento que Kojève conferia às eras e aos eventos já constituía uma prova em si.[3]

George Bataille, um frequentador assíduo dessas palestras, depois as descreveu de maneira mais emotiva que Aron: "Quantas vezes o Queneau e eu não saímos sufocados daquela sala – sufocados e paralisados. As palestras de Kojève quebrantaram-me uma dezena

---

[2] A influência de Kojève geralmente é evocada na literatura com não mais do que algumas sentenças. Em compensação, as discussões mais extensas disponíveis são quase todas de alta qualidade. Além dos livros de Descombes (especialmente o primeiro capítulo) e Drury mencionados na Introdução, trata-se também de Auffret, *Alexandre Kojève* (focando a carreira de Kojève no serviço público); Bloom, *Kojève*; Gourevitch e Roth, *Introduction*; Rosen, *Hermeneutics and Politics*, capítulo 3; e Roth, *Knowing and History*, capítulos 4 e 6.

[3] Aron, *Mémoires*, 84.

de vezes, esmagaram-me, mataram-me".⁴ O próprio Kojève, numa entrevista de 1968, relembrava essas aulas de modo irreverente, revelando outra façanha: "Sim, foi maravilhosa, a École Pratique des Hautes Études. Aliás, consegui fazer com que fumar fosse permitido durante as palestras".⁵

De maior importância foi a contribuição de Kojève para a introdução de Hegel na França. Até 1930, Hegel era praticamente ausente na filosofia francesa; não havia sido traduzido e mal era lido. Alexandre Koyré, encarregado de redigir um relatório sobre o andamento dos estudos de Hegel na França em 1930, desculpava-se pelo texto tão magro: na falta de uma escola hegeliana francesa simplesmente não havia o que notificar.⁶ Mas em alguns anos a situação havia mudado tão drasticamente que, em 1948, Maurice Merleau-Ponty pôde escrever: "Hegel se encontra na origem de tudo o que aconteceu de grandioso na filosofia durante o século passado: por exemplo, o marxismo, Nietzsche, a fenomenologia e o existencialismo alemão, a psicanálise".⁷ Tudo de bom agora vinha de Hegel. Outro parâmetro: "dialética" havia se tornado a nova senha filosófica.

Até então, Immanuel Kant era o autor mais influente da filosofia francesa. A filosofia de Kant combinava excepcionalmente com a ideologia da Terceira República (1870-1940). Após a instigante derrota contra a Prússia (1871) e a conseguinte fundamentação da República na Constituição (1875), os republicanos que estavam no poder elaboraram um projeto de reconstrução nacional, cujos pilares eram

---

⁴ Bataille, citado em De Kesel, *Georges Bataille*, p. 163. Bataille ilustra essa experiência com seu tutor a partir de uma anedota sobre um aluno de Hegel: "Um dos seus alunos [de Hegel], o qual sem dúvida o havia entendido melhor do que qualquer outro, escreveu anos depois que, ao sair abatido da sua aula, julgou ter ouvido a Morte em pessoa lhes falar por trás da tribuna" (Bataille, apud ibidem, p. 84).

⁵ Lapouge, "Entretien avec Kojève", p. 18

⁶ Descombes, *Lê Même*, p. 23.

⁷ Merleau-Ponty, *Sens et Non-sens*, p. 109.

a escola e o exército.⁸ O ensino obrigatório (introduzido em 1882) e o alistamento militar (desde 1872) deveriam restituir o vigor da nação. Nesse contexto, Kant agora era apreciado pelos professores republicanos por seu republicanismo, seu racionalismo e sua ética do dever. Enquanto o neokantismo já havia sido ultrapassado por Husserl e Heidegger na Alemanha dos anos 1920, ele continuaria predominando despreocupadamente nas universidades francesas até a Segunda Guerra Mundial. Os neokantianos franceses dirigiam sua pesquisa filosófica quase exclusivamente à teoria do conhecimento. Além disso, ainda assim eles se limitavam a comentar os grandes do panteão filosófico, contemplados segundo a óptica da *Crítica da Razão Pura* de Kant. Na opinião vigente, estava já tudo dito com esse monumento. O *sorbonnard* Léon Brunschvicg, o mais respeitado filósofo do entreguerras, especificava as suas atividades assim: "Eu sonho com um templo imaculado onde excluo a mim mesmo".⁹

Os racionalistas do neokantismo não somente cultuavam a verdade como um templo atemporal, mas também amoral. Eles acreditavam que os valores morais mais elevados, a Liberdade e a Justiça, fossem imutáveis e sem distinção para todas as pessoas. Além disso, acreditavam que a humanidade estava prestes a concretizar esses valores eternos – numa marcha tão inexorável quanto o progresso racional na ciência. As democracias ocidentais já haviam atingido esse estágio; para o resto do mundo era questão de aguardar até que a noção da moral universal avançasse. Assim, em breve se saldaria a maior promessa de Kant: paz eterna acometeria a humanidade.

---

⁸ Os conceitos *l'École* e *l'Armée*, assim como *la Révolution*, *la Nation*, *la Republique* e *l'État* pertencem aos substantivos franceses que devem iniciar com letra maiúscula. Esse sexteto de fato forma o sucessor revolucionário-republicano e a contraparte dos sustentáculos ideológicos do *Roi Très-Chrétien* e seu antigo regime: *Dieu* e *l'Église*.

⁹ Léon Brunschvicg, anotação de diário, 22 de setembro de 1892, citado em Aron, *Mémoires*, p. 22.

Infelizmente tal crença se mostrou uma quimera: o idealismo neokantiano era insuficiente como teoria política, porque, independentemente de a moral ser atemporal ou universal, enquanto todos não estiverem convencidos disso, continuará havendo um problema político.[10] Os idealistas não atentaram a essa questão. E também, ao considerar as pessoas como indivíduos a-históricos e racionais que perseguem os próprios interesses, eles se mostraram cegos aos delírios coletivos. Devido a esse duplo descuido, na década de 1930 não foram capazes de compreender tudo o que acontecia na Europa: que indivíduos racionais (ainda por cima escolarizados) mergulhavam sem nenhum espírito crítico em movimentos de massa irracionais e violentos, que uma crise econômica causasse um reflexo nacionalista até mesmo em governos considerados "iluminados", que em 30 de janeiro de 1933 o eleitorado alemão em plena consciência elegesse um demagogo racista para chanceler... Uma vez que a gravidade dos acontecimentos em princípio não conseguiu penetrar até os neokantianos, seu otimismo liberal-humanista permaneceu inabalado. Até surgir o baque.

Revelador nesse sentido foi o debate mantido em junho de 1939 durante o encontro da prestigiosa Societé Française de Philosophie, sob a presidência do indefectível Léon Brunschvicg. O lúcido introdutor da sessão vespertina argumentou friamente que o curso da história era imprevisível; o futuro da humanidade, incerto; e a democracia, frágil. Ao ouvir essa visão pessimista, o neokantiano Victor Basch reagiu extremamente indignado; tremulando da cabeça aos pés, bradou as suas convicções mais profundas: a liberdade nasceu na Grécia, ela sempre iluminou o caminho da humanidade na sua marcha avante, é uma luz que nunca se extinguirá, ela alcançará a vitória! Três meses

---

[10] Mais ainda, até quando todos endossam o mesmo ideal moral, o problema político persiste. O "momento político" nesse caso simplesmente se desloca da escolha do ideal para a decisão sobre como esse ideal pode ser mais bem realizado, do objetivo aos recursos; e assim por diante. (Veja Isaiah Berlin, "Does Political Theory Still Exists?" (1961). In: idem, *The Proper Study*, p. 59-90.)

depois eclodiu a Segunda Guerra Mundial, na qual Basch – junto com outros seis milhões de judeus – seria assassinado pelos nazistas.[11]

Alexandre Kojève iniciou suas palestras sobre Hegel no ano em que Hitler tomou o poder na Alemanha. Uma coincidência simbólica: no momento em que o neokantismo deveria decretar a sua falência, iniciou-se a exposição de uma alternativa hegeliana. Dessa forma, pode-se datar com exatidão o primeiro passo para a reprise da filosofia alemã do século XIX por parte da filosofia francesa do século XX. Ano de 1933: de Kant a Hegel.

Kojève procurou em Hegel o que Kant não oferecia, e encontrou no *Fenomenologia* o que procurava: uma contestação à metafísica e à política liberal. O maior defeito do neokantismo era a atemporalidade estéril dos conceitos de Kant. Nesse ponto Hegel ofereceu uma saída: colocou Kant em uma perspectiva histórica. Até mesmo sua razão se tornou histórica e assim inversamente o processo histórico adquiriu racionalidade. Foi possível expandir o terreno sobre o qual a filosofia se pronunciava a áreas antes consideradas "irracionais", tais como o desejo, a violência, o crime e a loucura. Uma boa parte dos esforços de filósofos franceses no século XX seria investida na exploração da terra incógnita de "o outro".

Kojève certamente foi o seminal mais influente do culto francês a Hegel de antes da guerra, mas não foi o único. O segundo grande nome foi Jean Hippolyte (1907-1968), que começou a escrever artigos sobre Hegel no final da década dos anos 1930 – depois que aprendeu alemão sozinho pela leitura do *Fenomenologia*. Ele frequentemente ia ouvir as palestras de Kojève, mas parece ter se ausentado em determinado momento para não se deixar influenciar demais. Em vão: a interpretação de Hippolyte certamente é mais cautelosa e menos voluntariosa que a de Kojève, mas certamente carrega traços de sua interpretação antropológica e ateísta.

---

[11] Aron, *Mémoires*, p. 744. O próprio Raymond Aron foi o introdutor em questão.

Hippolyte fez nome com a primeira tradução francesa do *Fenomenologia* (1939-1941), que por décadas constituiu um referencial na França. Em contraste com Kojève, que como alto funcionário francês se tornou o arquiteto da unificação europeia, depois da guerra Hippolyte enveredou por uma brilhante carreira acadêmica. Como professor na École Pratique des Hautes Études e depois no Collège de France, ministrou lições de Hegel a Michel Foucault, Jacques Derrida, Louis Althusser e Gilles Deleuze, entre outros. Juntos, Kojève e Hippolyte formaram, portanto, duas gerações de filósofos franceses: a "geração de 1945" e a "geração de 1960".[12]

Em 1947 Hippolyte publicou o estudo *Génèse et Structure de La Phénoménologie de l'Esprit de Hegel* em dois volumes. No mesmo ano também surgiu em livro uma edição das aulas de Kojève sobre Hegel. Raymond Queneau, na época um fiel ouvinte e já naquela altura um romancista de sucesso, publicou uma coletânea das breves anotações que fizera durante as palestras, transcrições de outrem de algumas palestras na íntegra e um artigo do próprio Kojève sobre a dialética do senhor e o servo.[13] Esse conjunto um tanto desordenado surgiu sob o título *Introduction à la Lecture de Hegel* pela editora Gallimard. Em uma carta ao amigo Leo Strauss, Kojève escreveu sobre essa publicação: "O livro é bastante ruim. Não tive o tempo para revisá-lo. Mas dele constam algumas coisas interessantes".[14] Chegou a hora de verificar quais seriam essas "coisas interessantes".

---

[12] Poster, *Existential Marxism*, p. 3-35; Drury, *Alexandre Kojève*, p. 221-22.

[13] Esse artigo constitui uma "tradução" extensamente comentada do capítulo IV, seção A (a passagem sobre a dialética do senhor e o servo), do *Fenomenologia* de Hegel, que já havia sido publicada na revista *Mesures* em janeiro de 1939. Por intermédio desse texto é que Sartre e Simone de Beauvoir, por exemplo, que não frequentavam o seminário de Kojève, tiveram conhecimento da sua interpretação de Hegel antes de 1947.

[14] Kojève, carta a Strauss, 22 de junho de 1946, em: Strauss, *On Tyranny*, p. 234-35.

A HISTÓRIA DO MUNDO DESDE O PRIMEIRO HOMEM ATÉ NAPOLEÃO

"É bem possível", escreveu Kojève em 1946, "que o futuro do mundo e, portanto, o sentido do presente e o significado do passado em última análise dependam da maneira como os escritos de Hegel são interpretados".[15] Kojève lê o *Fenomenologia do Espírito* (1807) de Hegel como se fosse um relato linear da história da civilização humana, desde o primeiro homem até o "Estado universal e homogêneo". A história, para Kojève, tem um começo e um fim; ela é um interregno no tempo. O motor da história é a dialética hegeliana do senhor e do servo, que Kojève traduziu como a dialética do senhor e do escravo.

Quando começou a história? Quando o primeiro homem surgiu na face da Terra. No princípio, o homem não existia. Agora sim. Aquele que deseja entender este mundo deve entender como o homem surgiu. O homem é autoconsciência (*conscience de soi*). Aquele que – como antes de Kojève, os neokantianos; e antes de Hegel, Kant – analisa apenas o pensamento, a razão e o entendimento, não será capaz de explicar o surgimento da autoconsciência. Ocorre que o sujeito cognoscitivo é absorvido pelo objeto que ele percebe e assim não se torna consciente de si mesmo. O "eu pensante" só se dá conta de si por meio do desejo, a exemplo do desejo de se alimentar. Somente por meio do desejo ele percebe que há um "ser" e um "não ser", dando origem à "noção de existência" (*sentiment de soi*). Em contraste com o conhecimento, que mantém o homem em uma condição passiva e contemplativa, o desejo leva à ação, a atos que satisfaçam o desejo. Esses atos constituem sempre uma "negação": a destruição ou pelo menos a metamorfose do objeto desejado. Por exemplo, para satisfazer a fome, o alimento deve ser destruído ou transformado. O ato da negação, portanto, é destrutivo, mas ao mesmo tempo construtivo,

---

[15] Kojève, "Hegel, Marx and Christianity", p. 42. O original em francês desse artigo surgiu em 1946 na *Critique*, a revista de Bataille.

porque por intermédio dela a realidade do sujeito cognoscitivo é criada. O sujeito desejoso, o eu, constitui um vazio nulo, que somente adquire conteúdo por meio do estranho não eu extrínseco que o internaliza (nesse caso, que o consome). Mas, porque a natureza dos objetos desejados determina a natureza do eu, este eu constitui, enquanto deseje apenas coisas, também uma coisa em si. Tal eu desejoso ainda é um animal, não um ser humano.

Para se tornar humano é necessário que o desejo se dirija a algo não biológico. Nessas condições, o único fator não biológico é o próprio desejo. Somente o desejo que se dirige a outro desejo é intrinsecamente diferente daquele de um animal. Um "eu" assim, locupletado com desejos "contestatórios", não se confunde consigo mesmo, em contraste com o "eu" animal. É a ação, um futuro almejado, um projeto, uma obra. Esse "eu", sim, é um indivíduo histórico, um ser humano. Mas esse só pode surgir em meio a outros desejos, em um "rebanho": o homem, portanto, é essencialmente um ser social. Apenas o desejo que se dirige a outro desejo é humano ou, mais precisamente: "antropógeno", humanizante. Dessa forma, o desejo de um homem em relação a uma mulher apenas é considerado humano quando não se dirige para o seu corpo, mas para o seu desejo; quando o homem quer ser amado e "reconhecido". Da mesma forma, o desejo dirigido a um objeto só se torna humano quando este é "intermediado" pelo desejo de outros em relação ao mesmo objeto. Assim, pode-se desejar uma coisa totalmente inútil do ponto de vista biológico (a bandeira do inimigo, por exemplo), porque ela constitui um objeto do desejo alheio. "A história da humanidade é a história dos desejos desejados."[16]

---

[16] Kojève, *Introduction*, p. 13. Kojève mencionou numa carta de 1948 que a sua ideia sobre o "*désir du désir*" foi um dos momentos cruciais em que ele ultrapassara a Hegel como intérprete, ou – em seus próprios termos – quando ele descobriu as "premissas fundamentais" de Hegel. O mesmo vale para o termo "*lutte de pur prestige*" para reforçar o "*lutte de reconnaissance*" de Hegel (Kojève, carta a Thao, 7 de outubro de 1948, em: Jarczyk e Labarrière, *De Kojève à Hegel*, p. 64-66).

Até aqui a análise é razoavelmente inocente, mas eis que aparece o grande truque kojeviano, uma etapa de raciocínio que a filosofia francesa somente alcançará após um período bem longo. O homem desejoso de desejos que assim "surgiu" ainda não é *essencialmente* humano o bastante para Kojève. Para isso, é preciso algo mais. Considerando que os desejos de um animal em última instância se dirigem à preservação da sua vida, o homem apenas pode se diferenciar essencialmente do animal quando vence o desejo animal de autopreservação. Em outras palavras, o homem se torna essencialmente humano apenas quando põe a vida em risco por um objetivo que não seja vital (a bandeira do inimigo). Não se trata, porém, do objetivo (a bandeira), mas do *reconhecimento* (pelo inimigo). Ocorre que quem deseja o desejo, quer ele próprio tomar o lugar do valor desejado, quer, por assim dizer, que seu próprio "valor" seja reconhecido. A história da humanidade começa, portanto, com uma "luta de vida ou morte por puro prestígio" ("*lutte à mort de pur prestige*"). Sem a luta de vida ou morte pelo reconhecimento não haveria seres humanos.

Mas então como fica a história? Se todos os seres humanos "recém-surgidos" lutassem entre si por vida ou morte, a humanidade já não desabrocharia. Porque no caso de uma contenda, um ou ambos os oponentes morreriam. No segundo caso não restaria mais nenhum ser humano, no primeiro caso não restaria mais ninguém que pudesse reconhecer o vencedor. É necessário, portanto, que ambos sobrevivam. Pois bem, felizmente, nem todos se comportam da mesma maneira. Acontece que existem dois tipos de seres humanos: aqueles que travam a luta pelo reconhecimento sem quaisquer escrúpulos, e aqueles que na hora H vacilam amedrontados para salvar a pele; os primeiros são reconhecidos pelos últimos sem reconhecê-los, os últimos reconhecem os primeiros sem que eles próprios sejam reconhecidos. Os primeiros são os senhores; os últimos, os escravos. A história nada mais é do que a interação entre senhores e escravos. Dito de forma hegeliana: a dialética histórica é a dialética do senhor e o servo.

Agora se torna claro no que a história deve resultar segundo o sistema de Hegel: em uma revogação dialética, na síntese do senhor e o servo.

Não são os senhores que põem termo à história. A eles, porém, é que cabe a primeira palavra. Os senhores ganharam a luta de vida ou morte por puro prestígio; somente eles arriscaram a vida e assim constituem pessoas verdadeiramente livres. Sua recompensa é poder levar uma vida fácil intercalada com um ocasional período de luta ou conquista; os escravos executam o trabalho de fato. Historicamente falando, esse é o mundo antigo com sua aristocracia guerreira e sua economia escravagista.[17] Esse mundo dos senhores, entretanto, se encontra em um duplo impasse: existencial e histórico. Um impasse existencial, porque o senhor é reconhecido por alguém que ele mesmo considera um "animal" ou uma "coisa"; seu desejo de fato não se dirige a outro desejo, mas a uma coisa: o desejo "senhorial" antropogênico de reconhecimento, portanto, nunca pode ser saciado. Historicamente, o mundo dos senhores encontra-se em um impasse porque para eles este não precisa mudar. O senhor quer meramente manter a situação existente: seu único objetivo é continuar sendo o senhor. Além de se tornar homem ou cadáver no campo de batalha, ele não faz nada; não mantém um contato significativo com a realidade. O senhor é um antirrevolucionário satisfeito e conformista; ou pior, ele é enferrujado, "enrijecido na sua autoridade". Por isso o

---

[17] Kojève optou por traduzir o termo-chave de Hegel "*knecht*" resolutamente como "*esclave*", quando "*valet*" ou "*serviteur*" teria sido mais apropriado. Essa escolha resultou em uma forte influência marxista na sua interpretação de Hegel. Veja Jarczyk e Labarrière, *De Kojève à Hegel*, p. 70-72. [Em português, a tradução mais apropriada para o termo "*knecht*" seria *servo*, no sentido de: 1) aquele que não é livre, não tem direitos e bens; 2) aquele que obedece ou serve a alguém; 3) na sociedade feudal, aquele que era ligado à gleba, e dependente de um senhor, embora não fosse escravo; e 4) criado, lacaio, serviçal (Houaiss, 2009). O fato de que no Brasil o termo "escravo" seja mais corriqueiro na dialética de Hegel indica, portanto, que não foi traduzido diretamente do original em alemão, mas de um texto em francês, baseado na interpretação do próprio Kojève. (N. T.)]

senhor meramente constitui um catalisador do processo histórico, seu verdadeiro motor é o servo.

O mundo de fato se transforma pelo trabalho do escravo. O servo perdeu a luta por puro prestígio para o senhor pelo seu medo da morte e desde aí foi obrigado a trabalhar para ele. Necessariamente, o servo descobre que tem a faculdade – humana – de "negar" o existente. A partir da natureza prevalecente ele constrói o nosso mundo humano, não natural e histórico. O trabalho desperta nele um sentimento de humanidade e de liberdade. Inicialmente, essa liberdade só existe de forma subjetiva e não na realidade social: o servo pensa que é livre. Ele consecutivamente se conforma com a sua condição servil ao postular uma liberdade abstrata (estoicismo), declarar que o mundo é irrelevante (ceticismo, solipsismo), ou aceitar a existência de um supremo senhor transcendental, perto do qual o mais poderoso dos senhores mundanos se reduz a um servo (cristianismo). Essas ideologias consecutivas ou "morais de escravo" podem ser vistas como algumas das muitas tentativas do servo de superar o seu medo da morte. Somente quando o servo se liberta do seu medo da morte é que ele pode se tornar livre de fato. Ou seja: somente como ateu materialista é que se pode derrubar a ordem social existente. Ou seja: primeiro o Iluminismo, depois a Revolução Francesa.[18]

A Revolução Francesa traz o desfecho da história: a síntese do senhor e o servo. Os homens de 1789 foram os primeiros a entender que o reconhecimento pelo outro somente possui valor quando ele próprio é reconhecido – e escapam assim ao impasse existencial em que os senhores da Antiguidade acabaram. Durante o Terror de Robespierre e das Guerras Napoleônicas, os servos, além disso, colocavam a vida em risco e assim superavam o medo da morte que o burguês-intelectual do Iluminismo, por meio de palavras, meramente abstraiu para debaixo do tapete. O Estado Pós-Revolucionário é

---

[18] Kojève, *Introduction*, p. 25-34, 61-73 e 98-107.

povoado por cidadãos que reconhecem a liberdade e a igualdade de cada um. Esse cidadão é um "ser humano sintético": ao mesmo tempo um soldado que trabalha e um operário que luta. Em si próprio ele reúne luta e trabalho, senhorio e escravidão. Estando plenamente satisfeito, ele não mais possui um motivo para mudar a realidade. "A história, portanto, termina. Ela não é mais possível."[19]

Georg Wilhelm Friedrich Hegel entendeu, segundo Kojève, que esse momento havia chegado em 13 de outubro de 1806. Hegel morava em Jena, justamente havia acabado de levar o manuscrito do *Fenomenologia* para a editora e ouviu ao longe o estrondo dos canhões.[20] Eram os canhões de Napoleão, em vias de derrotar os prussianos na Batalha de Jena e assim estabelecer os fundamentos do seu império. Mais significativo ainda foi um momento posterior naquele dia: Hegel olha pela janela e vê Napoleão passar cavalgando: o Executor do fim da história contemplado por seu Revelador, a Ação admirada pela Sabedoria... Apenas pelo entendimento de Hegel do papel histórico de Napoleão é que a história realmente chega à sua conclusão. Antes de Napoleão a história do mundo não podia ser compreendida; "entender Napoleão [...] é entender a história do mundo".[21] Além do mais, antes isso não era possível porque o homem apenas agora, apenas desde a satisfação pós-histórica de todos os seus desejos, possui o espaço para assumir uma verdadeira posição *contemplativa* para compreender a si mesmo e a sua história. Hegel é o primeiro a ter êxito nisso: ele concretiza a sabedoria absoluta na sua filosofia. O *Fenomenologia do Espírito* (concluído em 1806 e compreendido por Kojève em 1933) é a indispensável

---

[19] Kojève, *Introduction*, p. 114.

[20] Kojève é fascinado pelo estrondo dos canhões em Jena e os menciona repetidas vezes (Kojève, *Introduction*, p. 161 e 163). A síntese já se encontra encerrada nesses canhões: Hegel sabe que são um produto do Trabalho e que servem à Luta por vida ou morte.

[21] Kojève, *Introduction*, p. 164.

explicação introdutória para a existência dessa sabedoria. Na sua expressão mais concisa: a dedução *daquilo que* Hegel diz a partir do fato *de que* o ser humano fala.[22]

Isso também explica o caráter peculiar da história do mundo que Kojève serviu aos seus fascinados ouvintes; um círculo encantador de suposições ilustrado por acontecimentos e de acontecimentos explicados à luz das suposições. Tudo se encaixa. História do mundo e *Fenomenologia* não podem ser compreendidos separadamente. Segundo Kojève, Hegel também não "narra" os eventos; ele os "esclarece" ao revelar seu significado e sua necessidade histórica. De maneira sucinta, ele diz sobre o *Fenomenologia*:

> Ele reconstrói ("deduz") nas suas inerentes características humanas o *verdadeiro* desenvolvimento histórico da humanidade. Ele reconstrói essas características a priori, ao derivá-las do desejo antropogênico (*Begierde*) que se dirige a um outro desejo (e portanto um desejo de Reconhecimento) e que se concretiza pelo Ato (*Tat*) que nega o existente (*Sein*).[23]

E algumas linhas mais adiante: "Essa construção 'a priori' apenas pode ser feita em momento posterior". O paradoxo, portanto, é que a história do mundo hegeliana necessariamente só pôde ter sido escrita mais tarde, mesmo demonstrando a força compulsória de um raciocínio baseado em um axioma predeterminado.

---

[22] Kojève, carta a Strauss, 29 de outubro de 1953, em: Strauss, *On Tyranny*, p. 261-62. Em outras palavras: a *Fenomenologia* deriva seu próprio conteúdo (o desenrolar da história do mundo) do fato de que ela existe (o que decerto indica que houve um brotamento espontâneo do *discours* da natureza, dando origem ao seu "Homem em busca de reconhecimento"). É nessa autoafirmativa circular que, segundo Kojève, se encerra a superioridade da filosofia de Hegel. Inversamente, ele atribui uma fraqueza categórica aos liberais neokantianos por não considerarem o surgimento do homem como um problema. Isso implica que eles não conseguem explicar a existência da sua própria filosofia (Kojève, *Introduction*, p. 544-46).

[23] Kojève, *Introduction*, p. 441.

Bem considerado, Kojève usa apenas dois axiomas: suas definições de homem e de história. Esses dois lhe possibilitam resumir a história do mundo inteira em uma única sentença: "Segundo Hegel, o Homem nada mais é do que um Desejo de reconhecimento (*'der Mensch ist anerkennen'*) e a história nada mais que o processo de uma contínua satisfação desse desejo pelo Estado Universal e homogêneo (que Hegel via no império de Napoleão)".[24]

Em uma única sentença, Kojève corre de Adão a Napoleão, deixando o resfolegante leitor para trás. O Homem – as maiúsculas supostamente honoríficas não o conseguem dissimular – é rebaixado ao homem, a História para a história. Após essa dupla redução não sobra mais nenhum espaço para desvios casuais: tudo o que não cabe nesse sistema hegel-kojeviano (um homem que não quer ser reconhecido, um pedaço de história que não seja uma satisfação coletiva de um desejo) não tem – literalmente – direito à existência. As funestas sequelas políticas de tais ideias são patentes. A grande vantagem que Kojève leva sobre seus – tanto menos corajosos como menos consequentes – epígonos franceses, contudo, é que ele está inteiramente ciente dessas previsíveis sequelas (sendo descabido que ele não recua a despeito disso). Na obra de Kojève, as falhas de uma filosofia política hegeliana, que normalmente passariam largamente despercebidas, dessa forma vêm nitidamente à tona. Adiante pretendo discorrer sobre algumas consequências das ideias de Kojève, a começar pela sua representação do período após o fim da história.

APÓS O FIM DA HISTÓRIA

O fundamento do sistema de Kojève é a sua antropologia. O principal alicerce: a luta de vida e morte por puro prestígio.

---

[24] Kojève, *Introduction*, p. 467.

É onde o homem se torna homem. É onde a história começa. Isso é política.[25] Assim que essa luta termina, a construção desaba. Morte do homem.[26] Fim da história. Fim da política. (Fim do discurso.)

Com a expressão "o fim da história" Kojève não profetiza uma catástrofe cosmológica ou biológica: o mundo não acaba e o *Homo sapiens* não se extingue. Não é o "homem feito animal" que desaparece, mas o "homem de fato":

> O fim do Tempo humano ou da História, isto é, a destruição do Homem de fato, ou seja, do indivíduo livre e histórico, simplesmente significa o fim do Ato no sentido lato da palavra. O que na prática

---

[25] Kojève foi fortemente influenciado por Carl Schmitt no seu conceito da política como "luta de vida e morte por puro prestígio". Seu *Der Begriff des Politischen*, que surgiu em 1932 – um ano antes do início das palestras sobre Hegel –, deixou uma grande marca em Kojève e em seu círculo. Como se sabe, o jurista alemão pensava na política em termos de amigos e inimigos: "A distinção política específica, da qual todos os motivos e ações da política se deixam simplificar, é a distinção entre amigo e inimigo. [...] Os conceitos amigo, inimigo e luta obtêm, assim, o seu verdadeiro sentido porque se relacionam especificamente com a real possibilidade de uma matança física" (Schmitt, *Der Begriff*, p. 26 e 33). Ou seja, somente aqueles casos nos quais se está disposto a matar alguém é que seriam considerados políticos. Tanto Schmitt como Kojève admiravam políticos que agiam dessa maneira: o alemão tornou-se o ideólogo de Hitler; o russo, um propagandista para Stálin. Ambos, além disso, rejeitavam critérios (conforme ainda veremos com Kojève) para rejeitar práticas como as de Hitler e Stálin: tudo o que era historicamente bem-sucedido era bom. Aquele que, após constatar a estreita correlação que existe entre os seus pressupostos, se pergunta surpreso como seria possível que Kojève e Schmitt mesmo assim se posicionassem em extremos opostos no espectro político está no caminho errado. A trajetória desses dois demonstra justamente como a extrema-direita e a extrema-esquerda se encontram próximas. (Nesse sentido, é quase ingênuo considerar as apologias à violência do marxista Sartre "fascistizantes" – veja o capítulo 2.) Uma última indicação para esse parentesco – ou ao menos um respeito mútuo – é que Kojève e Schmitt se corresponderam após a guerra (Correspondência fornecida pelo Prof. Dr. Piet Tommissen em: *Schmittiana. Beiträge zu Leben und Werk Carl Schmitts VI*. Duncker e Humblot, Berlim 1998).

[26] Kojève, *Introduction*, p. 387n. Referente às alturas a que o tema "morte do homem" se elevaria nos anos 1960, veja o capítulo 3.

implica: o desaparecimento das guerras sangrentas e das revoluções. E além do mais o desaparecimento da *Filosofia*; pois, quando o próprio Homem não mais se transforma na sua essência, então não há mais motivo para mudar os (verdadeiros) princípios que sustentam seu conhecimento do Mundo e de si mesmo. Mas pelo resto tudo pode ser mantido de forma ilimitada; a arte, o amor, o lazer, etc.; em suma, tudo que traz *felicidade* ao Homem.[27]

Nosso profeta não se parece com Cassandra, mas com Moisés. Ou Marx. O próprio Kojève compara a transição ao período pós-histórico com a transição do "império da necessidade" de Marx para seu "Império da Liberdade" – a era na qual o homem caça de manhã, pesca de tarde e após o jantar ainda estuda uma horinha de filosofia. A "pós-história" de Kojève é uma utopia similar. As pessoas estão felizes e satisfeitas. Elas vivem em segurança e com abundância material. Elas pintam, fazem música, amam, praticam esportes, brincam. Se a história é o tempo de trabalho e de luta, então a pós-história é um período de férias permanentes: "Não há mais *nada* a fazer".[28] O homem pós-histórico é um turista em tempo integral.[29]

---

[27] Kojève, *Introduction*, p. 435n.

[28] Kojève, *Introduction*, p. 385n.

[29] Raymond Queneau (1903-1976) tirou essa conclusão. Os romances desse antigo estudante de Kojève passam uma imagem ao mesmo tempo alegre e desesperada de uma existência após o fim da história. Os seus protagonistas enfrentam com humor e coragem o desafio da vida em um insignificante mundo pós-histórico. (Para a grande satisfação do escritor, o próprio Kojève foi o primeiro a distinguir "sábios pós-históricos" nos heróis fictícios de Queneau: veja Kojève, *Les Romans de la Sagesse*; veja também Drury, *Alexandre Kojève*, capítulo 7.) Um bom exemplo é fornecido pelo romance mais conhecido de Queneau, *Zazie dans le Métro* (1959). O personagem principal, Gabriel, passa como guia turístico pelas atrações históricas de Paris para saciar a curiosidade de um público entediado, para quem a história se transformou em peça de museu ou obra de arte. Nesse ínterim, ele recebe sua sobrinha Zazie como hóspede, que prefere conhecer o metrô a igrejas góticas, formando um tema recorrente. O diálogo final entre a mãe de Zazie e a heroína titular é divertido: "– Você conheceu o metrô? – Não. – Mas então

O fim da política (o que no caso de Kojève quer dizer: o fim da luta de vida e morte por puro prestígio) *não* significa, porém, o fim do Estado. Pelo contrário: o fim da história – e, portanto, da política – é justamente realizado em e por um Estado. Segundo Kojève, para isso Hegel tinha o império napoleônico em vista; o próprio Kojève, porém, pensou por um bom tempo que o trabalho de Napoleão ainda teria que ser arrematado pela revolução mundial comunista. Apesar de inicialmente ter mantido essa ideia megalomaníaca oculta dos seus alunos, logo após iniciar sua série de palestras ele chegou à convicção de que a história não havia sido concluída em 1806 pela díade "Napoleão-Hegel", mas que ainda estava para ser concluída – sobretudo por "Stálin- Kojève"![30] Hegel meramente se equivocou por uma questão de um século e meio... Seja como for, em ambos os casos um "derradeiro Estado" concluiria a história. "Trata-se de um Estado *universal e homogêneo*: ele reúne em si toda a humanidade (pelo menos a parte historicamente relevante) e 'suprime' (*aufhebt*) todas as suas peculiaridades (*Besonderheit*) no seu bojo: nações, classes sociais, famílias."[31] Nesse ponto importante, Kojève se mantém mais próximo de Hegel que de Marx. Como se sabe, Marx achava que, no futuro "Império da Liberdade", o Estado se extinguiria e que o "governo dos homens" seria substituído pela

---

o que foi que você fez? – Eu fiquei mais velha" (Queneau, *Zazie*, p. 189). De fato, quando não há nada mais a fazer, tudo o que resta é apreciar a paisagem e ver o tempo passar. Em suma, o típico morador do ideal pós-histórico de Kojève é um turista idoso.

[30] Auffret encontrou anotações pessoais de Kojève do início de 1936 nas quais "Napoleão/Hegel" havia sido substituído por "*Staline/moi*" e ademais aponta a prévias alusões durante as aulas sobre Hegel (Auffret, *Alexandre Kojève*, p. 246). Somente no sábado, 4 de dezembro de 1937, é que Kojève – numa palestra no Collège de Sociologie fundado por Bataille, Caillois e Klossowski – revelou aos seus alunos que não se tratava de Napoleão-Hegel, mas de Stálin-Kojève. (Veja Hollier, *Le Collège de Sociologie*, p. 165.) O nome de Stálin não consta do *Introduction* de Kojève.

[31] Kojève, *Introduction*, p. 145.

"administração das coisas".³² A pergunta então é: por que Kojève difere de Marx nesse ponto? Por que Kojève precisava de um Estado na sua pós-história? Para isso há duas respostas: a do próprio Kojève e a dos críticos.

A primeira resposta segue o raciocínio de Kojève. A história é o processo do incessante reconhecimento mútuo entre as pessoas da sua liberdade e igualdade. Esse reconhecimento mútuo só pode ocorrer no espaço público do Estado. Portanto, ele atinge o seu máximo em um Estado *universal* (e Kojève deveria dizer: de cidadãos do mundo). A história do mundo pode ser considerada a realização aos trancos e barrancos de tal Estado mundial; pontos culminantes desse processo na Antiguidade foram o governo de Alexandre Magno (336-323 a.C.) e o Édito de Caracala (212). Mas, além de universal, o derradeiro Estado também deve ser homogêneo: as diferenças sociais devem desaparecer. Isso porque somente em um Estado socialmente homogêneo é que cada indivíduo é reconhecido por si mesmo e não por pertencer a determinada classe, família ou nação. Somente em tal situação é que surge uma relação direta, não intermediada por instituições, entre o

---

³² O ideal da substituição do "*gouvernement des hommes*" pela "*l'administration des choses*" (frase de Saint-Simon em 1817) forma um tópico da literatura do começo do século XIX. Friedrich Engels o usou no seu *Anti-Dühring* (1877-1878). (Veja Isaiah Berlin, "Two concepts of liberty". In: idem, *The Proper Study*, p. 191-242.) O problema fundamental desse conceito, conforme Kolakowski já explicara claramente, é a impossibilidade de separar a administração das coisas do governo das pessoas. Isso porque toda gestão da economia envolve algum controle sobre a mão de obra e, logo, sobre pessoas. Para estimular as pessoas a trabalharem, basicamente existem três meios disponíveis: recompensa material, motivação moral e coerção física. Para os marxistas, o primeiro método era ideologicamente inaceitável (pois pressupõe um mercado livre e fins lucrativos) e o segundo pareceu não funcionar na prática (pois exige uma revolução mental em milhões de pessoas, o que nem mesmo a mais intensa propaganda marxista jamais conseguiu realizar). Sobrara somente um terceiro método para fazer as pessoas trabalharem: a coerção física. Como se sabe, esse método foi de longe o mais comprovado (Kolakowski, "*The Myth*").

"particular" (o indivíduo) e o "geral" (o Estado). Sem o Estado, o indivíduo não pode se realizar.³³

Essa primeira justificativa formal para a continuação do Estado não é muito convincente. Isso já fica aparente pelas características "universais" e "homogêneas" que fluem de forma mais coerciva do pensamento de Kojève que a própria existência do Estado. Pois qual ainda seria a importância de um Estado em um mundo universal e homogêneo, onde não existem guerras externas nem conflitos (de classe) internos, visto que todos estão plenamente satisfeitos?³⁴ Nenhuma. Não obstante, o fato de o Estado não se extinguir aponta um problema fundamental. O problema se estriba nos pressupostos otimistas de Kojève. O mais importante desses é incorreto: no mundo pós-histórico *nem todo mundo está satisfeito*. A segunda razão,

---

³³ Seria factível afirmar que Kojève pretendia alcançar tanto a liberdade de Hegel como a igualdade de Marx no derradeiro Estado universal e homogêneo atribuído a "Hegel". Referente a Alexandre Magno e ao Édito de Caracala (o qual outorgava direitos civis a todos os habitantes do Império Romano, o que, no entanto, nada mudava em relação a sua posição submissa no autoritário império), veja Kojève, *Tyranny and Wisdom*, p. 170. Referente a homogeneidade social do Derradeiro Estado, veja idem, *Introduction*, p. 145.

³⁴ A diferença com Hegel é instrutiva. Também para Hegel a liberdade do homem somente podia ser alcançada em um Estado, porém, esse – não obstante as alegações de Kojève – não constituía um Estado universal. A liberdade do Estado deveria, portanto, ser defendida por seus cidadãos contra outros Estados; o alistamento militar compulsório formava um componente essencial da liberdade humana a ser alcançada no Estado. Esse raciocínio ainda pode ser encontrado parcialmente em Kojève, o que torna seu argumento contraditório; isso porque de um lado o alistamento militar ainda é pertinente e cada cidadão também é soldado (o elemento senhoril em pessoa) (Kojève, *Introduction*, p. 145), do outro lado, por definição não existiriam mais guerras ou revoluções no derradeiro Estado: então para que servem soldados? O mesmo problema apresenta-se com o elemento servil no cidadão: de um lado ele é operário, mas do outro nada mais há a fazer. São essas contradições que Kojève mais tarde faria desaparecer ao modo nietzschiano: se o operário-soldado do mundo pós-histórico não for operário nem soldado, então ele é um "último homem".

oculta, para a continuação do Estado, portanto, é a seguinte: o Estado é um aparelho de coerção para aquietar os insatisfeitos.

A pergunta então se torna: por que nem todos no mundo pós-histórico estão satisfeitos? A resposta já se encontra embutida nas palestras de Kojève sobre Hegel – apesar de que ele apenas admitiria as consequências de seu pensamento ao final da década de 1940. À frente do derradeiro Estado, segundo Kojève, encontra-se um governante absoluto (Napoleão). Somente ele é reconhecido por todos por seu justo valor e, portanto, está "verdadeiramente satisfeito"; os outros cidadãos estão somente "potencialmente satisfeitos" (por poderem *tornar-se* chefe de Estado).[35] A "verdadeira" satisfação de todos os cidadãos, aquela sonhada coroação da história do mundo, se mostra impossível. Mesmo um Estado sem governante absoluto não é solução[36] até devido a um segundo problema. Conforme se disse, nas "férias" que o fim da história representa, não há nada mais o que fazer. Onde antigamente o ser se tornava homem por meio da luta ou do trabalho, após a história, "somente se há de ser humano na medida em que se lê o Livro e se entende que tudo já foi feito e explicado".[37] Em outras palavras, somente o Sábio que entende o *Fenomenologia* é verdadeiramente humano. Visto que Kojève sugere que nem todos se podem tornar "sábios", segue então que para a maior parte das pessoas o derradeiro Estado significa perder a condição humana; algo, portanto, com que jamais concordariam *racionalmente*. Desse modo, a declaração de que nem todos estão plenamente satisfeitos no mundo pós-histórico constitui uma

---

[35] Kojève, *Introduction*, p. 146-47.

[36] Decerto seria possível replicar a Kojève que o derradeiro Estado não precisa necessariamente ser uma tirania: não ocorre que na democracia liberal, por exemplo, o valor de todo cidadão é reconhecido sem haver necessidade de um tirano? Kojève argumentaria que não existe uma diferença essencial entre Eisenhower e Stálin (exceto que o último arriscou a vida na luta pelo poder, sendo, portanto, "mais humano").

[37] Kojève, *Introduction*, p. 385n.

grosseira atenuação. Quase ninguém está plenamente satisfeito; isso só é reservado aos Napoleões e Hegels deste mundo.

O que fazer, então, com os bilhões de não Napoleões e não Hegels? Não são eles seres humanos? Kojève chegará a essa conclusão em 1948 após pesadas críticas do filósofo político norte-americano Leo Strauss.[38] Em uma carta a Kojève, Strauss apontou uma ambivalência no seu conceito de "satisfação". Ou as massas estão satisfeitas – mas então por que ainda procurariam a felicidade em atividades não voltadas ao reconhecimento, como a arte e o lazer? Ou as massas deveriam estar satisfeitas, uma vez que a insatisfação é irracional – mas então o que fazer com a inerradicável irracionalidade humana? A resposta de Kojève à primeira pergunta de Strauss foi a seguinte: pessoas pós-históricas de fato estão meramente satisfeitas e *não* felizes. Essa foi uma mudança radical. Em uma extensa nota de rodapé que se tornou famosa na segunda edição da *Introduction à la Lecture de Hegel* (1968) ele diz – referindo-se ao trecho citado no começo deste segmento – que em 1948 se deu conta de que sua concepção utópica anterior era contraditória: é impossível que as pessoas sejam ao mesmo tempo animais e se enalteçam com a arte, o amor e o lazer. Se o homem reincide no embrutecimento, então essas atividades também voltariam a ser "naturais".

> Deve-se reconhecer, portanto, que após o fim da História as pessoas produziriam suas casas e obras de arte como os pássaros fazem seus ninhos e as aranhas tecem suas teias, que dariam seus concertos à maneira dos sapos e das cigarras, que brincariam como filhotes de animais brincam e que se entregariam ao amor como animais adultos o fazem. Mas não se pode afirmar que tudo "faz o ser humano *feliz*". Dever-se-ia se dizer que os animais pós-históricos da espécie *Homo*

---

[38] Strauss foi o primeiro a colocar o dedo nas mencionadas inconsistências, o que ocorreu publicamente no seu *Restatement* (uma reação às críticas feitas por Kojève sobre o próprio *On Tyranny* de Strauss) e na esfera privada por meio de uma "carta-resenha" a Kojève, em 22 de agosto de 1949 (em: Strauss, *On Tyranny*, p. 177-212, respectivamente p. 236-39).

sapiens (que deverão viver na abundância e em segurança total) estão *satisfeitos*, a julgar por seu comportamento artístico, erótico e lúdico, visto que, por definição, eles se contentam com tal.[39]

Pessoas pós-históricas, portanto, na verdade não são mais que animais. Isso torna a resposta à segunda pergunta de Strauss – o que fazer com os insatisfeitos irracionais – mais simples. Em uma carta para Strauss datada de 1950, Kojève descaradamente escreve:

> Além do mais, "não homem" pode tanto indicar "animal" (ou melhor: autômato) como "Deus". No derradeiro Estado obviamente não existem mais "criaturas humanas" no sentido da nossa definição de uma criatura humana *histórica*. Os *autômatos* "saudáveis" estão "satisfeitos" (esporte, lazer, erotismo, etc.) e os "doentes" serão encarcerados.[40]

Aquele que estiver insatisfeito, será "encarcerado" ou mesmo "assassinado" pelo tirano. Mas com isso, segundo Kojève, o tirano não toma nenhuma decisão *política*. Ele não passa de "uma pequena engrenagem na máquina" da racionalidade: um administrador.[41]

O derradeiro Estado universal e homogêneo de Kojève é explicitamente totalitário. O paraíso turístico pós-histórico do *dolce far niente* que o visionário Kojève ainda nos prometia em 1947, em 1950 se transformou em uma colônia de férias intensamente vigiada e rigorosamente regulamentada. O grupo de ilhas mostrou-se um arquipélago. O *camping*, um campo de concentração.

Dolce, coisa nenhuma. Essa degeneração lastimável da utopia hegel-marxista de Kojève (aqui "apenas" na teoria, mas confirmada na

---

[39] Kojève, *Introduction*, p. 436n.

[40] Kojève, carta a Strauss, 19 de setembro de 1950, em: Strauss, *On Tyranny*, p. 255-56. Kojève prossegue: "Referente a aqueles que não se satisfazem com 'atividades sem objetivo' (arte, etc.), esses são os filósofos (que podem alcançar a sabedoria quando 'contemplam' o suficiente). Através disso, eles se tornam 'deuses'".

[41] Kojève, *Tyranny and Wisdom*, p. 146; idem, carta a Strauss, 19 de setembro de 1950, em: Strauss, *On Tyranny*, p. 255-56.

prática pelo Stalinismo) é uma consequência direta de seu ponto de partida reducionista e antropológico. Aquele que começa definindo o homem e suas necessidades ("o Homem nada mais é que um desejo de reconhecimento") e depois começa a pensar sobre política, logo estará inclinado a ver também as pessoas como objetos, sua felicidade como algo organizável e seu tirano como um administrador. Não deve causar surpresa que justamente o Estado "extinto" resultante desse tipo de pensamento se revele como o mais totalitário de todos. Isso vale, propriamente dito, em todos os sentidos: o governo dos homens *é* a administração das coisas.

Kojève não deixou de ficar amargurado pelas consequências totalitárias de suas premissas. Ele também preferia ver a humanidade feliz. Mas o otimismo herdado de Marx foi gradualmente sobrepujado por um pessimismo nietzschiano. Kojève I tornou-se Kojève II. O momento da virada foi a primeira viagem de Kojève aos Estados Unidos em 1948. Um ano após o início da Guerra Fria, Kojève previu que, e como, os Estados Unidos finalmente venceriam a União Soviética: com a sua economia. Na contramão, ele constatou o seguinte: "Os Estados Unidos de certo modo já atingiram o estágio final do 'comunismo' marxista, visto que praticamente todos os membros daquela 'sociedade sem classes' já podem adquirir tudo o que quiserem, sem ter de trabalhar mais do que seu coração lhes induz".[42] O ideal marxista alcançado! Mas será que Kojève estava contente e exaltado com isso? Não. Ele mal podia esconder a decepção. Esse não era o "Império da Liberdade" de Marx, esse era o mundo desencantado do "último homem" de Nietzsche.[43] O mundo do homem que se recusa

---

[42] Kojève, *Introduction*, p. 436n-437n.

[43] Leo Strauss já antevia isso em 1948 com base no *Introduction* de Kojève. Na conclusão da mencionada "carta-resenha", ele escreveu: "Se tivesse mais tempo do que tenho agora, poderia expor de forma mais extensa e clara por que não estou convencido de que o derradeiro Estado, da maneira como o senhor o descreve, possa satisfazer as pessoas, seja do ponto de vista racional ou puramente factual. Por uma questão de simplicidade, hoje recomendo 'os

a se superar, que desiste da elevada fé na superioridade humana em troca do conforto e da autopreservação, vivendo como um animal de rebanho que precisa de um pastor.

O pior era que o resto do mundo também começava a assumir toques norte-americanos. Viagens de pesquisa pelos Estados Unidos e pela União Soviética (1948-1958) levaram Kojève à conclusão de que "o fato de os norte-americanos se parecerem com sino-soviéticos afluentes é porque russos e chineses simplesmente são americanos que ainda vivem na pobreza, mas eles também estão rapidamente a caminho de tornarem-se ricos". Assim como os norte-americanos naquele momento – logo o mundo inteiro viveria em um "eterno presente" animalesco. Kojève subitamente se tornou ciente de que o *american way of life* representava exatamente o estilo de vida tal como o imaginava ser no período pós-histórico.

Por causa dessas experiências, Kojève mudou radicalmente de opinião: a história já teria terminado, afinal. Hegel tinha mesmo razão. Desde a Batalha de Jena nada de essencialmente novo havia acontecido: "Nessa e por essa batalha, a vanguarda da humanidade praticamente alcançou o objetivo e o fim da história". Na interpretação reducionista de Kojève, tudo o que ocorrera desde o desfecho "hegel-marxista" da história em 1806 pode ser considerado uma contribuição para anexar as regiões mais atrasadas à "vanguarda histórica". A Primeira e a Segunda Guerras Mundiais, a Revolução Russa, os golpes de Estado comunistas do pós-guerra: seu único efeito foi "incluir as províncias nas fileiras". A partir do "autêntico ponto de vista histórico" de Kojève, os milhões de vítimas da guerra, as migrações forçadas de populações inteiras, as cidades destruídas ou o aviltamento moral da primeira metade do século XX simplesmente não vêm ao caso; ele resume tudo sob o denominador do "processo

---

últimos homens' de Nietzsche" (Strauss a Kojève, 22 de agosto de 1948, em: Strauss, *On Tyranny*, p. 236-39). O termo "último homem" foi introduzido por Nietzsche no prefácio de *Assim Falou Zaratustra* (1883).

de eliminação dos diversos espasmos anacrônicos do passado pré-revolucionário europeu". De passagem, ele atenua a ação dos nazistas alemães ("o hitlerismo") considerando-a como a de um órgão intermediador na transição de um império para uma Alemanha democrática. E a Revolução Chinesa? "Nada mais que a introdução do Código Napoleônico na China."[44]

Essas caracterizações altivas e irônicas cabem perfeitamente no papel histórico mais modesto que Kojève atribuiu a si mesmo na sua nova cronologia. Enquanto ainda pensava que o fim da história se encontrava no futuro – de fato: que seria proclamado por Stálin-Kojève –, ele era o propagandista revolucionário que mudaria o curso da história. Agora que, bem considerado, a história estaria mesmo terminada, ele se fazia passar pelo crítico cultural irônico que, feito um espírito superior, comentava uma era concluída. Kojève continuava sendo um profeta que mostrava a terra prometida para a humanidade: os Estados Unidos, conforme ele sabia agora, eram o destino. Mas a tragédia de Kojève era que ele mesmo se encontrava descrente. O nosso Moisés de outrora adquiriu trejeitos "cassandrescos", e profetizou: o fim está próximo, a civilização se degradará irrevogavelmente ao animalesco.

Ou haveria uma escapatória?

"Comparado ao povo japonês, a alta sociedade inglesa mais parece um bando de marujos embriagados." Ao final de sua vida, durante uma viagem em 1959, Kojève descobriu uma alternativa

---

[44] Kojève, *Introduction*, p. 436n-437n; Lapouge, "Entretien avec Kojève", p. 19. Os termos "objetivo" e "fim" da primeira passagem desse parágrafo são traduções dos termos em francês "*but*" e "*terme*". Um bom momento para lembrar que Kojève em geral – e de forma consciente – usa a palavra "*fin*", que ao mesmo tempo significa "objetivo" assim como "desfecho" ("objetivo final" ficaria mais próximo, mas por motivos estilísticos não cabe na tradução). Filologia supérflua? Não. Parece mais lógico e sedutor fazer a humanidade se precipitar rumo ao "*fin de l'histoire*" – ou, *for that matter*, ao "*the end of the history*" – do que ao mais prosaico "final da história".

"diametralmente oposta" ao *american way*: o esnobismo japonês. O Japão é uma civilização única que desde a abolição do feudalismo há mais de três séculos viveu em um "fim da história", isto é, não conheceu mais nenhuma guerra interna ou externa e que mesmo assim não regrediu à "brutalização". Quando a história não fornece mais nenhum "negativismo antropogênico", nós mesmos devemos fazê-lo. Foi a isso que o esnobismo se dedicou. Este criou novas maneiras formais de "negar o existente", como o teatro *noh*, as cerimônias do chá e o *ikebana*. Kojève, porém, se impressionou principalmente com o ritual de suicídio dos *redondo*. Aquele que sacrifica a vida por puro esnobismo é verdadeiramente humano na visão de Kojève. Felizmente também se permitia o esnobismo não suicida: "O que o Japão nos ensina é que podemos democratizar o esnobismo. O Japão representa oitenta milhões de esnobes". Crucial é que nenhum animal é esnobe. Um mundo pós-histórico à japonesa, portanto, permaneceria humano. Kojève se manifestaria mais uma vez de maneira enfática e em 1968 colocou o mundo diante da escolha: ou ocidentalizar o Japão, ou *niponizar* o mundo ocidental.[45]

Trinta anos depois, o pleito se decidiu: *America all the way*. Para destacar isso, foi justamente um nipo-americano que em 1989 popularizou o tema de Kojève sobre o fim da história: Francis Fukuyama. No seu artigo "The end of History?", que se tornou famoso quando surgiu as vésperas da queda do Muro de Berlim, Fukuyama reivindicou a vitória americana na Guerra Fria e alegou que, historicamente dito, a democracia liberal americana era a forma definitiva de governo. A matéria, assim como a versão em livro *O Fim da História e o Último Homem* (1992), gerou muita polêmica. Raramente, porém, se menciona que Fukuyama de fato nada mais faz que popularizar Kojève.[46] Do começo ao fim seu livro é permeado de análises kojevianas,

---

[45] Kojève, *Introduction*, p. 437n, e Lapouge, "Entretien avec Kojève", p. 19.

[46] Francis Fukuyama pode ser considerado um neto intelectual de Kojève. Pelo seguinte. O pensamento de Kojève foi difundido nos Estados Unidos

como a luta por puro prestígio e a história como realização de desejos humanos universais. Mesmo onde Fukuyama sugere parafrasear Hegel, é claramente Kojève quem se insinua. Segundo Fukuyama, é a democracia liberal que traz o reconhecimento universal e que assim conclui a história.[47] Mas por apoiar-se de maneira tão incisiva

---

por Leo Strauss. Esse filósofo político norte-americano (1899-1973) era um velho amigo de Kojève: eles se conheciam desde a sua época de estudo em Berlim e novamente tiveram um contato intensivo no começo dos anos 1930, quando ambos moraram em Paris. Depois que Strauss partiu em 1934 para a Inglaterra, eles continuaram se correspondendo. Quando nos anos 1950 Strauss foi professor na Universidade de Chicago, ele enviava seus melhores estudantes para visitar Kojève em Paris: assim foi com os posteriormente renomados críticos culturais Allan Bloom e Stanley Rosen, que ficaram ambos profundamente impressionados com Kojève (veja suas publicações citadas na segunda nota de rodapé deste capítulo). Francis Fukuyama, por sua vez, foi aluno de Allan Bloom – e nesse sentido um neto intelectual de Kojève. (Veja Drury, *Alexandre Kojève*, capítulos 10-12; para o kojevianismo ingênuo de Fukuyama, veja também Derrida, *Spectres de Marx*, p. 87-127.)

A relação entre o "clássico" Strauss e o "modernista" Kojève foi excepcional. Cada um desses gigantes político-filosóficos via na posição do outro o polo oposto mais brilhante à sua própria posição; a sua grande admiração mútua paradoxalmente baseava-se no fato de que eles nunca concordavam. Dessa maneira, Strauss, que defendia ele próprio "a causa do pensamento antigo", pôde escrever ao autor de *Introduction à la Lecture de Hegel*: "Trata-se de um livro excepcionalmente bom e interessante. Com a exceção de Heidegger, possivelmente nenhum dos nossos contemporâneos escreveu um livro tão abrangente assim e ao mesmo tempo tão inteligente. Ninguém defendeu a causa do pensamento moderno de forma tão brilhante quanto o senhor" (Strauss a Kojève, 22 de agosto de 1948, em: Strauss, *On Tyranny*, p. 236-39).

[47] Um único exemplo do uso dissimulado de Kojève por Fukuyama: na sua exposição sobre a dialética do senhor e o servo, ele atribui a "luta por puro prestígio" a Hegel (Fukuyama, *Het einde*, p. 18), enquanto anteriormente foi apontado que a expressão se trata justamente de um refinamento da "luta pelo prestígio" de Hegel por parte do seu "intérprete" Kojève. Especialmente no que se refere ao desfecho da história com a democracia liberal, Fukuyma teve que se contorcer a fim de poder incluir *tout* Kojève: "As vezes é difícil discernir um liberal no próprio Kojève, considerando que ele já demonstrou uma ardente admiração por Stálin e que nos anos 1950 afirmou não ver nenhuma diferença entre os Estados Unidos, a União Soviética e a China. [...] Após a guerra, os Estados Unidos e a Europa demonstraram um

em Kojève, ele recai no pessimismo cultural direitista-nietzschiano ao contemplar os povoadores daquela utopia realizada: servos vitoriosos, últimos homens. Referindo-se explicitamente ao *Zaratustra*, Fukuyama arrefece a esperança dos ex-comunistas europeus de se tornarem felizes assim que tiverem os próprios carros, vídeos e máquinas de lavar:

> A vida do último homem consiste em segurança física e abundância material, exatamente o que os políticos ocidentais gostam tanto de prometer aos seus eleitores. Teria sido isso o que realmente nos motivou nos últimos milhares de anos da história humana? Devemos temer por estar felizes, além de satisfeitos com o nosso estado atual, em que não somos mais humanos, mas animais da espécie *Homo sapiens*? Ou será que existe o risco de que de fato seremos felizes, mas mesmo assim de certa forma insatisfeitos conosco mesmos e por isso arrastaremos o mundo novamente de volta à história, com todas as suas guerras, injustiças e revoluções?[48]

Fukuyama – que mal consegue esconder a nostalgia com relação à vida histórica de lutas e grandes feitos – nesse ponto toma um dos quatro caminhos que se encontravam abertos à filosofia política francesa pós-kojeviana. Adiante veremos quais são esses quatro caminhos

---

"reconhecimento universal" mais completo do que jamais fizera a União Soviética, de modo que um Kojève liberal é mais plausível do que um Kojève stalinista" (Ibidem, p. 371).

[48] Fukuyama, *Het einde*, p. 336. Uma afirmação assim é sempre de bom-tom entre os críticos culturais conservadores. Em um registro puramente kojeviano (com uma pitada de Freud), o escritor peruano Mario Vargas Llosa, por exemplo, escreveu o seguinte a respeito da violência entre os torcedores durante a Copa Mundial de Futebol de 1998: "Não deve surpreender que o vandalismo no futebol não ocorra em países pobres: ali a violência não é uma forma de diversão, mas antes se encontra associada à luta pela sobrevivência. A violência no futebol ocorre principalmente nos países mais prósperos, onde quase todos os aspectos do convívio social são extremamente organizados, onde seus cidadãos, cansados da rotina e da autodisciplina imposta pelo seu alto nível de vida, volta e meia podem se permitir ao 'luxo' de perder o controle de si e agirem como bárbaros" (Vargas Llosa, "Een beetje geweld").

e, de forma mais geral: como Kojève criou o quadro dentro do qual a filosofia política francesa do pós-guerra se desenvolveu. Mas antes disso será útil examinar um legado mais concreto das palestras de Kojève sobre Hegel: seu agressivo vocabulário político. Central nisso estão os dois temas kojevianos que mais impressionaram seus alunos: o terror e a propaganda.

TERROR E PROPAGANDA

Por dois séculos, os franceses vêm debatendo obsessivamente o significado da sua Revolução. Seria essa uma vitória para a humanidade ou um triunfo banal da burguesia? Teria ela trazido a incipiente democracia moderna ou o primeiro Estado totalitário? A questão que mais dividiu a intelectualidade francesa, porém, é certamente a pergunta: quão necessário foi o Terror? Será que Robespierre inevitavelmente sucedeu a Mirabeau, a guilhotina inevitavelmente aos direitos do homem, 1793 inevitavelmente a 1789? Sim, foi o consenso entre os republicanos – em 1889 sintetizado por Georges Clemenceau na fórmula "*la Révolution est un bloc*". Sem 1793 não há 1789. Com um de seus achados mais brilhantes, Kojève elevaria essa retórica do "*quatre-vingt-treizisme*" a novas alturas: o Terror não foi um mal necessário, mas um grande benefício.

Ao tentar escrever sua história do mundo para uma conclusão satisfatória, Kojève topou com um problema. O cenário exigia como desfecho a síntese dialética do mestre e do servo no cidadão livre. Mas no mundo burguês pós-revolucionário não havia mais mestres, apenas servos. Embora todos os servos tivessem se tornado cidadãos livres e iguais em 1789, sua liberdade era meramente "abstrata". Após o desmoronamento pacífico do "*ancien régime*" – a despeito do breve distúrbio em torno da Bastilha – sobreveio um período de "absoluta" liberdade, no qual o cidadão-servo não conseguiu se libertar "efetivamente". Para isso ele deveria primeiro fazer aquilo diante do qual seus longínquos predecessores haviam vacilado: arriscar a vida feito um senhor em uma "sangrenta luta pelo reconhecimento". Isso – pensou Kojève engenhosamente, divergindo de Hegel – foi exatamente o que ocorreu durante o Terror de Robespierre. Na seguinte longa passagem, Kojève explica por que a liberdade absoluta dos políticos revolucionários apenas foi realizada por meio do seu temor pela morte (*terreur*):

> Durante a segunda fase da revolução [a revolução social], os revolucionários resistiram na condição de particulares contra o universal que é incorporado pelo Estado. Eles se opuseram de maneira absoluta, porque querem negar o Estado de maneira absoluta, isto é, destruí-lo completamente. O Estado então somente pode se manter, a *volonté générale* então somente pode se concretizar, quando esses "particulares" forem negados de maneira igualmente absoluta [...]. E por isso a "sabedoria do Estado" durante essa fase se manifesta no Terror. Pois bem, vimos antes que justamente a morte encarada voluntariamente durante um conflito negativo é a mais autêntica realização e manifestação da absoluta liberdade individual. De fato, é no e pelo Terror que essa liberdade se propaga pela sociedade, e ela não pode ser alcançada em um Estado "tolerante", que não leva seus cidadãos a sério o bastante a fim de lhes assegurar o direito político à morte.[49]

Em outras palavras: "Cidadão Robespierre, muito obrigado por ter-se dado ao trabalho de assassinar-nos. Sem esse ato sábio nunca seríamos livres". E por mais que esse raciocínio possa soar absurdo, ele seria repetido anos a fio em diferentes variações por filósofos respeitados como Sartre e Merleau-Ponty.

A visão de Kojève sobre o Terror não constitui uma anomalia no seu pensamento. Pelo contrário, é nisso que seu "conceito histórico terrorista" se expressa em sua mais pura forma. Kojève possui uma apreciação explícita por tudo o que seja luta e violência. De Heidegger ele obtém a ideia de que apenas perante a morte o homem atinge sua

---

[49] Kojève, *Introduction*, p. 557-58. Também veja ibidem, p. 141-44.

individualidade e liberdade. Portanto, "o processo histórico necessariamente traz consigo uma realização da morte por meio da guerra e das revoluções sangrentas". A história progride pela violência. A guerra é humanizante. O medo da morte liberta. Uma revolução sem derramamento de sangue não é uma revolução. Daí o profundo desprezo de Kojève diante dos acontecimentos parisienses de maio de 1968: "Naturalmente que não é uma revolução de verdade, nem mesmo há mortos".[50]

O fundamento do conceito histórico terrorista de Kojève é a ideia de que a verdade é determinada pelo resultado do processo histórico. Uma vez que não existe um padrão moral a-histórico, o vencedor tem razão. Na expressão que Hegel empresta de Schiller: *die Weltgeschichte ist das Weltgericht* [A história do mundo é a história da justiça]. A moral de Hegel é resumida por Kojève nos seguintes termos:

> Aquilo que existe, e na medida em que existe, é bom. Todo ato, de fato uma negação do existente, portanto, é ruim: um pecado. Mas o pecado pode ser perdoado. Como? Pelo seu êxito. O êxito perdoa o crime, pois o êxito é uma nova realidade. Mas como julgar esse êxito? Para tal, a história deve estar terminada.[51]

Aqui, o conceito de "crime" é ao mesmo tempo relativizado e esticado até perder o significado: "Todo ato é criminoso, enquanto não atingiu seu objetivo".[52] Portanto, por um lado o massacre brutal que antecipa o fim da história não constituiria um crime, e por outro a construção de um telhado que é levado pelo vento sim.

---

[50] Veja mais sobre essas ideias especialmente nas duas últimas palestras de Kojève de 1933-1934, anexas na íntegra ao *Introduction* ("L'Idée de la Mort dans la Philosophie de Hegel", p. 529-75; citação na p. 559). Veja, para a caracterização de Kojève sobre o Maio de 1968, Aron, *Mémoires*, p. 481. A expressão "conceito histórico terrorista" é de Descombes, *Le Même*, p. 27.

[51] Kojève, *Introduction*, p. 95. A primeira linha dessa citação obviamente parafraseia Hegel: "Tudo o que é racional, é real. E o que é real, é racional".

[52] Kojève, *Introduction*, p. 153.

Certa vez Kojève chamou suas palestras sobre Hegel "um trabalho de propaganda para açoitar os espíritos".[53] Muito do que à primeira vista parece estranho nessa descrição desbota em contraste com o conceito "pragmático" de Kojève sobre a verdade. Quando de fato a verdade não se encontra definida, pode-se – ao menos na medida em que a história ainda não esteja concluída – tentar fazer prevalecer sua interpretação favorita da "verdade" sobre a do concorrente, para assim "torná-la real". A propaganda é uma das ferramentas nesse sentido, bem como a guerra e a revolução. E o fato de que, aos olhos de Kojève, a luta entre o capitalismo norte-americano e o comunismo russo nada mais era que uma disputa de interpretação entre hegelianistas de direita e de esquerda o fez escrever em 1946: "Toda interpretação de Hegel que vai além do disparate nada mais é do que um programa de luta e trabalho (e um desses 'programas' chama-se *marxismo*). Isso significa que o trabalho de um intérprete de Hegel adquire a dimensão de uma obra de propaganda política".[54] É evidente que ao mesmo tempo isso se trata de um encargo disfarçado. Kojève, ele mesmo marxista, esperava que os intelectuais exercessem atos para avançar a realização do derradeiro Estado hegeliano; no mínimo eles deveriam "*acatar* e 'justificar' tais atos, quando realizados por alguém em algum lugar".[55] Esse encargo era levado extremamente a sério pelos kojevianos franceses...

O "alguém em algum lugar" mais estimado de Kojève era Jozef Stálin em Moscou. Desde 1938 – ou seja, muito antes de Stalingrado – Kojève já se denominava um "Stalinista estritamente obediente".[56]

---

[53] Kojève a Thao, 7 de outubro de 1948, em: Jarczyk e Labarrière, *De Kojève à Hegel*, p. 64-66.

[54] Kojève, "*Hegel, Marx and Christianity*", p. 41-42.

[55] Kojève, *Introduction*, p. 291.

[56] Aron, *Mémoires*, p. 96. A vitória da União Soviética contra os nazistas alemães durante a Segunda Guerra Mundial, simbolizada pela virada no cerco de Stalingrado, também na França contribuiu de forma significativa para o prestígio da União Soviética. Um detalhe interessante é que, a julgar pelo

Que na Rússia vermelha ocorressem práticas horrendas, ele não negava na esfera privada. Ele até chegava a considerar isso "um caso tão evidente que somente imbecis não o perceberiam".[57] Mas justamente a política terrorista de Stálin fazia com que aos olhos de Kojève o ditador soviético fosse o candidato apropriado para – após uma revolução mundial comunista – concretizar o derradeiro Estado universal e homogêneo. A ele, Kojève, caberia então a sublime tarefa de anunciar esse fim da história. Kojève modelava sua relação com Stálin na de Hegel com Napoleão – "com a diferença de que eu não terei a felicidade de ver Stálin passar cavalgando pela minha janela, mas enfim...".[58] Com esse dado em mente, é apreciável ler o seguinte trecho do *Introduction à la Lecture de Hegel* sobre a conclusão da história pela díade "Hegel-Napoleão":

> Hegel e Napoleão são dois homens diferentes; [...] Não obstante, Hegel não gosta de dualismos. Isso implicará abolir a díade final? Isso poderia acontecer (*e ainda pode!*) caso Napoleão "reconhecesse" Hegel da mesma forma que Hegel reconheceu Napoleão. Será que Hegel esperava ser chamado a Paris em 1806 para se tornar o Filósofo (Sábio) do Estado universal e homogêneo, com a incumbência de fornecer uma explicação (justificativa) – e talvez orientar – as atividades de Napoleão?[59]

---

endereçamento da sua correspondência, ao menos entre 1948 e 1957 Kojève morou no Boulevar Stalingrad (em Vanves). Entre pessoas comuns pode ser coincidência, mas com Kojève talvez não. Afinal, o fato de que após a Revolução Russa se passariam "trinta anos terríveis" já havia sido previsto por Kojève em 1920: foi a principal razão para que ele, apesar de comunista convicto, fugisse da União Soviética aos 18 anos (Lapouge, "Entretien avec Kojève", p. 18-19).

[57] Aron, *Mémoires*, p. 96. Os intelectuais franceses que pela maior parte da década de 1970 rejeitaram a existência dos campos de concentração soviéticos podem vestir o predicado "imbecis" mencionado por Kojève. Kojève por sinal condenou o Gulag, mas não a invasão russa da Hungria, que legitimou com base em considerações geopolíticas (ibidem, p. 98).

[58] Lapouge, "Entretien avec Kojève", p. 19.

[59] Kojève, *Introduction*, p. 153-54.

Não me parece exagerado discernir aqui um deslumbrante caso de projeção: aparentemente na década de 1930 e na de 1940 Kojève esperava poder ser chamado a qualquer momento por Stálin a Moscou como filósofo da corte.

O LEGADO DE KOJÈVE

Uma questão que até agora tratei de forma meramente tangencial é a da lealdade de Kojève a Hegel. Era Kojève um humilde intérprete de Hegel ou um filósofo independente? No que se refere à história das ideias, esta não é uma pergunta tão interessante. Quando se trata da difusão das ideias que Kojève divulgou, de fato não seria relevante saber quem detém o direito intelectual. O caso muda de perspectiva, porém, quando os desvios a que o "interpretador" se permite tornam-se tão desmedidos e inequívocos a ponto de expor sobretudo as próprias preocupações. Este último é o caso de Kojève. Mesmo Kojève não escondia esse fato: a censura de um crítico que afirmava que ele vendia as próprias ideias "sob o pseudônimo de Hegel" foi rechaçada por ele com um comentário seco: "Bem observado".[60] Mais claro ainda foi o que Kojève escreveu na supracitada carta a Tran Duc Thao (1948): "Interessou-me relativamente pouco saber o que o próprio Hegel queria dizer no seu livro; eu dava palestras sobre antropologia fenomenológica nas quais fazia uso dos textos de Hegel, mas nisso só me aprofundava naquilo que considerava verdadeiro e deixava tudo de lado que nele me parecia ser um equívoco".[61]

O "equívoco" mais sério de Hegel, segundo Kojève – que somente tocou nesse assunto em algumas notas de rodapé introduzidas

---

[60] Kojève, citado em Auffret, *Alexandre Kojève*, p. 15n.
[61] Kojève a Thao, 7 de outubro de 1948, em: Jarczyk e Labarrière, *De Kojève à Hegel*, p. 64-66.

posteriormente aos textos das suas palestras –, é seu monismo.[62] Inapropriadamente, Hegel desenvolveu a mesmíssima ontologia dialética, tanto para o Homem como para a natureza (assim como Platão havia desenvolvido a mesma ontologia, voltada à identidade, para esses dois domínios). Segundo Kojève, entretanto, existe uma diferença essencial entre a natureza, de um lado, e o Homem (ou seja, a história) de outro. A natureza permanece consistente através do tempo e, portanto, não é dialética; em contraste, o Homem é uma negatividade que se transforma em um processo histórico, por isso é dialético. A ontologia monística de Hegel, portanto, não satisfaz.

Por isso, segundo Kojève, é necessário combinar a abordagem de Platão e Hegel e desenvolver uma ontologia *dualística*, capaz de lidar tanto com a identidade quanto com a dialética. Esse projeto filosófico ainda é incipiente. A formulação de Kojève do contraste entre homem e natureza em termos de "algo a desejar" (*"positivité"*) *versus* "nada a desejar" (pelo desejo ao outro; *"negativité"*) seguiu nessa direção. (Foi Sartre que alguns anos mais tarde daria à distinção de Kojève a sua forma mais célebre: "natureza e homem" se tornou *L'Être et le Néant*.) Martin Heidegger é, com Kant, o único predecessor reconhecido por Kojève. Ocorre que em contraste com Hegel, Heidegger justamente faz uma distinção essencial e consequente entre homem e natureza. O homem é, segundo Heidegger, o *"Sein-zum-Tode"* [Ser-para-a-morte]: o único "ser" consciente da proximidade da morte. Uma vez que o homem, no intuito de perceber o "ser", deve estar ciente do "não ser", ele somente pode alcançar a sua liberdade e autenticidade ao encarar sua própria transitoriedade. Para o pensamento de Kojève isso constitui uma noção crucial. Ele percebe, porém, que em Heidegger isso vai à custa da possibilidade de se tomar consciência da história. Por isso Kojève também se volta ao hegelianista

---

[62] Kojève, *Introduction*, p. 474n, 485n-487n, 575n.

que chegou a um melhor entendimento desse aspecto do pensamento de Hegel, ou seja, a Marx.

A relação entre Hegel, Heidegger e Marx é resumida por Kojève – na última e significante nota de rodapé do *Introduction à la Lecture de Hegel* – nos seguintes termos:

> Desnorteado pela tradição monística da ontologia, Hegel às vezes estende sua análise da existência humana ou histórica à natureza. Assim, ele afirma que *tudo* o que *é* em última instância representa uma destruição do Nada (o que claramente é um disparate e leva a uma filosofia insustentável da natureza). [...] Heidegger retomou o tema hegeliano da morte; mas ele negligencia os temas complementares da Luta e do Trabalho; daí que sua filosofia não consegue apresentar nada sobre a história. Marx mantém os temas Luta e Trabalho e consequentemente sua filosofia é essencialmente "historicista"; mas ele negligencia o tema da morte (embora admita que o homem seja mortal); por isso ele não percebe (e alguns "marxistas" de modo nenhum) que a Revolução não apenas é sangrenta, mas sim essencial e necessariamente sangrenta (o tema de Hegel do Terror).[63]

Agora se torna claro o que se esconde em Kojève "sob o pseudônimo de Hegel". Trata-se, resumidamente, de "Hegel lido sob a óptica de Marx e Heidegger".[64] De Marx, Kojève empresta a ideia de que o Homem é quem faz a história. De um lado (no seu fundamento), a história é o projeto da transformação do mundo visando à completa satisfação dos anseios humanos. Do outro lado (na sua superestrutura), a história é a progressiva consciência de que Deus é uma projeção humana e que o Homem é mortal.[65] De Heidegger, Kojève deriva a

---

[63] Kojève, *Introduction*, p. 575n.

[64] Drury, *Alexandre Kojève*, p. 12. Drury comenta a assimilação de Marx, Heidegger e Nietzsche por Kojève, respectivamente em p. 12-15, 65-78, 79-87.

[65] "Tudo o que a teologia cristã afirma é absolutamente verdadeiro, na condição de que isso não seja aplicado a um deus imaginário e transcendental, mas ao Homem factual, vivendo nesse mundo" (Kojève, *Introduction*, p. 571). Aqui se trata da interpretação ateísta,

mencionada ideia do homem como "*Sein-zum-Tode*", que somente pode se tornar efetivamente livre ao encarar a morte. O que Kojève essencialmente faz agora é misturar Marx com Heidegger. Ele combina a visão marxista sobre a história com a visão existencialista de Heidegger sobre o homem. Mais precisamente: Kojève coloca Heidegger em uma perspectiva histórica. O que em Heidegger ainda era um caso individual – tornar-se uma pessoa livre ao aceitar o medo da morte – em Kojève torna-se um projeto para toda a humanidade e o objetivo do processo histórico. Somente no final da história é que o homem se livra de todas as suas ilusões e religiões infantis e vive livre e satisfeito em face da morte.

A áspera mistura de Marx e Heidegger feita por Kojève foi o substrato para aquele improvável fenômeno dos primeiros anos após a guerra: o marxismo existencialista da geração de Sartre e Merleau-Ponty. A isso se dedica o próximo capítulo.

No entanto, o efeito de Kojève na filosofia política francesa do pós-guerra durou mais do que uma geração. Pois, além de Marx e Heidegger, há também uma forte dose de Nietzsche em Kojève – e esse terceiro elemento desenvolveu sua força com certo atraso. A ideia de Hegel de que a história é feita pelo servo, foi pintada em tons nietzschianos por Kojève no seu *Introduction* como: a história é o triunfo do servo. Esse triunfo é encarnado tanto em Nietzsche como em Kojève pelo moral de escravos de maior êxito na história do mundo, o cristianismo. Segundo Nietzsche, ambos os pilares da modernidade – democracia e ciência – nada mais são que o cristianismo secularizado: a democracia se originou do fundamento cristão da igualdade de todas as almas perante Deus, e a ciência nasceu do amor cristão pela verdade e o verdadeiro. Como se sabe, Nietzsche tinha uma posição extremamente negativa sobre ambos os assuntos; na sua visão, a parelha democracia e ciência levaria à homogeneização, ao desencanto,

---

hegel-esquerdista do decurso histórico-mundial do Espírito hegeliano, que Marx por sua vez emprestou de Feuerbach.

à destruição de toda a cultura aristocrática e ao embrutecimento do homem. O que ocorre após a guerra é que Kojève não só assimila as análises de Nietzsche sobre a modernidade mas também sua valoração negativa. Conforme referido anteriormente, a virada veio em 1948. Após, entre outros, uma viagem de pesquisa aos Estados Unidos e a crítica do seu amigo Leo Strauss, Kojève trocou seu otimismo marxista por um pessimismo nietzschiano. A partir de 1948, Kojève não mais considerava "o fim da história" como um futuro paraíso para uma humanidade feliz e despreocupada, mas como uma desalentadora atualidade, povoada por "derradeiros homens" embrutecidos.

Essa guinada da avaliação de Kojève do fim da história foi reencenada mais de dez anos depois em grande escala pela intelectualidade francesa. Por volta de 1960, a geração de Deleuze e Foucault rompeu com os ícones Hegel e Marx e transformou Nietzsche no novo herói, apresentando essa troca da guarda filosófica como uma dramática ruptura. Mas, assim como apesar da reviravolta em seu pensamento Kojève não precisou mudar *nada* no seu livro sobre Hegel – as premissas antropológicas permaneceram iguais, ao mesmo tempo que as conclusões político-históricas podiam ser alteradas –, a "geração nietzschiana de 1960", não obstante a sua tendência patricida, continuou operando dentro da mesma matriz kojeviana que a por ela menosprezada geração marxista-existencialista de 1945.

A interpretação hegeliana de Kojève, portanto, demonstra ser uma irredutível mistura de elementos emprestados de Marx, Heidegger e Nietzsche. Nisso se encontra a chave para as desenvoluções da filosofia política francesa pós-kojeviana. Embora os marxistas, existencialistas e nietzschianos dos anos 1945-1975 se digladiassem continuamente, todos se movimentavam no terreno delimitado por Kojève. Eles se distinguiam uns dos outros principalmente *na medida em que* enfatizavam ou "Marx", ou "Heidegger" ou "Nietzsche" (assim como na medida em que eventualmente entornavam doses extras de Marx, Heidegger ou Nietzsche a Kojève). Todos usavam Kojève.

Como Kojève determinou a agenda da filosofia política francesa do pós-guerra também pode ser ilustrado mais sistematicamente. Antes postulei que o discípulo norte-americano de Kojève, Francis Fukuyama – cujo titulo de livro O *Fim da História e o Último Homem* por sinal expressa com exatidão a ambivalência da visão de Kojève sobre uma existência pós-histórica –, tomou um dos *quatro* caminhos que se encontravam abertos para a filosofia política francesa pós-kojeviana. Isso pode ser explicado agora. Ou vivemos antes do fim da história, ou após; ou somos otimistas sobre a natureza da pós-história (tal qual o "Kojève I" marxista de antes de 1948 e o "Kojève III" niponófilo de 1959-1968), ou pessimistas (tal qual o "Kojève II" nietzschiano de 1948-1958) – e essas duas variáveis resultam em quatro possibilidades. Em um esquema, isso se apresenta conforme a seguir:

	Antes do fim da história	*Após o fim da história*
Otimista (o homem permanece homem)	Kojève I – marxistas	Kojève III
Pessimista (o homem embrutece)	Nietzschianos de esquerda	Kojève II Nietzschianos de direita

Fukuyama decidiu acompanhar o "Kojève II" pessimista até o fim da história, para então pular fora. Sua previsão de que "grandes figuras" militantes novamente inflamarão a história por descontentamento com sua vidinha pós-histórica e democrática é a saída "nietzschiana de direita" para longe de Kojève. Esse caminho, popular entre críticos culturais norte-americanos, *não* foi escolhido pelos filósofos políticos franceses. Tampouco algum deles colocou suas fichas na pós-história feliz que Kojève conjeturou após 1959: a "niponização" do mundo.

Os filósofos franceses resolveram ficar desse lado da história. A eles restaram as duas outras maneiras para lidar com o legado de Kojève. Em primeiro lugar se podia seguir o "Kojève I" otimista e pensar que o final da história *ainda não* tivesse sido alcançado, mas que raiaria em breve graças à revolução comunista. Foi o que fez a "geração de 1945", a dos existencialistas marxistas como Sartre e Merleau-Ponty. Em segundo lugar se podia – assim como Fukuyama *cum suis* – seguir o "Kojève II" pessimista, mas nesse caso na convicção de que a história nunca seria concluída: sempre haverá luta e política. Foi o que fez a "geração de 1960", a dos anarquistas nietzschianos de esquerda como Foucault e Deleuze.

Somente com a "geração de 1975" é que pela primeira vez desde 1945 uma corrente político-filosófica que se tornou dominante abandonou completamente o quadro conceitual kojeviano. Este retomou o problema da relação política entre o particular e o universal (o indivíduo e o Estado), que Kojève pensava ter resolvido com o completo reconhecimento no derradeiro Estado universal e homogêneo, a partir do zero. Ou melhor, eles revalorizaram uma solução pré-hegeliana: os direitos do homem. Foi somente então que os senhores e escravos de Kojève desapareceram da filosofia política francesa.

Jean-Paul Sartre

Capítulo 2 | Uma Ciranda de Engajamento
Revolucionário:
O Existencialismo Marxista
(1945-1960)

> *Nos anos em que pinturas na União Soviética e nas Repúblicas Populares Democráticas eram sistematicamente destruídas, o senhor emprestava seu nome a manifestos que enalteciam o nome de Stálin [...]. O senhor colocava seu peso na balança e negava a esperança daqueles que no Leste não queriam se sujeitar ao absurdo. Ninguém pode dizer quais as consequências que seu protesto categórico contra tudo – contra o processo de Rajk, por exemplo – poderia ter tido. Se seu apoio ao terror foi de importância, a sua indignação também o teria sido.*
> Czeslaw Milosz, carta aberta a Picasso (1956).

DE BOA-FÉ

Eles chegaram às centenas, naquela noite de segunda-feira, 29 de outubro de 1945, a uma sala apertada na Rue Jean-Goujon em Paris. Foi um empurra-empurra, as pessoas brigaram, móveis foram destruídos, 24 mulheres desmaiaram e os organizadores, de início extasiados pelo grande comparecimento do público, gradualmente entraram em pânico diante daquela multidão exaltada. O orador da noite – que, ao perceber o aglomerado de pessoas que se acotovelava na entrada, quase deu meia-volta por pensar que se tratava de comunistas que vinham protestar contra ele – precisou de quinze minutos para chegar ao pódio, mas então a palestra pôde começar: "O Existencialismo é um Humanismo", por Jean-Paul Sartre.[1]

---
[1] Cohen-Solal, *Sartre*, p. 328-32.

De forma enérgica, Sartre (1905-1980) caracterizava o existencialismo como uma filosofia otimista e humana. Para isso era necessário refutar antes algumas manifestas e veementes acusações; o existencialismo seria uma passiva e luxuosa filosofia burguesa (os comunistas) que enfatizaria a imperfeição humana e esqueceria "o sorriso da criança" (os católicos) e em geral consideraria o homem um ser isolado, impedindo assim qualquer forma de solidariedade. Tudo isso eram calúnias, afirmava Sartre: o existencialismo era justamente uma moral ativa e humanista, porque ele – como o único – deixava ao homem a liberdade de escolha. Ele resumia sua doutrina na famosa fórmula: *L'existence précède l'essence*, a existência (para as pessoas) precede a essência. Desse *slogan* segue o resto. Para começar, a distinção ontológica entre um abridor de cartas e as árvores de um lado e as pessoas de outro: o abridor de cartas constitui uma "essência", uma coisa que coincide com o seu objetivo primário, um *en-soi*; em contraste, o homem é uma "existência", um nada sem natureza fixa, uma ação, um projeto que somente existe na medida em que ele realiza a si mesmo, um *pour-soi*. (O cerne dessa ontologia dualística e kojeviana se encontra sintetizado no título da obra-prima filosófica de Sartre: O Ser e o Nada. Ensaio de Ontologia Fenomenológica (1943).[2]) Dado que a existência precede a essência, seguem, em segundo lugar, as responsabilidades humanas: porque o homem vive em um mundo sem âncoras (Deus, a moral), ele mesmo é responsável pelos valores que assume e as ações que pratica. O homem deve escolher quem ele quer ser, ou seja, dito naquele outro *slogan* contagiante de Sartre: "*L'homme est condamné à être libre*", o homem é condenado a ser livre. Mais importante ainda, contudo, é que essa responsabilidade não é estritamente individual: ao escolher os próprios valores, "engaja-se toda a humanidade". Isto é, deve-se agir como se toda a humanidade estivesse de olho em você e o tomasse como exemplo. Essa imensa

---

[2] Data de publicação da primeira edição francesa (Gallimard). (N. T.)

responsabilidade é a causa da ansiedade humana: o homem preferiria transferir sua responsabilidade (a terceiros, às circunstâncias, a Deus). Mas aquele que espera disfarçar ou escapar à sua ansiedade torna-se culpado de *mauvaise foi* ("má-fé"). Isso se aplica tanto aos deterministas, que simplesmente negam a liberdade humana, como aos cristãos e os humanistas da velha guarda, que veem o homem como o apogeu da criação; Sartre os denomina de "covardes" e "canalhas", respectivamente. O predicado *de bonne foi* ("de boa-fé") é atribuído por Sartre somente àqueles que tentam realizar a sua liberdade e a dos outros.[3] O existencialismo incentiva isso e, portanto, pode ser devidamente chamado de "a moral da ação e do engajamento". Ao final da sua apresentação, Sartre postulou: toda pessoa é sua própria invenção; "O único que conta é saber se a *invenção* que se faz ocorre em nome da liberdade".[4]

No outono de 1945 o existencialismo projetou-se sobre a França e a fama sobre Sartre. A *soirée* do 29 de outubro, um verdadeiro evento midiático, havia sido decisiva: segundo sua biografia, foi quando nasceu o "fenômeno Sartre".[5] Mas toda a segunda metade daquele ano

---

[3] Além de seu foco ativo na realização da liberdade do outro, Sartre rejeita a imputação de solipsismo feita ao existencialismo com um apelo kojeviano à noção de reconhecimento: "Ele [o homem do *cogito* cartesiano] percebe que não se pode ser algo (no sentido em que se diz que alguém é espiritual, ou malvado, ou ciumento) sem que os outros o reconheçam como tal. Não importa a verdade que desejo obter sobre mim mesmo, esta obrigatoriamente passa pelo outro" (Sartre, *L'Existencialisme*, p. 66-67).

[4] Todos os argumentos dessa exposição provêm de Sartre, *L'Existencialisme*, citações nas p. 17, 36, 26, 63, 85, 86. Os únicos acréscimos são os termos hegelianos *en-soi* e *pour-soi*, que, como se sabe, pertencem ao repertório padrão existencialista.

[5] Boris Vian escreveu no capítulo 29 do seu romance *L'Écume des Jours* (1947) uma paródia hilariante desse sarau: o público tenta alcançar o auditório de paraquedas ou pelo esgoto, o orador "Jean-Sol Partre" abre caminho até o palco a machadadas, equipes de rádio e televisão estão presentes e no final o local inteiro desaba. Isso ilustra como Sartre tornou-se um mito de um momento para outro.

foi tomada pelo que pareceu ser uma ofensiva publicitária sartriana. O público literário, que já conhecia Sartre do romance *A Náusea* (a primeira edição francesa surgiu em 1937), a coletânea de contos *O Muro* (que estreou em 1939) e as peças de teatro *Les Mouches* (As Moscas, de 1943) e *Entre Quatro Paredes* (de 1944), ainda aguardava seu primeiro grande romance. Esse público foi aplacado em setembro de 1945 com a publicação das primeiras duas partes da trilogia *Os Caminhos da Liberdade*. No início de outubro surgiu o – igualmente há muito esperado – primeiro número da "revista de Sartre": *Les Temps Modernes*, introduzido por um flamejante apelo de cunho do próprio mestre em prol de uma literatura mais engajada. Durante a guerra, Sartre já havia publicado duas grandes obras filosóficas: *L'Imaginaire* (1940) – estudo fenomenológico sobre a imaginação – e *O Ser e o Nada*, de 1943 – volumoso tratado técnico do qual *O Existencialismo é um Humanismo* equivale como a versão para leigos. A tempestade de outono de Sartre avassalou a todos. De repente, ele se manifestava por toda parte. Com obras volumosas para os acadêmicos, uma revista para os intelectuais e romances para o leitor comum, ele atendia a todo tipo de público. As circunstâncias ademais lhe eram propícias: a concorrência literária saíra enfraquecida da guerra[6] e a concorrência filosófica de kantianos racionalistas simplesmente foi sobrepujada por uma sedutora combinação de emotividade kojeviana e trivialidades husserlianas. Não obstante, Sartre conseguiu realizar um feito único: ele "literaturizou" a filosofia e "metafisicou" a literatura. Após esse duplo golpe de Estado em 1945, Sartre tornou-se – pelo menos até 1956 – o incontroverso sumo mandarim da França pensante. Aos olhos do

---

[6] Céline e outros compactuaram com o inimigo durante a guerra, Gide e Mauriac haviam ficado velhos demais e Malreaux tornou-se ministro sob De Gaulle (Gauchet e Nora, "Mots-moments", p. 172). O próprio Sartre podia contar com certo prestígio por apoiar a resistência, apesar de seu papel ter sido menos proeminente do que o de Camus e até menor do que ele mesmo queria fazer crer (Judt, *Past Imperfect*, p. 45-48).

mundo, ele se tornou o arquétipo do intelectual francês: profundo e sombrio, engajado politicamente, incomum, e sempre possível de ser encontrado fumando e escrevendo em uma cafeteria no bairro parisiense de Saint-Germain-des-Prés.

A posição dominante de Sartre em nenhum lugar foi tão contundente como na prolongada supremacia intelectual da revista *Les Temps Modernes*, seu mais influente instrumento político e literário.[7] Sartre fundou a revista junto com Maurice Merleau-Ponty, Simone

---

[7] Além de *Les Temps Modernes*, após a Segunda Guerra Mundial havia uma segunda revista que também determinava o clima intelectual, notadamente a católica-progressista *Esprit*. Essa revista, fundada no final de 1932 por Emmanuel Mounier (1905-1950), constituía a sede do *personalismo*. Os personalistas – além de Mounier também se destacou o filósofo e literato Denis de Rougemont (1906-1985), autor de *Politique de la Personne* (1946) – procuravam um caminho entre o liberalismo e o totalitarismo, enfatizando o conceito da "pessoa", que como ser histórico e impermutável de carne e osso deveria se distinguir tanto do indivíduo abstrato dos liberais como do "homem em série" dos comunistas. Não obstante, especialmente o círculo católico-progressista de Mounier encontravam-se próximos aos marxistas existencialistas; o vínculo se situava nas aulas de Kojève. Da mesma forma que marxistas e existencialistas puderam resistir ao stalinismo e ao neokantismo graças a sua introdução ao *Fenomenologia* de Hegel, os católicos conseguiam escapar ao tomismo graças à mesma fonte. Um crítico de Kojève em 1961 afirmou o seguinte em relação a sua influência sobre ambos os grupos: "Estas aulas [de Kojève] antecedem as especulações políticas de J. P. Sartre e Merleau-Ponty, o surgimento da *Les Temps Modernes* e o novo rumo de *Esprit*, revistas que após a Liberação tornaram-se os veículos mais importantes da ideologia progressista. Desde aí, as lições de Kojève têm sido inaladas como *l'air du temps*. Como se sabe, o 'progressismo' intelectual denota uma repartição, pois é assim que podemos considerar suas duas vertentes, a cristã (*Esprit*) e a ateísta (*Les Temps Modernes*); mas por motivos que podem ser esclarecidos pela sua doutrina original, esta distinção não adquire a dimensão de um rompimento" (Aimé Patri, "Dialectique du Maître et de L'Esclave", *Le Contrat Social 5* (1961), p. 4; citado em Bloom "Kojève", p. 117). Essa semelhança me motivou a omitir os personalistas em torno da *Esprit* deste discurso e a me concentrar nos autores em torno da *Les Temps Modernes*. Para uma introdução razoável na língua holandesa ao pensamento de Mounier, veja Van Weers, *Staat em Persoon*; Van Weers demonstra entre outros a influência de Mounier e De Rougemont sobre os fundadores do Partido dos

de Beauvoir, Albert Camus, Raymond Aron, Michel Leiris e alguns outros. Nos primeiros anos, Merleau-Ponty foi a força motriz da sua redação; Aron e Camus logo partiram por causa de divergências políticas. A revista concentrava tanto talento intelectual que seu *diretor* não encontrou nenhuma dificuldade para se projetar como a voz de uma geração. Sartre o fazia com fervor. Por conseguinte, na "Présentation des Temps Modernes", os verbos reverberavam no plural majestático: "Estamos convictos, não podemos permitir, negamos que, fazemos um apelo", e assim por diante. Esse artigo de abertura também foi importante por outra razão. De maneira programática, Sartre apresentou ali a sua visão sobre o engajamento literário. A literatura não era um objetivo em si.[8] A severidade da sentença inicial determinou o seu tom: "Todos os escritores de ascendência burguesa conhecem a tentação da irresponsabilidade". Cinco páginas adiante, esta provou ser o embrião de uma ousada acusação:

> O escritor é *situado* na sua época: cada palavra tem determinado efeito. Cada silêncio também. Considero Flaubert e De Goncourt responsáveis pela repressão que se seguiu à Comuna [de Paris], pois eles não escreveram uma letra sequer para impedi-la. O assunto não lhes cabia, se dirá. Mas o processo Callas, cabia a Voltaire? A condenação de Dreyfuss, cabia a Zola? A administração do Congo, cabia a Gide?

E assim como esses três grandes escritores mostraram-se responsáveis em determinado momento da sua vida, a redação da *Les Temps Modernes* também quer assumir sua responsabilidade e "abraçar fortemente sua própria época". (Repare em que gloriosa tradição Sartre

---

Trabalhadores dos Países Baixos (1946) e o fato de ter sido Mounier a popularizar o termo "engajamento", alguns anos antes de Sartre.

[8] Uma visão que deriva diretamente da antropologia filosófica de Sartre: "Se começa com a descoberta de que a consciência constitui a consciência de algo diferente da própria consciência. Mais algumas voltas e chega-se à conclusão de que a literatura não constitui um objetivo em si" (Hollier, *Politique da la Prose*, p. 19).

se posiciona aqui de passagem.) A redação coloca-se como objetivo "implementar certas mudanças na Sociedade que nos cerca", tanto na "condição social do homem", como no "conceito que ele tem de si mesmo". O conceito do homem que a revista propagará – aqui Sartre provoca intencionalmente – é "totalitário": ao mesmo tempo "analítico" e "sintético". O principal erro dos autores (analíticos) burgueses é que eles consideram o homem um indivíduo isolado ("como uma pequena ervilha em uma lata de ervilhas") e cego para as realidades coletivas. Sartre está convencido de que "o espírito analítico já está ultrapassado e que hoje em dia a sua única função consiste em perturbar a consciência revolucionária e isolar as pessoas em prol das classes privilegiadas". Ou seja: os escritos dos atuais Flauberts e De Goncourts prejudicam o proletariado. Com o desenvolvimento de uma "antropologia sintética", a redação da *Les Temps Modernes* – "não queremos nos envergonhar pelo fato de escrevermos" – procura antecipar seu derradeiro objetivo: "uma *libertação*" do homem total. Não é suficiente prover o direito de voto aos operários; enquanto nada mudar na sua situação econômica, biológica e sexual, eles não estarão verdadeiramente libertados.[9] As lições de Kojève sobre Hegel haviam surtido efeito. Merleau-Ponty, Sartre e De Beauvoir saltaram resolutos do servo abstrato do *Fenomenologia* de Hegel para o proletariado operário de seus dias. E, na trilha de Kojève, eles depositaram suas esperanças em Stálin para libertar esses "servos" reais. Somente uma revolução comunista mundial podia concluir a história e trazer a libertação dos últimos servos. Como intelectuais, havia duas maneiras com que eles podiam contribuir para aquele processo. Em primeiro lugar, conforme despontou na "Présentation" de Sartre, eles estabeleceram a meta de desenvolver uma visão "totalitária" do homem – na qual se observa ademais que os existencialistas, em total conformidade com o espírito de Hegel, identificavam o progresso histórico no mundo com

---

[9] Sartre, "Présentation", citações nas p. 9, 13, 12, 16, 18, 20, 11, 23.

um progresso do nosso *conhecimento* sobre o mundo. E, em segundo lugar, a sua contribuição poderia consistir em apoiar com a palavra escrita ou falada os atos que se destinavam a antecipar o derradeiro objetivo da história mundial, ao menos na medida em que fossem – conforme Kojève o expressava tendo Stálin em mente – "realizadas por alguém em algum lugar". Em retrospectiva, pode-se constatar que ao segundo tipo de apoio intelectual para a libertação dos servos foram dadas mais ênfase e atenção do que ao primeiro.

Para os intelectuais marxistas e existencialistas de logo após a guerra, o *projeto* da libertação total do homem era encarnado pela União Soviética. Onde outros países e partidos conformavam-se com certo grau de injustiça social, na União Soviética tentava-se realmente construir uma nova ordem social – e assim saldar a grandiosa promessa da Revolução Francesa. Que a realidade soviética ainda ficasse aquém das intenções soviéticas não diminuía o seu mérito. Devido aos enormes sacrifícios feitos pelo país-sede do comunismo na Segunda Guerra Mundial, após 1945 a União Soviética gozava de grande prestígio internacional (o efeito Stalingrado). Em menor escala, no âmbito nacional, o Partido Comunista Francês (PCF) havia igualmente conquistado a admiração pelo seu papel na Resistência. A franquia francesa do ideal soviético de uma sociedade sem classes, que até 1956 podia contar com um quarto do eleitorado,[10] era um fator que não podia ser ignorado pelo intelectual engajado.

Grande parte do debate público nos anos 1944-1956 – sobre o qual ainda seguirão mais à frente alguns casos selecionados – circulava em torno de qual posição seria tomada em relação à União Soviética e ao comunismo. Entre o anticomunista Raymond Aron e o stalinófilo Louis Aragon havia toda uma matiz de pensadores que se acercavam

---

[10] Nas eleições de 10 de novembro de 1946 o PCF recebeu 28,6% dos votos (um auge histórico) e em janeiro de 1956 ainda 25,4%. Por muito tempo o PC francês foi o maior partido comunista do "mundo livre" (Ory e Sirinelli, *Les Intellectuels*, p. 157).

do PCF e que cobriam quase a totalidade da intelectualidade francesa: anticomunistas, trotskistas, trotskisantes, existencialistas, personalistas, criptomarxistas, situacionistas, surrealistas e assim por diante.[11] Todos esses "progressistas" – o termo francês "*progressiste*" se refere especialmente a esse, na época, novo tipo de intelectual – forjavam uma relação ambígua com o Partido Comunista, capaz de absorver qualquer surpresa ou decepção.

> Dissuadidos pela disciplina e os dogmas do partido, eles hesitavam em se juntar às suas fileiras. Mas fossem bons *fellow-travelers*[12] ou não, que em toda ocasião se sujeitavam a seus destemidos guias, diligentes assinantes de todos os manifestos, fiéis participantes de todas as reuniões, ou receosos parceiros, acometidos por dúvidas ou mesmo violentas crises, por vezes se iludindo que seriam mais sutis do que os singelos doutrinados, todos ou mantiveram um obstinado silêncio [com relação aos campos soviéticos, LvM], ou ocultaram seu ceticismo para que pudessem permanecer no "reduto do proletariado".[13]

A trajetória de Sartre é exemplificativa. Ele se filiou em 1948 ao Rassemblement Démocratique Révolutionnaire, espécie de partido de escritores e jornalistas (com, entre outros, André Breton, Albert Camus, David Rousset) unidos com base no socialismo, no neutralismo e no anticolonialismo. Esse movimento logo se provou cauteloso demais para Sartre e em outubro de 1949 ele partiu. De um crítico correligionário a distância, passou então a ser um crítico aliado dos comunistas.

---

[11] Mais arrasador é o retrato que Tony Judt esboça dessa geração de intelectuais no seu *Past Imperfect*. O livro de Judt é divertido e escrito de forma brilhante, apesar de exagerar na tendência anglo-americana de tratar qualquer pessoa cujas ideias políticas não constem da relação de Sir Isaiah Berlin como um perigoso charlatão.

[12] Termo anglo-americano que surgiu na década de 1950. Literalmente significa "companheiros de viagem". Foi usado para designar simpatizantes do Partido Comunista que acompanhavam as suas atividades sem se comprometer com a causa. (N. T.)

[13] Lefort, "Introduction", p. 12.

Em 1950, de um lado admitiu que havia milhões de prisioneiros em campos de concentração na União Soviética, mas pelo outro lado não viu aí nenhuma razão para descontinuar seus flertes na direção dos comunistas. Em 1952, escreveu: "Um anticomunista é um cão".[14] Esse foi o prelúdio para um intenso período como "*fellow-traveler*" (1952-1956), com participação em diversas organizações paralelas (o Congresso Popular para Paz, a Associação França-URSS) e viagens para a União Soviética (1954) e para a China (1955) – ambas amplamente divulgadas pelos órgãos de imprensa do Partido Comunista. Depois que os soviéticos esmagaram a Revolta Húngara em novembro de 1956, Sartre distanciou-se do PCF e começou a voltar sua atenção ao Terceiro Mundo. Pensando bem, o papel do servo explorado da dialética de Hegel se aplicava antes ao Terceiro Mundo do que ao proletariado ocidental. Sartre, porém, não rompeu com o marxismo: em 1960 ele ainda o caracterizava como "a insuperável filosofia do nosso tempo".[15] Somente após o Maio de 1968 é que Sartre desistiu do marxismo, embora fosse significativo que tivesse deixado a doutrina pelo lado esquerdo: rumo ao maoísmo. Ele se manteria nessa posição até a sua morte em 1980.

A POLÍTICA DO SER E DO NADA (SARTRE)

Essa sucessão de posições políticas contraditórias em si já ilustra o grande problema do existencialismo sartriano: ele não dispunha de uma filosofia política coerente. Um problema fundamental, conforme

---

[14] Sartre, citado em Ory e Sirinelli, *Les Intellectuels*, p. 168. Quem não era comunista logo passava por anticomunista; fosse anticomunista, por fascista. Isso ilustra a pobreza do debate político francês nesses anos. Compare com Merleau-Ponty, *Humanisme et Terreur*, p. 49: "Não se pode ser anticomunista, não se pode ser comunista".

[15] Sartre, *Critique*, p. 36.

será demonstrado neste segmento: o existencialismo de Sartre não *poderia* ter uma filosofia política coerente. O engajamento era o tapa-sexo destinado a camuflar esse defeito.

Essa dificuldade podia ser prevista por dois motivos. Aquele que toma a liberdade individual como fundamento para todos os outros valores morais,[16] e que ademais considera essa liberdade um *projeto* a ser realizado, priva-se de qualquer base em que conceitos sobre ações concretas no aqui e agora possam ser avaliados. Por isso não é nenhuma coincidência que os existencialistas encontrassem grandes dificuldades para elaborar uma ética – uma tarefa que para uma filosofia voltada ao indivíduo deveria ser menos difícil do que a elaboração de uma política. Em várias ocasiões, Sartre prometeu aos seus leitores uma obra moral-filosófica. Porém, conforme um observador inteligente já previa em 1946: esse livro nunca surgiu. Embora em meio ao seu legado se encontrassem cadernos cheios de anotações sobre questões éticas, publicadas postumamente sob o título de *Cahiers pour une Morale* (1983) – elas nunca chegaram a formar um conjunto harmonioso. Também o *opus magnum* político-filosófico com o qual Sartre pretendia calar seus críticos, a *Crítica da Razão Dialética* (1960), permaneceu inacabado.[17]

---

[16] "Disso segue que a minha liberdade forma o único alicerce para os valores e que *nada*, absolutamente nada, justifica apropriar-me de determinado valor ou de uma escala de valores alheios" (Sartre, *L'Être*, p. 76).

[17] A primeira vez que Sartre prometeu uma ética aos seus leitores foi no *L'Être et le Néant* [*O Ser e o Nada*] (1943), em cujas sentenças finais ele declara: "Todas essas questões [...] somente encontram resposta no terreno da moral. A isso dedicaremos uma próxima obra" (Sartre, *L'Être*, p. 722). O observador inteligente que logo duvidou disso foi o existencialista cristão Gabriel Marcel (1889-1973). Em 1946, ele escreveu: "A ética de Sartre ainda não foi publicada. Penso, ademais [...], que a elaboração dessa ética trará grandes dificuldades" (Marcel, *L'Existence*, p. 33). Da *Crítica da Razão Dialética* de Sartre surgiu em 1961 somente a primeira parte, precedida pelo menos impenetrável *Question de méthode*, no qual Sartre define o marxismo como "*la philosophie indépassable de notre temps*". Quatrocentas páginas de anotações que deveriam formar a segunda parte ficaram na gaveta e foram

O que Sartre deixou de fazer, sua companheira, Simone de Beauvoir (1908-1986), pareceu realizar em 1947 com o livro *Por uma Moral da Ambiguidade*: escrever uma ética existencialista. O leitor faminto por orientações morais, porém, fica seriamente decepcionado. Após uma delonga de quase duzentas páginas com um discurso sartriano sobre a ambivalência da condição humana, um pouco antes do fim do livro ele é aguilhoado com: "Dirão que essas considerações são bastante abstratas. O que fazer agora na prática? Que tipo de atuação é correto? Qual é mau?". Mas o leitor levado ao entusiasmo logo se decepciona, pois De Beauvoir prossegue: "Aquele que faz esse tipo de pergunta, recai em uma abstração ingênua". A ética, segundo De Beauvoir, não fornece receitas, mas no máximo um método para avaliar cada caso individualmente. Esse método, que consiste em interligar o meio e o fim de uma ação, porém, tampouco oferece consistência. Às vezes o fim justifica os meios: o linchamento de um negro, por exemplo, é mais desprezível do que a eliminação de cem oponentes políticos no intuito de obter uma sociedade melhor. Porém, algumas vezes o fim já não justifica mais os meios. "Desse modo rejeitamos todas as condenações precoces e a apologia da violência praticada com vista a uma causa nobre. A violência deve ser legitimada de maneira concreta." É desnecessário dizer que De Beauvoir não consegue dar conta disso. Ela finaliza seu discurso em grande estilo com: "Devemos tentar impedir que a tirania e o crime se estabeleçam no mundo como vencedores; sua única justificativa

---

publicadas postumamente. Mesmo William McBride, para quem a *Crítica* de Sartre constitui uma das maiores obras político-filosóficas daquele século, foi forçado a admitir que o livro não cumpriu o prometido. McBride, porém, mantém a esperança de que em meio ao legado de Sartre ainda surgirão textos mais inteligíveis sobre a ética e a política e chega a se amparar na "possibilidade teórica de que alguns dos *Carnêts de la Drôle Guerre*, os quais um colega a quem Sartre os havia confiado durante o agitado período da guerra acabou esquecendo no trem, ficaram guardados e um dia serão reconhecidos como tais" (McBride, *Sartre's Political Theory*, p. 213).

reside na conquista da liberdade, mas contra eles deve-se manter viva a confirmação da liberdade". E esta última ambiguidade mais uma vez ilustra nitidamente o drama do engajamento existencialista, mediante o qual o crime e a violência podem ser justificados ou condenados com a mesma facilidade.[18]

O niilismo moral não é a única razão pela qual os existencialistas sartrianos não apresentam uma filosofia política coerente. Porque, se fosse assim, toda filosofia política sem fundamento na ética estaria condenada ao fracasso – o que, conforme sabemos desde Maquiavel, não é o caso. Portanto existe também uma segunda razão, mais importante, e esta se deve à ontologia de Sartre. A visão de mundo de Sartre – repercutindo a de Kojève – é estritamente dualística: de um lado existem os sujeitos (pessoas, consciências, *pour-soi*, o nada) e do outro os objetos (coisas, natureza, *en-soi*, ser). As consciências rivalizam entre si, porque sua superioridade só pode tomar forma por meio de uma luta (vitoriosa). Tanto na antropologia de Sartre como na de Kojève, o homem tenta reduzir seu semelhante a uma coisa, a fim de ser reconhecido na sua condição de homem e não ser reduzido ele próprio a uma coisa pelo outro. Onde Kojève chama essa luta de a dialética entre o senhor e o servo, Sartre prefere dizer que se trata da luta entre os *pour-soi* que tentam reduzir o outro ao *en-soi*. (Ele fornece, entre outros, o exemplo de um olhar carregado de desejo, que transforma o outro

---

[18] De Beauvoir, *Pour une Morale*, citações nas p. 187, 205, 216-217. A perversão do adiantamento em relação ao futuro também desponta em De Beauvoir: "[...] toda luta nos força a sacrificar pessoas que nada ganham com a nossa vitória, pessoas que de boa-fé rejeitam a luta como se fosse um desastre natural; pessoas assim morrerão com surpresa, raiva ou desespero. Para os que a padecem, a violência se apresenta como um infortúnio, mas, para os que a praticam, como um crime. Por isso Saint-Just, que acreditava no indivíduo e que sabia que qualquer forma de autoridade equivale a violência, dizia com sombria perspicácia: 'Ninguém governa inocente'". E mais adiante: "Sacrificaremos as pessoas de hoje a favor das pessoas de amanhã, pois o presente impõe-se como uma facticidade que deve ser transcendentalizada em direção à liberdade" (ibidem, p. 151-52 e 161).

em objeto sexual – uma "coisa gostosa".[19]) Com Sartre trata-se (em contraste com Kojève) sempre de uma luta entre dois indivíduos. Essa disputa permanente implica que cada consciência atribui seu *próprio* significado ao mundo. Não existe um "mundo interposto" intersubjetivo e denotador de significados (Merleau-Ponty), onde há símbolos e estruturas humanas interligando os indivíduos, onde todos têm uma história ou futuro em comum. Em um mundo que consiste unicamente de pessoas e coisas não relacionadas, portanto, não há lugar para a política. Tampouco sobra espaço para se pensar sobre a política.

Da ontologia dualística de Sartre pode-se derivar as duas características mais importantes daquilo que se insinua como o seu pensamento político: em primeiro lugar, a predileção de Sartre pela política terrorista, e, em segundo, seu sentimento de responsabilidade absoluta. Maurice Merleau-Ponty (1908-1961) foi o primeiro a colocar o dedo em ambos, no longo capítulo "Sartre et l'ultra-bolchevisme", de *As Aventuras da Dialética* (1955). Nesse texto, que sela seu rompimento com Sartre, Merleau-Ponty analisa a relação teórica de Sartre com o comunismo.[20] A começar, ele constata que Sartre entende e justifica a política comunista em bases completamente diferentes da dos próprios comunistas. Especialmente o contraste entre as suas visões sobre a história fica evidente. Considerando que o mundo de Sartre consiste exclusivamente de consciências e objetos, para ele somente os eventos que fluem da (sua própria) vontade individual são conhecíveis e relevantes; o resto da história não possui significado em ambos os sentidos. Em contrapartida, os comunistas julgam dispor de

---

[19] Com os agradecimentos a Coen Simon.

[20] Em particular, trata-se de uma reação ao comprido artigo de *Les Temps Modernes* com o qual Sartre definia ele mesmo sua relação com o comunismo, ao começo da sua fase como ativo *fellow-traveler*, com a proposta de "me declarar de acordo com os comunistas referente a assuntos pontuais e limitados [...] refletindo com base nos *meus* princípios e não nos *deles*" (Sartre, "Les Communistes et la Paix" (1952-1954); citado em Merleau-Ponty, *Les Aventures*, p. 133).

um instrumento teórico, a dialética, que de um lado torna o passado completamente transparente e de outro pode induzir a uma atuação coletiva no futuro. O surpreendente é que por meio de *ambos* os conceitos a política terrorista de um Estado monopartidário comunista agora pode ser legitimada. Merleau-Ponty explica essa "semelhança-por-oposição" de Sartre e os comunistas nos seguintes termos:

> Enquanto os filósofos comunistas, a exemplo de Lukács, formalmente mantêm o princípio de uma dialética histórica, revertendo-a apenas ao em-si de uma "segunda natureza" [...], Sartre justifica a atuação comunista justamente negando qualquer produtividade à história ao transformá-la, na medida em que esta é cognoscível, no resultado imediato da nossa vontade, e na medida em que esta é não cognoscível, em uma escuridão abismal. Sem dúvida, esse objetivismo extremo e esse subjetivismo extremo têm algo em comum; se o social é uma segunda natureza, então esta, assim como a outra natureza, só pode ser modificada por um técnico, que nesse caso seria uma espécie de engenheiro político. E se o social não for mais do que o resíduo inerte e caótico das nossas ações no passado, somente se poderá intervir ou impor a ordem nele através da pura criação. Seja em nome de um conhecimento teórico disponível somente ao partido, seja em nome de um completo não saber, e sobretudo porque em uma história desordenada tudo é melhor do que na existente, a atuação do partido se isenta de qualquer critério de avaliação. A filosofia do mero objeto e a filosofia do mero sujeito são igualmente terroristas.[21]

Resumido em uma única sentença: uma vez que Sartre tende a subjetivizar as coisas, e Lukács a objetivar as pessoas, para ambos o governar das pessoas é idêntico à administração das coisas.

> Mas, além do seu terrorismo teórico, a ontologia dualística de Sartre ainda expõe uma segunda característica do seu pensamento político: seu absoluto sentimento de responsabilidade, que resultou em um engajamento excessivo. Já vimos anteriormente que em um mundo existente a partir de meros sujeitos e objetos todo significado se deriva

---

[21] Merleau-Ponty, *Les Aventures*, p. 133-34.

do eu. Porém, isso implica que o eu se torna responsável por tudo. O ex-existencialista Merleau-Ponty aponta no mesmo artigo para as curiosas consequências – e ao mesmo tempo se pergunta se não haveria uma alternativa: A pergunta é, como Sartre diz, se existem somente pessoas e coisas ou se também existe um mundo intermediário que chamamos de história, simbologia, verdade-em-formação. Ao ficarmos nessa dicotomia, as pessoas, detentoras de todo o significado, estarão condenadas a uma incrível tensão. O homem então deve [...] se responsabilizar por *tudo* o que acontece com *todos* os outros a *cada* momento [...]. Quando se reconhece, entretanto, que as relações pessoais são intermediadas por um mundo de símbolos humanos, embora se renuncie a uma automática autoafirmação e não seja possível assumir a responsabilidade por tudo o que acontece a qualquer momento, de qualquer maneira a consciência na prática não consegue sustentar a pretensão de ser Deus, visto que esta invariavelmente deve se separar dela, prefiro – renúncia por renúncia – aquela renúncia que permite a possibilidade de saber o que fazemos.[22]

Dando continuidade à crítica de Merleau-Ponty, Vincent Descombes também esboçou as estranhas consequências da ontologia dualística de Sartre:

Se a dicotomia sujeito-objeto fosse verdade, então todo o significado seria proveniente das pessoas e todo significado *para mim*, portanto, seria *meu*. Um solipsismo assim não pode contemplar a história sem que a cada momento todos fossem assoberbados com o inteiro peso da história do mundo, e isso a cada decisão tomada. O cidadão pacato não pode dizer "eu quero" sem com isso, querendo ou não, inadvertidamente decidir sobre o significado do preço do pão, a política do governo,

---

[22] Merleau-Ponty, *Les Aventures*, p. 269-70. Segundo Merleau-Ponty, com esta última e mais modesta concepção haveria sobretudo "uma chance maior para se mudar o mundo" (Ibidem, p. 270). A fenomenologia do próprio Merleau-Ponty é uma tentativa de mapear o significante "mundo interposto" dos símbolos, negligenciado por Sartre. A *Crítica da Razão Dialética* (1960) de Sartre, ademais, pode ser vista como uma reação a esse ataque de Merleau--Ponty; isso porque nele Sartre analisa como grupos e coletivos se formam.

o futuro da humanidade, e mesmo sobre o significado do passado, da civilização romana, das danças indígenas e assim por diante.[23]

Agora podemos entender o estado de extrema tensão com que Sartre encarava o mundo. Sendo antes da guerra ainda apolítico – não votando nas carregadas eleições de 1936 por falta de interesse – após a guerra ele se sentia universalmente responsável pela política e tinha um grande temor de fazer algo errado (enquanto conceitualmente ele estava equipado para acusar de má-fé os que não possuíssem essa ansiedade.) Inerente é a seguinte declaração de 1946: "Nós escritores devemos evitar a todo custo que nossa responsabilidade se converta em culpa, quando daqui a cinquenta anos se disser: eles haviam previsto a pior catástrofe do mundo, e se calaram".[24] E assim Sartre encontrava-se continuamente nas barricadas, comparecia a todas as reuniões e assinava cada vez mais petições (com 91 delas publicadas no *Le Monde* durante o período de 1959 a 1969, ele liderava o *ranking* na França[25]). Esse denuncismo megalomaníaco é resultado de uma ontologia que não deixa espaço para a política.

Também os personagens literários de Sartre lutavam com essa problemática. A peça de teatro que mais expressamente discorre sobre engajamento político é *As Mãos Sujas* (1948). O protagonista Hugo, um jovem intelectual partidário de estigma existencialista e família burguesa, deseja "atuação"; ele pretende provar que é mais do que um escriturário e que também estaria apto ao "trabalho de verdade", isto é, que seria capaz de assassinar um oponente político. Recebe então do líder da célula radical da qual fazia parte a incumbência de realizar

---

[23] Descombes, *Le Même*, p. 90.

[24] Sartre, "Conférences de l'Unesco" (1947); citado em Sirinelli, *Deux Intellectuels*, p. 375.

[25] Dos 448 manifestos publicados no *Le Monde* entre 1958 e 1969, conforme dito, Sartre assinou 91, encabeçando a lista isoladamente, seguido pelo matemático Laurent Schwartz (77 deles) e a sua própria "companheira de jornada", Simone de Beauvoir (72). (Veja Ory e Sirinelli, *Les Intellectuels*, p. 205.)

um atentado contra o dirigente do partido, Hoederer. Isso porque esse estaria disposto a colaborar com os não comunistas, dadas as suas perspectivas de longo prazo e por considerações humanitárias. Hugo despreza esse tipo de pacto: "No dia em que entendi o que era a repressão, abandonei minha família e minha classe. Em nenhum caso eu aceitaria um compromisso com a repressão". Além disso, ele está convicto da sua razão. "A política é uma ciência. Pode-se provar a própria razão e que os outros estão equivocados." Após o – assim legitimado – assassinato de Hoederer, Hugo vai parar na cadeia. Quando é solto dois anos depois, a situação mudou drasticamente. Nesse ínterim, seus antigos camaradas de partido assimilaram as execradas opiniões de Hoederer. Com isso, o ato de Hugo – assim como a sua vida – foi despojado de todo o sentido. Em vez de se adequar às novas circunstâncias, Hugo decide salvar o significado da sua vida pondo um fim nela: prefere o suicídio ao compromisso político. Com esse ato autodestrutivo, Hugo tira a conclusão lógica sobre a impossibilidade da política dentro da visão de mundo sartriana.[26]

Na falta de uma teoria política, os existencialistas realizam diretamente a transição da sua ontologia para uma posição política a ser anunciada na mídia. É nisso que também se reconhece o seu hegelianismo:

> Antes de Hegel, *ou* se publicava um Sistema que explicasse o mundo, *ou* se escrevia para um jornal. O filósofo de formação hegeliana, entretanto, tem a ambição de escrever um Sistema *e* fazer parte da formação da opinião pública. Mais ainda, essas duas atividades não podem ficar separadas. O Sistema dita o artigo para o jornal.[27]

Apesar do seu "sistema" existencialista não oferecer nenhuma oportunidade nesse sentido, era exatamente assim que Sartre e Merleau-Ponty imaginavam a situação. Por um período mais curto

---

[26] Sartre, *Les Mains Sales*, citações do ato II.4 e V.2.
[27] Descombes, *Philosophie*, p. 21.

(Merleau-Ponty) ou mais longo (Sartre), eles tentaram tornar suas posições políticas mais sérias ao pretender que elas estivessem baseadas em sua filosofia. Na prática, isso implicava tentar basear o marxismo no existencialismo.[28]

Porém, foi impossível. Conforme raymond aron já mostrara em 1946, kierkegaard e marx, ambos grandes críticos de hegel, não combinam.[29] Tampouco seus expoentes do século xx, heidegger e lukács, são compatíveis teoricamente. Quem permanece existencialista, nunca pode se tornar marxista. Embora as duas filosofias compartilhassem o mesmo vocabulário hegeliano – luta, historicidade de valores, consciência insatisfeita e dedicação à liberdade –, o significado atribuído a esses termos difere radicalmente. A principal diferença é que o marxista espera que a luta entre as pessoas cesse após a revolução, e um existencialista, que a luta entre as "consciências" individuais continue para sempre. O marxista – conforme percebemos antes – pode caçar, pescar e estudar filosofia deliciosamente no seu reino da liberdade, o existencialista continua tendo que criar seus próprios valores na sua luta com os outros para ser livre.[30] O marxista vê a

---

[28] Para mesmo assim dar um único exemplo do tipo de prosa que surge quando discussões político-partidárias são travadas com um vocabulário marxista-existencialista, eis uma citação aleatória do "Réponse à Claude Lefort" (1953) de Sartre: "Em suma, o Partido é uma instância mediadora. O senhor pensa que essa instância mediadora entre os trabalhadores surge por si mesma; eu mesmo penso que em determinado momento da história dos trabalhadores esse seja ao mesmo tempo uma relação e uma *vontade*; essa ambiguidade (a relação pode ser vivenciada pelos operários como *para-si*, conquanto isso lhes seja oferecido, e desejada como *em-si* para o ativista que tenta estabelecer essa relação) é a base para uma dialética que por vezes opõe o povo ao partido e outras vezes os une" (Sartre, "Réponse à Claude Lefort", p. 9).

[29] Aron, *Marxismes Imaginaires*, p. 45-61.

[30] Compare com Merleau-Ponty, *Humanisme et Terreur*, p. 162: "Mas mesmo o país da Revolução ainda não atingiu o fim da história; a luta de classes não para como num passe de mágica com a Revolução de Outubro, a consciência insatisfeita não desaparece por decreto. [...] a revolução apenas começou com esta gloriosa revolta. Ela é o futuro".

própria vida como parte de um processo histórico, o existencialista vive à margem da história. Existencialismo e marxismo, portanto, são incompatíveis. Na medida em que sartre abraça *ambas* as teorias, sua reflexão forma uma contradição, que ele equivocadamente pensava poder solucionar.[31]

No capítulo 1 vimos que a mesma contradição se encontrava encerrada na interpretação hegeliana de Kojève. Com ele, porém, isso ficava menos evidente. Isso se deve principalmente ao fato de que Kojève – abençoado com um poder de síntese muito maior do que o de Sartre – dominava o pensamento de Marx e de Heidegger vigorosamente, e os moldava de forma tão coesa que as costuras ficavam menos evidentes. Ainda assim, até isso não era suficiente. Com efeito, o próprio Kojève concluiu depois que, no seu otimismo, havia deixado de perceber uma contradição crucial: a humanidade não podia viver após o fim marxista da história e ao mesmo tempo consistir em *pessoas* livres e felizes (no máximo "se diria que os animais pós-históricos da espécie *Homo sapiens* estarão satisfeitos"). Corajosamente, tirando suas conclusões dessa constatação, por volta de 1948 trocou seu otimismo marxista por um pessimismo nietzschiano. Sartre e Merleau-Ponty não deram esse passo: o primeiro insistiria até 1968 na sua inconsequência, o segundo escolheu outro caminho nos meados dos anos 1950.

---

[31] Nos termos do esquema apresentado ao final do primeiro capítulo com as quatro possibilidades da filosofia pós-kojeviana, seria factível afirmar que Sartre e Merleau-Ponty de fato quisessem ocupar dois quadrantes ao mesmo tempo, o dos "marxistas" e o dos "nietzschianos de esquerda" (eis também o motivo por que os existencialistas propriamente ditos não foram incluídos nesse esquema). Os críticos comunistas a Sartre e Merleau-Ponty, por sinal, foram os que menos se espantaram com todas essas incongruências: como aos seus olhos o existencialismo representava a expressão filosófica deste último e desse modo o mais contraditório estágio do capitalismo, o imperialismo, esta teria que ser a mais contraditória entre todas as filosofias burguesas. [Veja a crítica do proeminente marxista húngaro Georg Lukács (1885-1971) no seu *Existencialismo ou Marxismo?*]

APOLOGIAS DA VIOLÊNCIA REVOLUCIONÁRIA
(MERLEAU-PONTY, SARTRE)

A contradição lógica entre o existencialismo e o marxismo não constituiu razão para Sartre e seus discípulos reconsiderarem a sua posição. De fato, como bons dialéticos, essas contradições antes os excitavam do que os preocupavam. Essa excitação hegeliana tinha alguns efeitos colaterais desagradáveis. Destes, pontos cegos para determinados fatos e insensibilidade para a violência foram os mais prejudiciais. Esses dois defeitos se tornam mais evidentes nas apologias que os existencialistas escreviam da União Soviética de Stálin.

Sartre e Merleau-Ponty sabiam que a União Soviética não era nenhuma utópica terra que mana *leite* e *mel*. Eles estavam cientes das fomes, das migrações forçadas, do terror e dos campos, mas a cada vez conseguiam esquecer toda a extensão desses fenômenos. Por conseguinte, mediante essa tarifa reduzida eles podiam aceitar aquilo como o pedágio a ser pago na estrada que desde outubro de 1917 levava ao derradeiro objetivo da "libertação do homem". Fatos que os estorvavam primeiro eram graciosamente reconhecidos para depois serem acobertados. Um exemplo que talvez possa esclarecer esse mecanismo foi o intrigante editorial – escrito por Merleau-Ponty e coassinado por Sartre – em *Les Temps Modernes* de janeiro de 1950. A motivação havia sido uma publicação, no final de 1949, de uma tradução de relatórios oficiais russos referentes aos campos de trabalho forçado soviéticos. Sem rodeios, os dois filósofos disseram exatamente o que se deveria dizer:

> É *provável* [...] que o número total de prisioneiros ande pelos milhões: alguns dizem dez milhões, outros quinze. Exceto pelos exaltados, admitir-se-á que esses fatos questionam o significado do sistema russo. Não queremos aplicar aqui o princípio de Péguy à União Soviética, que diz que todo Estado que abriga um caso individual de miséria é um Estado maldito: assim considerado, todos o seriam e não haveria mais

como diferenciá-los. O que queremos dizer é que não se pode falar de socialismo se um em cada vinte cidadãos se encontra confinado em um campo. Não adianta objetar que toda revolução tem seus traidores, ou que a luta de classes não terminará de uma vez com a revolta, ou que a União Soviética não pôde se defender contra seus inimigos externos se ao mesmo tempo poupou seus inimigos internos, ou que seria impossível que a Rússia pudesse montar uma indústria pesada sem o uso da violência... Todas essas objeções são inaceitáveis quando se trata de um vigésimo da população – um décimo da população masculina – após mais de trinta anos. Se na USSR há um sabotador, espião ou preguiçoso para cada vinte habitantes, enquanto mais de um expurgo já "sanou" o país, se hoje em dia se há de "reeducar" dez milhões de cidadãos soviéticos, enquanto os nascidos em outubro de 1917 já têm 32 anos de idade, então isso significa que o sistema continuamente cria a *sua própria* resistência interna.[32]

Esse trecho poderia ter sido de Soljenítsin. Todas as desculpas atenuantes foram suprimidas. Merleau-Ponty e Sartre admitem o sistema soviético como intrinsecamente criminoso. Mas aqueles que pensam que como consequência eles tomariam resolutos o caminho do anticomunismo estão enganados.

Isso porque mais adiante no artigo ressurgem muitas velhas ambiguidades. Primeiro lemos que não se deve julgar o nazismo e o comunismo sob a mesma óptica. "Nenhum nazista jamais se preocupou com ideias como o reconhecimento do homem pelo homem, o internacionalismo, a sociedade sem classes." De fato, é uma constatação relevante. Mas o que pensar a seguir de: "É verdade que essas ideias encontram no atual comunismo apenas um mensageiro indigno de confiança e que ali antes servem de decoração do que como fonte de energia. No entanto, eles continuam a existir ali"? O sistema comunista, que cinco páginas atrás ainda mantinha uma em cada cinco pessoas

---

[32] Merleau-Ponty, "*L'U.R.S.S. et les Camps*", p. 332. Esse texto foi comentado um quarto de século depois em Lefort, *Un Homme en Trop*, p. 13-19, e em Glucksmann, *La Cuisinière*, p. 35-38.

sob custódia, agora era eufemisticamente chamado de "mensageiro indigno" dos bons valores. Que, mesmo assim, continuariam a "existir ali", ainda que fosse para justificar a repressão e para o aperfeiçoamento do totalitarismo. Curioso também é que os liberais europeus geralmente são criticados pelos existencialistas porque seus valores de liberdade e igualdade seriam "abstrações" destinadas a desviar a atenção da injustiça social, enquanto os comunistas, estes sim, são avaliados meramente com base em seus valores (exatamente a mesma liberdade e igualdade). Graças a esse privilégio, pode-se fazer o que quiser na União Soviética:

> Qualquer que seja a natureza da atual sociedade soviética, dentro do atual equilíbrio de forças no cenário mundial a URSS se encontra *grosso modo* do lado dos que lutam contra as formas de exploração por nós conhecidas. [...] Cada política que se define como oposta à Rússia e que dirige toda sua crítica a esse país é um indulto ao mundo capitalista.[33]

A União Soviética escapa *a priori* de qualquer forma de crítica: porque o país *grosso modo* está do lado certo, os autores rapidamente penduram uma cortina na frente de toda repressão e exploração que ali ocorre. A voz de Soljenítsin dá lugar à propaganda. O mais impressionante de tudo, porém, é que ambas as matizes se encontram pintadas no mesmo texto.

Merleau-Ponty e Sartre defendem a União Soviética com plena consciência dos crimes cometidos pelo comunismo. Ambos acreditavam que a utopia não podia ser alcançada sem um período de luta, que a violência seria necessária para acabar com toda a violência.[34]

---

[33] Merleau-Ponty, "*L'U.R.S.S. et les Camps*", p. 337-38.

[34] Compare Sartre por volta da mesma época, *Situations II*, p. 309: "Se for verdade que recorrer à violência para combater a violência traz o risco de consolidar a própria violência, também é verdade que esta seja a única maneira para fazê-la parar". Esse dilema foi ilustrado ao final da década dos 1990 por Wim Wenders no seu filme *O Fim da Violência* (1997): nele, o FBI norte-americano tenta acabar com a violência mediante um sistema mundial de

Merleau-Ponty, o aluno de Kojève, possuía os conceitos mais rebuscados nesse sentido. Seu ensaio *Humanismo e Terror* de 1947 constitui uma apologia puramente kojeviana da violência revolucionária na União Soviética e uma crítica ao humanismo liberal. A motivação para esse trabalho, que nos anos 1940 e 1950 estava bastante em voga entre intelectuais de esquerda, foi a tradução francesa do romance de Arthur Koestler sobre os Processos de Moscou nos anos 1930, *O Zero e o Infinito*. Merleau-Ponty não acreditava que o suspeito Bukharin (Rubasjov no romance) tivesse feito a sua confissão de espionagem contrarrevolucionária sob pressão física ou moral. Por isso, ele não concorda com a representação de Koestler de um tribunal revolucionário como uma luta entre um "iogue" e um "comissário", entre a consciência moral não oprimida do acusado e a inescrupulosa *Realpolitik* do juiz. Segundo Merleau-Ponty, os dois protagonistas se encontram essencialmente relacionados. Ambos são revolucionários marxistas e sabem, portanto, que "num mundo em luta ninguém pode afirmar que tem as mãos limpas". Os expurgos políticos "não são o produto de uma justiça atemporal", mas "uma fase na luta política" na qual se confirma que "a história é a luta de vida e morte entre sujeitos". Em contraste com o tribunal civil, que tem o passado como principal referência, o tribunal revolucionário baseia sua decisão no futuro. "Ele julga em nome daquela verdade que a revolução está em vias de consagrar." Mas justamente porque o resultado do processo histórico permanece incerto, a linha que separa o certo do errado é tênue: "Somente o êxito torna definitivamente razoável o que antes era coragem ou crença". Foi assim que, por exemplo, apenas a vitória final dos aliados transformou os integrantes da Resistência Francesa em heróis e os colaboradores dos alemães em traidores. Em situações de guerra ou revolução, nas quais um detalhe ainda pode influenciar

---

câmeras, mas nesse intuito não consegue deixar de liquidar diversas pessoas. Dessa forma Wenders deixa claro que não se pode esperar mais da utopia tecnológica moderna do que das utopias políticas de meio século antes.

a história, "não existe um claro limite entre contradições políticas e traição objetiva: a humanidade foi adiada, o governo é Terror".

Aqueles que – como os humanistas liberais – pregam a não violência, segundo Merleau-Ponty consolidam a violência existente. Aqueles que – como os comunistas – usam a violência *abertamente*, são mais sinceros, mas correm o risco de se enredar nela; por isso eles devem buscar uma "violência que se transcenda na direção de um futuro humano". Os liberais se contentam em preservar o sistema, os comunistas tentam eliminar a violência e instituir uma sociedade não violenta. Com isso, a violência comunista é uma forma de "violência progressiva"; recebendo assim, em nome do futuro, o benefício da dúvida. Pelo fato de Merleau-Ponty se basear na teoria da história de Marx, ele utiliza um nítido critério no que se refere à violência: "Armações e mentiras, derramamento de sangue e ditadura somente são justificados na medida em que levam o proletariado ao poder". Essa é a promessa do comunismo. Apesar de admitir que a política soviética nem sempre mantivesse o rumo certo, mesmo assim o Merleau-Ponty de 1947 apostou que a violência de Stálin se justificaria em retrospectiva.[35]

Merleau-Ponty nunca mais se pronunciaria de forma tão contundente sobre o comunismo como em *Humanismo e Terror*. As dúvidas sobre o desfecho do projeto russo, que ele esconde na contingência histórica desse ensaio – e que Kojève, uma vez acreditando que a história havia terminado, não esclarecia – ficaram cada vez maiores. A Guerra na Coreia (1950-1953) foi o ponto de transição para Merleau-Ponty: ele reconheceu que Stálin exercia um puro jogo de poder e não aspirava a nenhum ideal comunista. Concomitantemente, cessou as tentativas de basear sua filosofia política no existencialismo.[36] Merleau-Ponty, em suma, mostrou-se sensível aos contra-argumentos

---

[35] Merleau-Ponty, *Humanisme et Terreur*, citações nas p. 152-153, 118, 130, 114, 64, 121, 43, 45. Para a receptividade do livro de Merleau-Ponty, veja Werner, *De la Violence*, p. 16-17.

[36] Veja Whiteside, *Merleau-Ponty*, p. 224-34.

históricos e teóricos. Com isso, destacou-se positivamente em relação ao seu colega Sartre, que se assemelhou cada vez mais a uma máquina de opiniões gratuitas. Merleau-Ponty se tornou cada vez menos radical, e Sartre, cada vez mais radical. Por volta de 1950, os pontos de vista políticos dos dois existencialistas se entrecruzaram (e o anteriormente citado artigo conjunto em *Les Temps Modernes* formou o devido corte simbólico). No momento em que o próprio Merleau-Ponty se distanciava do *Humanismo e Terror*, Sartre apropriava-se da sua argumentação. A ruptura veio em 1953: logo após Sartre ter se tornado um ativo *fellow-traveler*, Merleau-Ponty abandonou a redação de *Les Temps Modernes*; dois anos depois ele escreveria o devastador "Sartre et l'ultra-bolchevisme" (incluído em *As Aventuras da Dialética*).

"Quanto mais velho, mais conservador", ensina a sabedoria popular. Sartre é a grande exceção a essa regra. Quando um entrevistador lhe perguntou aos setenta anos sobre o que mais se arrependia na vida, ele respondeu: "Não fui radical o bastante".[37] Dois anos depois, em 1973, ele deixou escapar em outra entrevista:

> Todo regime revolucionário tem que se livrar de uma série de indivíduos que o ameaçam, e eu não vejo outra solução para isso senão a morte. Da prisão sempre se poderá escapar. Os revolucionários de 1793 aparentemente não mataram o suficiente.[38]

O amor de Sartre por matanças e execuções revolucionárias como solução para problemas políticos se mudou junto com o seu engajamento. Após a invasão russa da Hungria,[39] em 1956, ele revogou a sua carta branca da violência para o comunismo soviético e a outorgou

---

[37] Sartre, citado em Gauchet e Nora, "Mots-Moments", p. 173.

[38] Sartre, entrevista na *Actuel*, fevereiro de 1973, citado em Burnier, *Le Testament*, p. 12.

[39] Sartre dedicou três longos artigos a esse acontecimento. Para Raymond Aron, essa prolificidade era uma das razões para acreditar que Sartre era menos inteligente que Kojève: "Kojève comentou a invasão da Hungria em poucas palavras, e Sartre em dezenas de páginas – como se o acontecimento

ao anticolonialismo. Mas mesmo agora que Sartre havia atribuído o papel do servo explorado na dialética de Hegel ao Terceiro Mundo, sua análise permaneceu kojeviana: tal qual na revolução operária, a descolonização não podia se realizar sem derramamento de sangue. Para se livrar efetivamente de seus senhores europeus, os escravos africanos deveriam matá-los. Sartre esperava que essa violência surtisse uma gama de maravilhas políticas e psicológicas, considerando essas citações no famigerado prefácio que escreveu para *Os Condenados da Terra* (1961), de Frantz Fanons:

> O colonizado se cura da neurose colonial ao expulsar o colonizador de mão armada [...] se ele mata um europeu, então ele acerta dois coelhos com uma só cajadada, pois ao mesmo tempo tira um opressor e um oprimido do caminho: sobram um morto e um homem livre. [...] Sendo filho da violência, ele constantemente deriva a sua humanidade da violência: éramos humanos à sua custa; agora ele se torna humano à nossa custa. Outro humano, de melhor qualidade. [...] Somente após o último colonizador ser assassinado [...], a minoria branca desaparece, para dar lugar à irmandade socialista.[40]

Nessa incitadora licença outorgada aos negros oprimidos para massacrarem os brancos europeus, a sensação de culpa do burguês branco Jean-Paul Sartre atinge o cúmulo do masoquismo. Sua engajada luta por um homem melhor termina num devaneio de sangue e morte.

A REVOLTA DO BEM (CAMUS)

O existencialismo e a política são como água e fogo. Invariavelmente um dos dois elementos neutralizará o outro. No caso de Sartre, prevaleceu um ardente fogo político; para forjar um novo

---

tivesse abalado a sua concepção do mundo, embora apenas enfocasse uma realidade que ele já podia e deveria conhecer" (Aron, *Mémoires*, p. 98).
[40] Sartre, "Préface", p. 20-21.

homem ele julgava primeiro ter que ressequir as pessoas antigas. O interessante, porém, era que o fenômeno inverso também ocorria: às vezes a maré existencialista extinguia toda a política. Foi o que ocorreu com Albert Camus (1913-1960). Mais à frente se demonstrará que, embora o existencialismo-sem-política de Camus sem dúvida seja consequente, também é ineficaz. O duplo retrato de Sartre e Camus já foi pintado várias vezes. Os paralelos abundam: ambos teorizavam sobre o nada e o absurdo; ambos tentaram implantar um sentimento de responsabilidade na sensação da liberdade humana, para ambos a guerra seria o impulso decisivo para esse intento; logo após a liberação, ambos se projetaram como porta-vozes de uma nova geração; e ambos expressavam suas teorias sobre a existência em romances, peças de teatro, artigos de jornais e ensaios filosóficos. Mas além de almas gêmeas Sartre e Camus também eram polos opostos: Sartre, o "principezinho mimado" de uma família burguesa culta e rica de Paris, *versus* Camus, o "pivete de Argel" que galgou a escada social por meio dos estudos, o esquentado boxeadorzinho Jean-Paul *versus* o sensível jogador de futebol Albert, um Prêmio Nobel rejeitado (1964) e outro aceito (1957).[41]

Sartre e Camus eram dois polos principalmente no que refere ao seu conceito sobre a política. Sartre, em busca de uma libertação revolucionária *coletiva*, depositava nela todas as suas esperanças; Camus, em busca de uma felicidade *individual*, dela nada esperava. Desde o começo, esse conflito se consumia lentamente sob a superfície da sua amizade. Uma primeira erupção ocorreu por ocasião da publicação do *Humanismo e Terror* de Merleau-Ponty. Camus o considerou um

---

[41] As duas melhores comparações entre as concepções políticas de Sartre e Camus são de Brée, *Camus and Sartre*, e de Werner, *De la Violence*. A biógrafa de Sartre é breve e contundente sobre as suas personalidades conflitantes, suas diferentes origens sociais e a rivalidade intelectual (Cohen-Solal, *Sartre*, p. 436-38). A alcunha *"enfant-roi chouchouté"* para Sartre é proveniente de Cohen-Solal; foi Sartre quem insistiu em ver o *"le voyou d'Alger"* em Camus.

livro horrível, Sartre o defendeu.[42] Em retrospectiva, essa desavença foi uma amostra prévia para o rompimento definitivo. Esse veio em 1952. Camus atirou a luva com a publicação de O Homem Revoltado (1951), sua mais sistemática obra político-filosófica. A sua importância foi logo reconhecida publicamente. Sartre, porém, nem chegou a comentar o livro e feriu o orgulho de Camus ao deixar a resenha de *Les Temps Modernes* a cargo de um colaborador, Francis Jeanson. A essa resenha, que não foi favorável, se seguiu uma troca de correspondência extremamente infame e quase exibicionista entre Camus e Sartre, na qual Sartre rompeu sua amizade publicamente.[43] Eles não se falariam mais até a morte de Camus em 1960.

[42] Essa primeira grande desavença entre Sartre e Camus seguiu após a pré-publicação de uma parte do *Humanismo e Terror* de Merleau-Ponty, na edição de outubro de 1946 de *Les Temps Modernes*. Durante um sarau de existencialistas na casa de Vian, um Camus irritadiço, embriagado como todos, acusou Merleau-Ponty de justificar os expurgos soviéticos: "Merleau-Ponty defendeu-se", conta De Beauvoir. "Sartre o apoiou; Camus, abalado, bateu a porta; Sartre e Bost não tardaram a alcançá-lo na rua, mas ele se recusou a voltar. A desavença duraria até março de 1947" (Simone de Beauvoir, "La Force des Choses". Paris, 1963, p. 518, citado em Grenier, *Albert Camus*, p. 215).

[43] Estas são as referências do dossiê: Francis Jeanson, "Albert Camus ou l'Âme Revoltée", *Les Temps Modernes* 7 (1952), p. 2070-90; Albert Camus, "Lettre au Directeur de Temps Modernes"; Jean-Paul Sartre, "Réponse a Albert Camus", e Francis Jeanson, "Pour Tout Vous Dire", *Les Temps Modernes* 8 (1952), p. 317-33, 334-53 e 354-81. Camus endereçava as suas cartas especificamente para "*Monsieur le Directeur*" e se dirigia diretamente a Sartre, passando por cima do crítico Francis Jeanson ("*votre colaborateur*"). Ele os condenava pelo seu tácito dogmatismo marxista: "Seu colaborador gostaria que nós nos revoltássemos contra tudo, exceto contra o partido comunista e o Estado comunista". Junto a isso Camus deixou transparecer claramente que se sentia desprezado: "Estou ficando um pouco cansado [...] de ser continuamente lecionado sobre eficácia por parte de críticos que meramente posicionaram sua poltrona reclinável no sentido [*sens*] da história". Sartre, da sua parte, rapidamente se conformou com o fim da amizade: "*Mon cher* Camus, nossa amizade não foi fácil e sentirei falta dela. Caso o senhor a rompa hoje mesmo, é porque ela sem dúvida *precisava* ser rompida". Após estas austeras sentenças de abertura, Sartre surrou Camus sem nenhum pudor

De maior importância do que essa *petite histoire* – amplamente comentada nas colunas da imprensa intelectual da época – são os argumentos de ambos os lados.

Primeiramente Camus. Em suma, *O Homem Revoltado* descreve um existencialista[44] que se nega a optar pelo marxismo. Camus analisa por que o homem, em nome da revolta, acaba tolerando o crime; como a revolta culmina nos estados de sítio e nos campos de concentração do século XX.

A revolta de Camus começa com o servo que diz a seu mestre: "Não. Até aqui e nem um pouco além". A sentença começa com uma negativa. Mas o servo que diz não também diz sim: ele impõe um limite. Ele invoca um valor que até então não havia sido mencionado, descobre uma dignidade humana que compartilha com todas as outras pessoas. Na formulação central da obra "*Je me révolte, donc nous sommes*",[45] Camus, que em seu romance *O Estrangeiro* (1942) e no ensaio filosófico *O Mito de Sísifo* (1942) fizera nome como filósofo da falta de sentido e do absurdo, passou ele mesmo a combater esse niilismo com o seu conceito da rebelião

---

("E se agora o senhor não tiver entendido nada?") para depois concluir com: "A revista está a sua disposição caso o senhor queira retrucar, mas eu mesmo já não mais lhe responderei. [...] Espero que nosso silêncio faça com que se esqueça desta polêmica".

[44] Camus era mesmo existencialista? Ele próprio não se incluía no movimento. Isso, porém, constitui um parco argumento, pois a maioria dos existencialistas achava (com o mesmo receio por rótulos que qualquer outro movimento não conformista e anarquista) que não o eram. Além do mais, é provável que Camus não quisesse ser associado em demasia com Sartre. De uma relevância maior é que Camus compartilhava inteiramente a predileção existencialista por temas como o absurdo, liberdade humana, individualismo, responsabilidade e engajamento.

[45] Camus, *L'Homme Révolté*, p. 38. Conforme demonstrado por Werner, essa solidariedade humana de Camus descoberta na revolta de maneira alguma deve ser interpretada coletivamente: trata-se de uma solidariedade de solitários (Werner, *De la Violence*, p. 101-02).

criadora de valores.[46] A existência humana adquire sentido quando e assim que o homem oprimido se revolta contra a sua situação. Logo fica claro que essa curiosa versão da dialética do senhor e do servo, na qual a simpatia dessa vez recai sobre o servo rebelde, em contraste com a versão de Kojève, não se dirige a um desfecho: o que importa é a revolta e não a vitória.

A maior parte de O Homem Revoltado consiste numa análise das manifestações da revolta "metafísica" e "histórica", respectivamente a revolta contra Deus e a criação como tal (especialmente contra a injustiça da morte), passadas para a revolta contra condições políticas e sociais injustas. Ambos os fenômenos, deicídio e regicídio, datam do Iluminismo. E assim como outros pensadores antitotalitários da sua geração – Karl Popper, Hannah Arendt, Jacob Talmon[47] – Camus traça uma linha reta entre Do Contrato Social, de Rousseau, o Terror e o regicídio, passando pelas ideologias da essencialidade histórica do século XIX, para finalmente chegar ao totalitarismo do século XX. O equilíbrio do sim e não que, segundo ele, caracteriza a verdadeira

---

[46] "A verdadeira revolta gera valores" (Camus, L'Homme Révolté, p. 221). Camus de fato idealizou seu O Homem Revoltado como uma continuação de O Mito de Sísifo. Enquanto o trabalho anterior trata do absurdo e do suicídio, o posterior trata do problema da revolta e do assassinato (legitimado). A perspectiva é completamente diferente: um indivíduo abstrato em O Mito, a humanidade histórica em O Homem Revoltado. Ou, conforme Maurice Blanchot observou a partir desse percurso: "O servo é o homem que já conseguiu – infindável progresso – encontrar um senhor" (Maurice Blanchot, citado em Grenier, Albert Camus, p. 201).

[47] Karl Popper, Open Society and its Enemies. Londres, 1945; Hannah Arendt, The Origins of Totalitarianism. Londres, 1951; Jacob Talmon, The Origins of Totalitarian Democracy. Londres, 1952. O antigo professor de filosofia de Camus na Argélia, Jean Grenier, a quem O Homem Revoltado foi dedicado, também possuía a mesma sensibilidade que esses pensadores. Ainda em 1938, Grenier já escrevia sobre "a peste hegeliana na área da política" e também: "A ideia de uma derradeira situação feliz para a humanidade que antes teria que ser imposta pela violência é um desses mitos sangrentos e absurdos que não consigo aceitar" (Grenier, Essai, p. 101).

revolta, parece ser extremante precário. Cada vez mais, o momento negativo predomina e a revolta acaba em repressão e morte legitimada.

Nesse contínuo descarrilamento da verdadeira revolta, Hegel é para Camus uma das ovelhas mais negras. O sucesso intelectual da dialética do senhor e do servo de Hegel fez com que a justiça bruta do mais forte fosse socialmente aceita:

> Quando sob o céu deserto do primeiro alvorecer do mundo houver somente um único senhor e um único servo; quando mesmo a relação entre um deus transcendental e o homem for somente uma de senhor e de servo, então não poderá haver outra lei no mundo senão a lei da violência.

No momento em que Hegel morreu, tudo estava preparado para o que viria a acontecer:

> O céu está vazio, a Terra, entregue ao poder sem princípios. Aqueles que decidiram matar e aqueles que decidiram escravizar os outros se apresentarão sucessivamente, em nome de uma revolta que se desviou da sua verdade.[48]

Essa crítica de Camus ao hegelianismo e aos seus filhos do século XX não é original. Outros a haviam feito antes e com mais ênfase. A importância de O Homem Revoltado se deve antes ao fato de que dessa vez a crítica partia de um esquerdista que dificilmente poderia ser rejeitado pelos marxistas existencialistas como sendo um burguês reacionário. Esse detalhe foi provavelmente mais arrasador do que a alternativa política que Camus pretendia elaborar. Nesse sentido, ele se propôs uma missão praticamente impossível: ir além do niilismo. Ou seja, tentar elaborar uma moral política a partir das demolidoras críticas de Hegel e Nietzsche sobre a verdade e a moral.[49] Camus

---

[48] Camus, *L'Homme Révolté*, p. 177 e 191. Obviamente Camus se refere na segunda sentença desta última passagem respectivamente ao nacional-socialismo e ao comunismo.

[49] Referente à crítica ao totalitarismo de Camus, ele igualmente aponta as contradições procedentes do kojevianismo no projeto revolucionário

encontrou um novo fundamento ético não idealista na vida individual. Esse seria defendido a qualquer custo. O resultado disso foi um pleito a favor do pacifismo total. Como fundamento para uma política, porém, é um tanto ralo. Embora fosse fácil – e compreensível – irritar-se com qualquer ideologia em cujo nome se poderia cometer um assassinato (e dessa fúria sincera nasceu O *Homem Revoltado*), quando se deve escolher entre dois males, é de arrancar os cabelos. O que fazer, por exemplo, no caso de um ataque: o inimigo pode ser abatido? Questões banais, mas espinhosas como essa, não são tocadas por Camus.

Por fim, Camus não está verdadeiramente interessado em política. Sua revolta é tudo, menos uma revolução. Uma revolução é política. A revolta de Camus, em contraste, é existencialista. Assim que as revoltas que ele estuda começam a assumir contornos políticos e a se assemelhar cada vez mais a uma revolução, ele as acusa de "deslealdade". A revolta individual contra a absurda injustiça da condição humana não deve ser confundida com a revolta coletiva contra uma injustiça histórica. Essa é uma luta completamente diferente. Com seu *Révolté*, Camus luta contra a morte; Sartre, com seu *Révolution*, contra o Antigo Regime. E considerando que o existencialismo é uma filosofia que percebe o mundo a partir do indivíduo, pode-se constatar aqui também que Camus é um existencialista mais coerente do que Sartre. Cada um tem de resolver os próprios

---

de Sartre: "*O Homem Revoltado* tenta demonstrar que os sacrifícios que, ontem ou hoje, são exigidos pela revolução marxista, tão somente podem ser justificados com vista a um final feliz da história, e que a dialética hegeliana e marxista, cujo movimento só pode ser detido de maneira arbitrária, ao mesmo tempo excluem tal final" (Camus, *Lettre au Directeur*, p. 330). Referente às tentativas de Camus para formular uma alternativa "além do niilismo", compare: "Se nossa era padeceu de niilismo, não seria negando o niilismo que obteremos a moral de que necessitamos" (Camus, *Essais*, p. 312; veja também Wilhoite, *Beyond Niilism*). A essência das afirmações de *O Homem Revoltado* já pode ser encontrada na coletânea de artigos "*Ni Victimes ni Bourreaux*" de 1946 (em: Camus, *Essais*, p. 331-352), em que a primazia da moral sobre a política pela primeira vez se encontra nitidamente formulada.

problemas metafísicos com a morte, mas sozinhos não podemos superar nossos problemas históricos com o Antigo Regime.

Chegou a hora de considerar a réplica de Sartre. Como ele respondeu ao ataque de Camus, por exemplo, à perversão da dialética do senhor e o servo? Ocorreu que Sartre não foi capaz de defender a própria posição, mas sim de danificar a posição de Camus. E assim o seu duelo intelectual terminou em um fatal empate: um nocaute duplo.

Conforme mencionado, em primeira instância Sartre não se pronunciou sobre o *O Homem Revoltado* e no *Temps Modernes* deixou isso a cargo do seu assistente Francis Jeanson. A resenha surgiu um junho de 1952 sob o sarcástico título de "Albert Camus ou l'Âme Révoltée", Albert Camus ou a Alma Revoltada. Esse jogo de palavras, impressionante em mais de um aspecto (*"l'âme révoltée"* é uma contração de *"L'homme révoltée"* e *"belle âme"*), contém a essência da crítica de Jeanson-Sartre. Camus seria uma *"schöne Seele"* (*"belle âme"*, bela alma), tal como os intelectuais do século XVIII que Hegel caracterizava com esse termo, que a partir de um moralismo fácil e uma posição confortável, longe do centro de poder, rejeitavam de antemão qualquer ato político por considerá-lo injusto. Camus, como o "Defensor Público da República das Almas Limpas" (Sartre) e o "Sumo sacerdote da Moral Absoluta" (Jeanson), manteria as mãos e a consciência limpas.[50] Seu moralismo é ainda mais sedutor porque vem sob uma aura de rebelião. Camus oferece bondade sem ser bonzinho e é justamente nisso que sua originalidade se esconde. Albert Camus: o rebelde dos bons costumes. A principal repreensão de Sartre é que Camus quer se esquivar da história. A lição de *O Homem Revoltado* é que a história do mundo consiste somente em violência e niilismo. Camus reluta em admitir que a história faz parte da condição humana. Para ele, a história é a raiz de todo mal, e tudo o que

---

[50] Sartre, "Réponse à Camus", p. 338; Jeanson, "Pour Tout vous Dire", p. 383.

é bom se origina fora dela.⁵¹ (E não de cima, propriamente dito, mas de dentro: Camus pensa menos em Deus do que na sensação de felicidade que se experimenta ao nadar no mar.) Na sua carta em *Les Temps Modernes,* Sartre fustiga o grande desprezo de Camus pela história, a política e o engajamento, expondo seu rancor contra as condições da guerra que o arrastaram para a sangrenta e comprometedora arena da história. Sartre constata que Camus vivenciou os anos da guerra como um sacrifício e que depois dela ele quis retomar uma vida não histórica de desespero individual e felicidade o mais rápido possível: "Em suma, o senhor não cogitou 'fazer a história', como disse Marx, mas obstruir o seu curso". Obcecado pela luta do homem contra a natureza (e a morte), Camus ademais esqueceu a luta do homem contra o homem. Esse ponto é esclarecido por Sartre com uma analogia bem escolhida:

> Digamos que uma criança morre; o senhor acusa a absurdidade do mundo e esse Deus surdo e cego criado pelo senhor para poder cuspir-lhe na cara; mas o pai dessa criança, sendo desempregado ou operário, culpará os homens: ele sabe muito bem que a absurdidade da condição humana varia muito de uma vizinhança à outra.⁵²

---

⁵¹ Reveladora sobre o temor de Camus pela história é a seguinte passagem: "É verdade que não podemos escapar da história, pois estamos imersos até o pescoço nela. Mas podemos nos dedicar a lutar na história para salvar aquela parte do homem que não lhe pertence" (Camus, *Essais*, p. 351). Sobre a separação de história e felicidade: "Existe a história, mas também existe algo além: a felicidade singela, a paixão por outros seres, a beleza física" (Ibidem, p. 368). Numa entrevista concedida pouco antes da publicação de *O Homem Revoltado*, Camus afirmou: "Quando me ocorre buscar o que há de fundamental em mim, encontro sempre o desejo de ser feliz" (Ibidem, p. 339). O vínculo de Camus entre felicidade e moral é resumido por Sartre da seguinte forma: "Ser feliz é desempenhar a profissão de humano" (Sartre, "Réponse à Camus", p. 346) – uma deveras surpreendente combinação das éticas do dever e da felicidade!

⁵² O autor usa os distritos de *Gooi* e *Bijlmer* da cidade de Amsterdã para ilustrar o dito contraste social. O original em francês provavelmente se refere aos *banlieus* de Paris. (N. T.)

Com dois exemplos, pode-se por fim demonstrar que, de fato, conforme Sartre e Jeanson haviam observado, Camus de preferência neutralizava e despolitizava todos os conflitos políticos.[53] No romance *A Peste* (1947) de Camus, a cidade de Oran é assolada por uma epidemia. As pessoas morrem aos montes e fazem desesperadas e vãs tentativas para deter o mal. *A peste* é – a nenhum leitor isso passaria despercebido em 1947 – uma alegoria sobre o fascismo. Mas a ilusão reside no fato de que o fascismo é retratado em termos de um flagelo não ideológico e não antropogênico. Dessa forma, a injustiça política assume a proporção de uma catástrofe natural, com a grande diferença de que ninguém é culpabilizado e que todos são vítimas: "Em *esplêndida imparcialidade*, a peste havia condenado a todos".[54] Os personagens, além disso, demonstram emoções mais condizentes com uma catástrofe despolitizada: sem ódio ou rancor, mas com amor e compaixão. Apropriadamente, o protagonista é um médico, o Dr. Rieux; inicialmente ele ainda é rigoroso na aplicação das regras de quarentena, mas por uma questão humanitária se mostra cada vez mais flexível. Em *A Peste*, a política e a justiça são gradualmente sobrepujadas pela compaixão ao próximo e a felicidade do indivíduo.

Não somente por meio de personagens românticos como o Dr. Rieux é que Camus demonstrou ser adepto dessa "moral da Cruz Vermelha". Em 1957 ele se juntou a um movimento contra a pena de morte iniciado por Arthur Koestler e outros intelectuais.[55] A boa causa surgiu num momento ideal para Camus. Temendo se comprometer

---

[53] Sartre, "Réponse à Camus", p. 348-49.

[54] Sartre expressou esse quesito uma última e agora comovente vez no obituário que escreveu alguns dias após a morte de Camus: "Ele questionava a ação política. [...] esse cartesiano do absurdo se recusava a deixar o terreno firme da moral para não ter de se aventurar pelos tortuosos caminhos da *prática* (Sartre, "Albert Camus", p. 127). Ambos os seguintes exemplos sobre a predisposição de Camus à despolitização são procedentes de Dunn, *The Deaths*, capítulo 6.

[55] Camus, *De Pest*, p. 123.

moralmente e ter de tomar partido em um mundo fragmentado ideologicamente, ao final dos anos 1950 ele não ousava mais apoiar nenhum evento político. Mesmo sobre a ardente questão que mais o afligia, a guerra civil na sua terra natal, a Argélia, ele se calava.[56] Tudo o que Camus ainda ousava fazer era defender a vida em si. Opor-se à pena de morte significava engajar-se em uma incontestável e quase abstrata boa causa, sem ter de sujar as mãos ou selar compromissos. Toda a confrontação com os dilemas de uma realidade política complexa podia ser evitada. O oponente não se chamava colonialismo, capitalismo, comunismo ou racismo, mas Morte. E a tragédia nisso obviamente é que qualquer contenda com esse oponente estará perdida por antecipação.

SAINDO DO IMPASSE?

A polêmica entre Sartre e Camus expõe o impasse da filosofia política existencialista.[57] Não havia opções senão a glorificação

---

[56] Camus, *Réflexions sur la Guillotine*, (1957), em: idem, *Essais*, 1094-1064. O termo "moral da Cruz Vermelha" é de Jeanson, "*L'Âme Révoltée*", p. 2074; o que em 1952 ainda valia como uma grave ofensa, meio século depois se tornou um grande elogio, conforme analisado com precisão em Finkielkraut, *L'Humanité Perdue*.

[57] Alguns filósofos conseguem internalizar essas contradições entre Sartre e Camus, como o holandês Hans Achterhuis. No seu *De Erfenis van de Utopie*, ele desqualifica a tradição inteira das utopias sociais e políticas desde Thomas More como prototototalitárias (dessa forma resolvendo também o próprio passado maoísta). Segundo o crítico Cyrille Offermans, com isso Achterhuis recai constantemente de um extremo a outro; ele o acusa com razão de ser um "filósofo-do-tudo-ou-nada", com "pouco senso para ambivalências" (Offermans, "De Utopie van het Dashboardlampje", p. 52). Offermans já poderia ter assinalado o problema no início da volumosa obra de Achterhuis, pois na introdução ele comenta: "A tensão intelectual que me atormentava pode ser descrita como um conflito entre as posições de dois filósofos: Camus e Sartre" (Achterhuis, *De Erfenis*, p. 22). A saída para o

acrítica da violência política (Sartre) ou um completo desligamento da política, como uma *schöne Seele*, em revolta contra a absurdidade da existência (Camus). Ou a violenta contradição de um marxismo existencialista ou a débil validação de um existencialismo apolítico. Tudo ou nada.[58] (Em geral, tudo.) Esses contrastes extremos confirmam a fraqueza política do existencialismo. Pois um pensamento que com a mesma facilidade pode levar a uma política de violência ou então a uma moral pacifista, que balança indecisa entre "Stálin" e "Gandhi", é intrinsecamente inadequada como filosofia política.

Maurice Merleau-Ponty foi o primeiro dos existencialistas a perceber esse problema. Em 1960, no prefácio da sua coletânea *Signos*, ele fez um balanço do pensamento político francês do pós-guerra:

> Houve uma obsessão política entre os filósofos que não rendeu nem uma boa política nem uma boa filosofia. [...] Em vez de unirem as suas virtudes, a filosofia e a política repartiram seus defeitos: obteve-se uma prática ardilosa e um pensamento supersticioso.

---

impasse que esse professor da Universidade de Twente escolhe é a utopia tecnológica (a "moralização dos aparelhos"). Achterhuis, portanto, desse modo deixa o terreno da formação *política* da sociedade: a salvação agora vem dos laboratórios da Philips.

[58] A guerra de independência da Argélia (1954-1962) dominava Camus inteiramente. Ele se recusava a rejeitar o colonialismo como tal e estava mais preocupado com a sua mãe (francesa) que ainda morava lá: "Acredito na justiça, mas defenderei a minha mãe acima da justiça" (Camus, *Essais*, p. 1882). Enroscado numa teia de fios políticos, morais e pessoais, em 1956 Camus resolveu doravante calar-se sobre a Argélia: "Decidi não me envolver mais nessas polêmicas sem fim; elas apenas levaram a um maior endurecimento das posições já intransigentes na Argélia e um aumento da divisão numa França envenenada por grupos de interesse". Uma resistência passiva e pacífica para ele parecia a única opção: "Aqueles que não querem mais ouvir falar sobre a moral, de qualquer modo deveriam estar cientes de que mesmo para ganhar uma guerra é preferível sofrer a injustiça a cometê-la". E a seguir vem a inevitável referência ao campeão mundial da resistência pacífica: "Gandhi comprovou que se pode lutar pelo povo, e vencer, sem perder a dignidade por um momento sequer" (ibidem, p. 891-94).

O casamento entre filosofia e política na concepção de Merleau-Ponty levou à preguiça intelectual e à falta de curiosidade. Mesmo assim, ele não favorecia um divórcio sem mais: "Existe uma ruptura 'malévola' entre a filosofia e a política, que nada salva, e que a todos deixa a própria miséria".

Uma mudança era necessária, mas como? Do lado da política não havia muito a ganhar. Tanto os conceitos democráticos como os comunistas haviam perdido sua credibilidade:

> Tudo o que se presumia ser bem pensado – a liberdade e os poderes, o cidadão contra os poderes,[59] o heroísmo do cidadão, o humanismo liberal; a democracia formal e a real, que a anula e que a concretiza, o heroísmo do humanismo revolucionário –, tudo isso está em ruínas.

Para salvar o casamento entre a política e a filosofia, Merleau-Ponty portanto não se concentrou na política, mas na filosofia.

Merleau-Ponty, não sendo nenhum tolo, reconstruiu o caso a partir do começo: "Assim como antigamente, hoje em dia a filosofia começa com: o que é reflexão? E em primeiro instante se consome inteiramente nisso". A seguir ele prossegue com uma análise fenomenológica do eu observador que, como sujeito atrelado à matéria e ao tempo, convive e interage com outros indivíduos, com a linguagem e com signos – e que por isso pensa e fala coisas completamente diferentes do que um *cogito* isolado possivelmente faria. A seguir, Merleau-Ponty aplicou os conhecimentos obtidos por meio dessa análise à história:

> Pergunta-se: *onde* é feita a história? Quem a faz? Que tipo de corrente se arrasta na sua esteira? Essa corrente pertence à mesma ordem que a corrente da Palavra e a do Pensamento, e como o rompimento do mundo sensorial perceptível à nossa volta; em toda parte há significados, qualidades e símbolos que vão além de tudo que cada "consciência"

---

[59] Com "o cidadão contra os poderes" Merleau-Ponty faz alusão ao *Le Citoyen contre les Pouvoirs* (1926), um livro de Alain (1868-1951; pseudônimo de Émile-Auguste Chartier), o moralista kantiano que formou a geração da década de 1920 em política.

poderia ter produzido, e ainda assim são as pessoas o que falam, pensam, veem. Nós nos encontrávamos no domínio da história como se fosse o da linguagem ou o do ser.

Em outras palavras: não podemos fazer a história (como Sartre queria), nem podemos escapar dela (como Camus queria), mas nos encontramos no meio dela.

O que essa análise filosófica significa então para a política? Para começar, implica que os instrumentos políticos da revolta e da revolução são inúteis. É impossível eliminar o mal inteiramente da história: "O mal não é *criado* por nós ou pelos outros, ele surge no tecido que permeamos entre nós e que nos sufoca". Nada de revolução, portanto. O restante, Merleau-Ponty revela no último parágrafo desse longo prefácio: "A conclusão não pode ser a revolta, mas o *virtù* – sem nenhuma resignação. Uma decepção talvez para aquele que acreditou na salvação, e em uma única panaceia para todos os tipos de problemas". Com a surpreendente aparição aqui do termo *virtù*, Merleau-Ponty resgata o vocabulário político-filosófico da Renascença italiana: ele abandona Hegel e Marx por Maquiavel. *Virtù* é a arte de lidar com a contingência da história, é saber reagir com vigor e criatividade diante de situações imprevistas. Para Maquiavel isso constituía a mais elevada virtude política. Sem mais, trata-se de um remédio eficaz para alguém que, como Merleau-Ponty, subitamente descobre que não há somente um único grandioso desfecho histórico, mas uma avassaladora quantidade de pequenas histórias fortuitas – e que após essa descoberta se recusa a afundar no desespero.[60]

Lamentavelmente não foi dado a Merleau-Ponty expandir esse novo rumo político-filosófico. O supracitado prefácio foi uma das suas últimas publicações: em maio de 1961 ele morreu de um ataque cardíaco. Igualmente repentino, em 4 de janeiro de 1960, Albert

---

[60] Merleau-Ponty, "Préface", citações nas p. 10-11, 31, 20, 28, 47. Que Merleau-Ponty nutria uma grande estima por Maquiavel fica evidente no artigo "Note sur Machiavel", na mesma coletânea.

Camus perdeu a vida em um acidente de automóvel. Assim, dos três grandes porta-estandartes do existencialismo, no começo dos anos 1960 apenas Jean-Paul Sartre restaria. Este – com sua eterna bandeira vermelha, antes ícone do que pensador – persistiria no seu irresponsável senso de responsabilidade até a morte, em 1981.

Com dois mortos e um cego, o existencialismo não podia oferecer uma saída para o impasse da filosofia política francesa. A palavra agora estava com os nietzschianos. A primeira ação dessa "geração de 1960": fugir de Hegel.

Michel Foucault

Capítulo 3 | A Luta na Praia: O Neonietzschianismo
(1960-1975)

> *Em um sentido mais profundo e decisivo do que naquela época [contra Roma], com a Revolução Francesa a Judeia mais uma vez alcançaria a vitória sobre o ideal clássico: o último despotismo que houve na Europa, o dos séculos XVII e XVIII franceses, desabou sob os instintos de ressentimento popular – nunca na Terra se ouviu júbilo maior ou ânimo mais estridente! Não obstante, em meio a esses festejos ocorreu algo monstruoso, algo completamente inesperado: o antigo ideal apareceu em pessoa e com um resplendor inusitado ante os olhos e a consciência da humanidade – e outra vez ecoou mais forte, mais simples, mais insistente do que nunca, diante do antigo pseudolema do ressentimento, o do privilégio da maioria, diante do desejo ao aviltamento, ao nivelamento, ao rebaixamento e ao ocaso do homem, o terrível, o delicioso contralema do privilégio dos muito poucos! Como última indicação ao caminho alternativo surgiu em cena Napoleão, o homem mais individual, mais derradeiramente nascido que já existiu.*
> Friedrich Nietzsche, *A Genealogia da Moral* (1887).

COM NIETZSCHE CONTRA HEGEL

"Estamos nos reunindo uma infinidade de vezes para falar sobre Nietzsche? Ou seria excepcional, desta vez?"[1] Nem todo participante da grande conferência francesa sobre Nietzsche, realizada entre 4 e 8 de julho de 1964 na abadia de Royaumont, sentia-se à vontade com a ideia de um Eterno Retorno.[2] Mas por cinco agradáveis dias de verão a maioria dos cerca de vinte participantes regozijou-se com o redentor banho de provocações e contradições de Nietzsche.

---

[1] Wahl, *Ordre et Désordre*, p. 85.

[2] O autor faz um trocadilho com o termo alemão *"ewige Wiederkehr"*, em alusão ao conceito criado por Nietzsche (também: *ewige Wiederkunft*). (N. T.)

A lista de convidados era – especialmente em retrospectiva – impressionante. O grande erudito alemão Karl Löwith fez uma apresentação, assim como o então ainda jovem italiano Gianni Vattimo. Duas eminências francesas com mais de 75 anos estavam lá: Jean Wahl, hegeliano de muito tempo, e Gabriel Marcel, um proeminente existencialista cristão.[3] Mas esses dois sábios já não contavam mais. O nietzschiano puro-sangue Pierre Klossowski, em contraste, vivia seus dias de glória. Três décadas antes ele fazia parte da pequena turma que assistia às aulas de Kojève sobre Hegel, agora ele mesmo aturdia uma plateia selecionada com uma palestra sobre o *eterno retorno*.[4] Mas a maior atenção de fato reincidiu sobre dois jovens astros ascendentes: Michel Foucault e Gilles Deleuze. Até então, Foucault (1926-1984) era apenas conhecido pela sua tese *História da Loucura* (1961); em Royaumont ele falou sobre três pensadores muito em voga naquele momento: "Nietzsche, Freud, Marx", e formulou o princípio em torno do qual os neonietzschianos franceses se congregariam: tudo é interpretação. A Deleuze (1925-1995), companheiro de Foucault, coube a tarefa mais honrosa: ele deveria encerrar a conferência. Mas também

---

[3] Karl Löwith (1897-1973) escreveu entre outros o estudo clássico *Von Hegel zu Nietzsche. Der Revolutionäre Bruch im Denken des 19. Jahrhunderts* (Zurique, 1939). Gianni Vattimo (nascido em 1936) durante os anos 1990 desenvolveu-se como um proeminente teórico de um pós-modernismo religioso. Jean Wahl (1888-1974) é o autor do primeiro grande estudo francês sobre Hegel: *Le Malheur de la Conscience dans la Philosophie de Hegel* (1929), que somente obteve o devido reconhecimento após a guerra. Gabriel Marcel foi mencionado brevemente no capítulo 2 como crítico de Sartre.

[4] Veja discussão ao final, em: Klossowski, "Oubli et Anamnèse", p. 236-244. O artista e filósofo Pierre Klossowski (1905-2001) obteve o respeito em círculo restrito pelos seus estudos "Sade, Mon Prochain" (1947) e *Nietzsche et le Circle Vicieux* (1969), mas ficou conhecido principalmente pelos seus desenhos (pornográficos). Isso demonstra que na cultura intelectual francesa a arte e a filosofia são (foram) menos divergentes do que em outros lugares. No círculo em torno de Kojève, além de Klossowski também havia os escritores Georges Bataille (veja a nota de rodapé 30 deste capítulo), André Breton (por sinal um ouvinte não muito fiel) e Raymond Queneau (veja o capítulo 1, nota de rodapé 29).

havia sido Deleuze que dois anos antes alavancara a moda nietzschiana na França, com a publicação do seu *Nietzsche e a Filosofia* (1962). Essa moda, da qual o VII Colóquio Filosófico Internacional de Royaumont foi um auge inicial, duraria quinze anos. Longo o bastante para saturar o pensamento político francês completamente com Nietzsche. E quando ao final da década de 1970 as pessoas na França gradualmente começaram a se desinteressar pelo nietzschianismo, seus principais expoentes (Foucault, Derrida, Lyotard) o exportaram pessoalmente para as universidades americanas como professores convidados, a partir de onde ele conquistou o resto do mundo – após uma injeção de filosofia analítica da linguagem – sob o rótulo de "pós-modernismo". Mas isso é outra história.

Friedrich Nietzsche não subiu sozinho na ribalta da filosofia francesa do pós-guerra. Ele se apresentou lado a lado com Karl Marx e Sigmund Freud. Por volta de 1960, esses três "mestres da suspeita" suplantaram os "três Hs", o trio Hegel-Heidegger-Husserl, tão idolatrado pela geração de Sartre. Ou melhor: por volta de 1960, uma nova geração de pensadores assumiu trazendo novos heróis.[5]

---

[5] Obviamente, trata-se de uma representação sem nuances. Para não complicar o caso sem necessidade, sigo aqui Descombes, *Le Même*, p. 13-14, que força um rompimento incisivo entre a geração de 1945, "Hegel-Heidegger-Husserl", e a de 1960, "Nietzsche-Marx-Freud". Essa ruptura necessitaria de maior nuance especialmente no que se refere ao papel de Heidegger. Sua ascendência não se limitou à geração de Sartre, como afirma Descombes. A influência de Heidegger sobre a geração de Foucault, Derrida e Lyotard foi igualmente imensa (veja, por exemplo, Ferry e Renaut, *La Pensée 68*, em que o reitor de Freiburg é responsabilizado junto com Nietzsche pelo "anti-humanismo contemporâneo" dos supracitados). Duas indicações de que a própria recepção francesa a Nietzsche carregava traços de Heidegger foram, em primeiro lugar, que em 1961, um ano antes do estudo de Deleuze sobre Nietzsche, lançaram-se as duas partes do *Nietzsche* de Heidegger (traduzido em 1971 para o francês pelo kojeviano Pierre Klossowski); e, em segundo lugar, que entre os palestrantes ainda não mencionados no colóquio sobre Nietzsche em Royaumont estava o heideggeriano Jean Beaufret, conhecido principalmente como o destinatário da influente carta de Heidegger dirigida

Agora, não seria que essa "geração de 1960" meramente pendurava uma nova trindade da vez no firmamento filosófico? Os mais jovens atribuíam a si um papel histórico mais grandioso. Aos seus próprios olhos, eles rompiam com a completa tradição filosófica ocidental desde Descartes. Quase todos os seus predecessores – Descartes e Kant, Alain e Brunschvicg, Sartre e Merleau-Ponty – foram ordenados sob o denominador "filósofos da consciência", porque se baseavam no homem pensante e movido pela moral. Diante deles, a ala jovem posicionava os "filósofos da interpretação" Nietzsche, Marx e Freud, que não davam tanta importância para o homem e os motivos do seu comportamento e que estavam mais interessados em linguagem, estruturas e motivações subjacentes. Cada "mestre da suspeita" subvertia o indivíduo racional da sua própria maneira. Freud descobriu em cada homem uma fossa cheia de caprichos e aspirações inconscientes, Marx desmascarou a justiça e a boa vontade da burguesia iluminada como sendo hipocrisia e interesse próprio, e, segundo Nietzsche, até mesmo os carros-chefes do século XIX, a ciência e a moral, teriam suas origens em algo mesquinho como o ressentimento. Após essa demolição com o martelo, a foice e o divã, o homem se transformou em um lamentável montículo de entulho. Daí que os filósofos franceses que seguiram essa trilha da suspeita no período 1960-1975 tiveram pouca dificuldade em simplesmente declarar a morte do homem. *Tant pis*. Assunto encerrado. Antes que o triunvirato da suspeita pudesse começar o seu trabalho, primeiro se deveria limpar o terreno. Mais em particular: Hegel, o ídolo sagrado da geração anterior, deveria ser destroçado de forma convincente. Essa tarefa crucial foi concluída por Deleuze com seu *Nietzsche e a Filosofia* (1962). Da mesma forma

---

contra Sartre: *Brief über den Humanismus*, de 1946. Sua palestra foi sobre "Heidegger e Nietzsche". (Veja Smith, *Transvaluations*, capítulo 6.) Para minha argumentação não compete mencionar a recepção francesa a Heidegger. No que se refere ao termo *"maîtres du soupçon"*, esse foi cunhado em 1965 por Ricoeur, em *De l'Interprétation*, p. 41.

que Kojève usara Hegel trinta anos antes para desbancar os neokantianos da sua época, Deleuze agora utilizava Nietzsche para triunfar sobre o neo-hegelianismo contemporâneo. Com isso, também o segundo passo da reapresentação da filosofia alemã do século XIX pela filosofia francesa do século XX pode ser datado com bastante exatidão – 1962: De Hegel a Nietzsche.

"Como uma incisão maligna, o anti-hegelianismo atravessa a obra de Nietzsche", Deleuze escreve no início do seu livro. Em todos os aspectos, ele retrata Nietzsche como o anti-Hegel. Nietzsche *versus* Hegel, para Deleuze, significa, entre outros: caos *versus* ordem; leveza *versus* pesadume; alegria *versus* sofrimento, lazer *versus* trabalho, um eterno retorno *versus* um final absoluto, sim *versus* não, pluralidade aberta *versus* síntese dialética. As queixas nietzschianas de Deleuze contra Hegel, porém, se sobressaem melhor quando se trata – e *revoilà* – da dialética do senhor e o servo. Hegel, segundo Deleuze, era singelo nesse assunto. Isso porque a relação entre o senhor e o servo não é nem um pouco dialética. Se tanto, ela somente o é *a partir da perspectiva do servo*. Apenas o servo interpreta o poder como o reconhecimento de "um" pelo "outro"; é o servo que torna o poder a finalidade de uma luta pelo reconhecimento e para quem o poder depende da atribuição de valores existentes. O senhor de Hegel, segundo a crítica de Deleuze inspirada na *Genealogia da Moral* de Nietzsche, não é um senhor, mas um servo disfarçado. O verdadeiro senhor, segundo Deleuze, na realidade não está de modo algum interessado em reconhecimento. Ele é autônomo e autoafirmativo. Não pretende "negar" o outro, mas "confirmar" sua idiossincrasia (sua *différence*). Não é reativo, mas ativo e criativo. Pretende criar os próprios valores. Uma vez que a luta nunca dá origem a novos valores, a ideia central kojeviana de rivalidade e luta lhe é estranha. Além do mais, por mais estranho que pareça, a luta não é vencida pelos senhores. "Pelo contrário, a luta é o meio pelo qual os mais fracos conquistam a supremacia sobre os mais fortes, por se encontrarem em maior número." Uma vez que o verdadeiro senhor não depende de um servo para reconhecê-lo, não é possível haver uma relação dialética entre ambos.⁶

Eis então a arrasadora revelação de Deleuze de que a dialética do senhor e o servo constitui uma típica ideia de servos. Mais adiante veremos que, mesmo para o antidialético, o caso ainda não está encerrado: Deleuze colocará a questão novamente em pauta, mas dessa vez a partir da perspectiva do senhor.

UM DRAGÃO DE TRÊS CABEÇAS

Depois que o pensamento de Nietzsche, "o mais selvagem e o único verdadeiro inimigo da dialética",⁷ realizou a sua primeira grande tarefa em 1962, a trindade Nietzsche-Marx-Freud ganhou desenvoltura. As relações entre o trio, porém, não são igualitárias. Duas diferenças entre Marx e Freud, de um lado, e Nietzsche do outro são notáveis. Para começar, Marx e Freud recebem muito mais atenção do público na década seguinte. Nos anos 1970, ambos se distinguem por ganharem um representante francês na Terra: Marx tinha Louis Althusser (1918-1990),⁸

---

⁶ Deleuze, *Nietzsche*, citações nas p. 9 e 93. Ao afirmar que o verdadeiro senhor não está interessado em reconhecimento, Deleuze evita o impasse existencial no qual os senhores da dialética hegeliana por conseguinte se encontravam. Para isso ele reverte à noção-chave *Wille zur Macht* de Nietzsche; ele não a interpreta como um "desejo de dominar" ("vontade-ao-poder"), mas como um "desejo para querer" ("vontade-de-potência"): "*La puissance est ce qui veut dans la volontè*" (Ibidem, p. 96). Porém, essa interpretação é insustentável. A explicação mais elementar para isso seria que Deleuze simplesmente convertera o genitivo objetivo do francês *volontè de puissance* para o genitivo subjetivo – um artifício que obviamente não se aplica ao *Wille zur Macht* da língua alemã.

⁷ Deleuze, *Nietzsche*, p. 9.

⁸ Conforme já anunciado na introdução, neste capítulo não se tratará mais do marxismo. Referente ao já citado marxismo humanista tipicamente francês de Kojève, Sartre e Merleau-Ponty, não ocorreram mudanças importantes após o rompimento destes dois últimos (1955). A crise do comunismo ortodoxo de 1956 (a invasão da Hungria pelos russos, o pronunciamento de Kruschev no

Freud tinha Jacques Lacan (1901-1981).⁹ Dois intérpretes extravagantes,

congresso anual do partido) traduziu-se na busca de um "Marx não stalinista" nos escritos do jovem Marx. Com isso, na década após 1956, o marxismo francês (por intermédio de autores como Sartre, Lefebvre, Goldman e Gorz) chegou a adquirir traços mais destacadamente humanistas do que antes.
Louis Althusser foi o único filósofo proeminente a abandonar essa, segundo ele, "exasperante" via humanista. Esse excêntrico exegeta de Marx obteve muito sucesso público entre 1965 e 1970 pelas suas tentativas de desenvolver uma variante não humanista, materialista e estruturalista do marxismo, mas, como esse projeto acabou encalhando, o *althusserismo* permaneceu um movimento completamente isolado na história das ideias. (Para uma crítica arrasadora do projeto filosófico de Althusser, veja Descombes, *Le Même*, p. 139-159, e Aron, *Marxistes Imagináires*, p. 193-354.) Althusser pretendia demonstrar em particular que o marxismo era um filosofia historicista baseada em fundamentos científicos concretos. Para isso ele precisou dissociar Marx de Hegel, cujo único ensinamento a Marx seria que "a história [é] um processo sem sujeito". (Descombes comenta essa alegação de forma lacônica: será que Althusser não percebeu a palavra "*Geist*" no *Fenomenologia*?) Althusser por conseguinte teve que distanciar-se da interpretação kojeviana de Hegel. Ele anotou nas suas memórias: "Logo percebi que os hegelianos franceses, os discípulos de Kojève, *não haviam entendido nada de Hegel*. Para convencer--se disso bastaria ler o próprio Hegel. Todos ficaram engatados na luta entre senhor e servo e numa tolice total como a 'dialética da natureza'" (Althusser, *De Toekomst*, p. 179).
Mas, além de seu caráter atípico e infértil, havia ainda uma terceira justificativa para se deixar o marxismo de Althusser de lado. Karl Korsch certa vez disse que o filósofo em Marx somente vem à tona nos tempos de otimismo revolucionário. Merleau-Ponty acrescentou a isso que inversamente, em *periodes d'affaisement* [N.T.: períodos de descompasso], sujeito e objeto ficam paralisados e teóricos marxistas subitamente tendem a tomar relações flexíveis por estruturas irremediavelmente rígidas. Considerando ademais que na França o grau de "otimismo revolucionário" é determinado meramente pela posição e a credibilidade do partido revolucionário, pode-se concluir com Tony Judt que: "Um PCF forte produziu Sartre, um partido decadente produziu Althusser" (Judt, *Marxism*, p. 234). Em suma, para os não comunistas, o episódio Althusser constitui uma irrelevância político-filosófica e para os comunistas um doloroso sinal de decadência. Ambas as partes podem deixá-lo de lado sem medo.

⁹ Deveras espantoso foi o sucesso das conferências semanais do ex-aluno de Kojève, Lacan. Originalmente organizado para apenas alguns psicanalistas, ao final da década de 1960 esse evento havia se expandido de maneira

cercados por um grupo de discípulos devotados em Paris e também sobremaneira respeitados no resto do mundo. Mesmo que, na prática, a elite intelectual francesa já fosse havia tempo althussero-lacaniana, faziam-se impetuosas tentativas para conciliar a teoria do marxismo e a da psicanálise, seguindo o exemplo do popular autor teuto-americano Herbert Marcuse. Pois para que fazer a revolução e depois se sentir sexualmente frustrado? Mas pelo outro lado: como se sentir sexualmente satisfeito sem primeiro ter feito a revolução? Questões banais, talvez, mas nos anos por volta da revolução sexual de maio de 1968 não menos relevantes. Durante toda essa excitação pública sobre o noivado entre libido e proletariado, Nietzsche não desempenhou papel algum de importância.

Um segundo aspecto no qual Marx e Freud diferem de Nietzsche é que eles não deixam de representar determinada ordem. Movimentos bem organizados foram fundamentados nos seus ensinamentos: o partido comunista e os institutos de psicanálise. Marxistas e freudianos não somente têm ideias mas também *fazem* coisas, nas quais

---

extraordinária para se tornar o *rendez-vouz du tout-Paris culturel*. Um dos muitos discípulos de Lacan relembra: "Na sala Dussane, o auditório mais prestigioso, ocorre com frequência semanal, todas as terças-feiras, uma cerimônia que não se pode perder sob nenhum pretexto – salvo para os que conscientemente optam pela exclusão. Entre os presentes encontram-se mulheres com casacos de pele, Sollers e sua turma, Ricoeur e Alain Cuny, Guattari e Glucksmann, arquitetos e poetas. Quem quiser se entrosar há de chegar com no mínimo uma hora de antecedência. [...] Ele [Lacan] se retira para a faculdade de direito em frente ao Panthéon, onde o êxtase então atinge um clímax. Aos analistas e analisados, à multidão de intelectuaizinhos, aos atores de teatro e aos escritores (cujo número parece ter multiplicado por dez), às excitadas senhoras e mocinhas, agora também se juntam os maoístas, os antipsiquiatras e as feministas, que se encontram todos nesta celebração semanal à busca de maneiras para armar-se contra si mesmos" (Jean-Paul Aron, *Les Modernes* (1984), p. 219; citado em Reiffel, *Le Tribu*, p. 35-36). Em retrospectiva ao primeiro ano do seu estudo de filosofia, 1968-1969, Roger-Pol Droit escreveu numa frase na qual ressoam Marx, Freud e Nietzsche: "Aquele que não fosse althussero-lacaniano mostrava-se um *Untermensch*" (Droit, citado em Dosse, *Histoire du Structuralisme II*, p. 161).

eles têm de lidar com diretrizes, procedimentos, uma liderança, em suma, com uma ortodoxia. Em contrapartida, aquele que se denomina "nietzschiano" não precisa se adequar à disciplina do partido ou ao espírito corporativo. Por isso foi inevitável que ninguém se prontificasse para representar Nietzsche na terra *à la* Althusser ou Lacan: sem ortodoxia, não há papa. O solitário Nietzsche, por isso, é o mais radical dos três *maîtres du soupçon*: enquanto a suspeita de um marxista ou um freudiano inevitavelmente esbarra em um limite institucional, a de um nietzschiano em princípio não conhece fronteiras.

Considerando bem, portanto, não se pode ser nietzschiano, freudiano e marxista ao mesmo tempo. O problema veio à tona, com toda a nitidez, durante a conferência em Royaumont de 1964. Na sua palestra, Foucault apresentou os três pensadores da suspeita como os descobridores de uma nova técnica de interpretação. Ele acreditava poder capturar seus programas conjuntos em três teoremas: 1) a interpretação é um assunto infinito; 2) o fato de a interpretação nunca poder ser concluída ocorre por não haver nada a interpretar: não existem coisas, somente signos; 3) a interpretação é obrigada a interpretar a si mesma ao infinito.[10] Essa visão é radical. Desses três teoremas citados segue que cada locução ou escrita corresponde a uma jogada numa *guerra de interpretação*. A ideia de uma interpretação *correta* é abandonada em prol da interpretação *dominante*. Isso deixa claro que a representação de Foucault, não obstante as suas próprias reivindicações, vale somente para Nietzsche. De fato, os conceitos dos cientistas positivistas Marx e Freud devem ser bastante distorcidos, a ponto de lhes poder atribuir tamanha visão relativista; eles sem dúvida distinguiam critérios objetivos ao escolher uma explicação sobre outra. Mas, mesmo concedendo a Foucault que seu teorema nietzschiano também se aplicaria a Marx e Freud, surge o problema

---

[10] Foucault, "Nietzsche, Freud, Marx", p. 183-92. Veja também Descombes, "Le Moment Français", um artigo no qual me baseei fortemente para este segmento.

de que em uma completa guerra de interpretação obviamente não se pode ser servo de três senhores ao mesmo tempo. Ou Nietzsche tem razão, ou Marx, ou Freud. Conforme Jean Wahl comentou com razão na discussão ao final da palestra de Foucault: "Caso Marx tenha razão, Nietzsche deve ser interpretado como um fenômeno da burguesia pertencente a determinado período. Se Freud tiver razão, devemos conhecer o inconsciente de Nietzsche. Vejo, portanto, uma espécie de guerra entre Nietzsche e os outros dois".[11] Mas aquele que fala de uma guerra de interpretação já deu razão a Nietzsche. O dragão de três cabeças Nietzsche-Marx-Freud criado pela geração de 1960 é, em suma, um monstro que mutila a si próprio: a cabeça com o martelo investe contra as outras duas.

As consequências da radical hermenêutica nietzschiana de Foucault são grandes. Não se limitam à epistemologia ("não há conhecimento, somente discurso") ou à ontologia ("não existem coisas, somente signos"), mas se estendem até a política. Pior ainda: eles nos levam novamente ao universo de Kojève. A chave para isso se situa na agressiva metáfora da "guerra de interpretação". Foucault intencionalmente usa esse termo excessivo: "Não é que uma interpretação esclareça o material a ser interpretado quando este se oferece de forma passiva; o único que essa pode fazer é subjugar uma interpretação existente de forma violenta para distorcê-la, derrubando-a, esmagando-a a marteladas".[12] Toda interpretação, portanto, traz em si (ou: é) uma briga dramática. Para os muitos que seguem Foucault nisso, a diferença entre um debate público e um conflito armado é meramente gradativa. Os termos "violência" ou "terror" passam por uma grotesca inflação nos textos dos neonietzschianos franceses. "Assim, diz-se sobre um filólogo que ele 'age de forma violenta' quando, ao explicar um fragmento de Heráclito, ele decide iniciar o

---

[11] Jean Wahl, contribuição à discussão, em: Foucault, "Nietzsche, Freud, Marx", p. 195.

[12] Foucault, "Nietzsche, Freud, Marx", p. 189.

texto na palavra 'x' e que este deve ser lido de maneira 'y', excluindo assim ('de maneira brutal') outras possíveis significações".[13] Também se tende a considerar um acalorado debate público como uma incipiente guerra civil. Mas se existe uma linha contínua da controvérsia científica até o debate público e de lá até uma guerra de verdade, o que impede, então, de não mais se discernir a destruição, mas a essência da política na guerra civil?

A luta como a forma mais sublime da política: o pensamento dos neonietzschianos parece se basear mais no de Kojève do que eles gostariam de admitir. Antes de analisar, porém, como isso se expressou posteriormente nos textos abertamente políticos dos nietzschianos supremos Deleuze e Foucault, é preciso primeiro uma breve olhada sobre o estruturalismo da sua época. Depois poderemos apreciar a ressurreição soberana do indivíduo com mais admiração ainda, quando soubermos a maneira pela qual ele foi destronado e morto um pouco antes.

"As estruturas determinam tudo, o homem não é nada." Esse é o bordão que a opinião pública captou em meados dos anos 1960 das lições acadêmicas dos estruturalistas. A tarefa de subverter o sujeito por parte da tríade da suspeita de fala alemã foi de fato mais ou menos concluída pelo francófono quinteto da estrutura: Lévi-Strauss, Barthes, Foucault, Lacan e (um pouco mais tarde) Derrida.[14] Cada um desses cinco via o homem como o produto de uma estrutura transcendental, não natural e arbitrária. O antropólogo Claude Lévi-Strauss demonstrou, entre outros, que a ideia de um "eu" consistente é tipicamente ocidental; o psicanalista Jacques Lacan invalidou a crença na autonomia do *Ich* freudiano controlador dos impulsos; o literato Roland Barthes expandiu identidades humanas singulares a

---

[13] Descombes, "Le Moment Français", p. 117-18.

[14] Para essa representação do estruturalismo, baseei-me em Sturrock, *Structuralism and Since* (em que os cinco pensadores mencionados são comentados), Descombes, *Le Même*, capítulo 3, e Gauchet e Nora, "Mots-Moments".

uma "cacografia" pluriforme de textos; o filósofo Jacques Derrida via qualquer texto escrito como uma máquina de gerar significados sem instância autoral; e Foucault, segundo o qual o homem só teria surgido por volta de 1800, a partir de uma mudança na constelação das ciências, não hesitou em fazer o homem desaparecer "como uma face rabiscada na areia da faixa de maré".[15] Essa "descentralização do sujeito" ou "morte do homem" – foi em formulações imprecisas e abrangentes como essas que os estruturalistas se encontraram – para eles se associava com a onipotência da linguagem. A linguagem é a estrutura por excelência: ela precede os indivíduos e os têm totalmente sob seu controle. No auge do estruturalismo as palavras pareciam levar vida própria; elas se dissociavam das coisas e das pessoas. Libertado do seu assassinado falso senhor, o discurso imperava. A mensagem concisa do estruturalismo: *ça parle*.

O que o estruturalismo significava então para a reflexão sobre a política? De fato, pouco. Não devido à falta de um interesse cívico pelo assunto por parte dos estruturalistas, mas por seu instrumentário intelectual inadequado. Os estruturalistas não analisavam o homem como um ser histórico livre e capaz de tomar decisões, mas antes como um autômato sem vontade própria. Não foi à toa que os anos 1960 e 1970 formaram os anos dourados das ciências sociais. (E a disciplina de História, eclipsada pela Sociologia, se salvou relegando rapidamente os eventos da antiga história *política* ao porão e investindo todo seu tempo, seus recursos e sua atenção às "recém"-descobertas estruturas da história socioeconômica e das mentalidades.) "Mas o que o senhor pensava, então?",

---

[15] Foucault, "Les Mots", p. 398. Duas páginas antes Foucault escreve: "Mais que a morte de Deus o pensamento de Nietzsche anuncia o fim de seu assassino; é o despedaçar da face do homem". Sartre viu o livro de Foucault como "o último obstáculo que a burguesia ainda pode erguer contra Marx" (Sartre, entrevista em *L'Arc* (1966) 30, p. 87-89, citado em Éribon, *Michel Foucault*, p. 192). E isso apesar de que Marx não podia ter desejado um "coveiro da burguesia" melhor do que o guarda de praia Foucault.

perguntou Alexandre Kojève na entrevista dada um pouco antes de sua morte em maio de 1968:

> Se o discurso filosófico realmente foi finalizado por Hegel, então não surpreende que as ciências humanas estejam prosperando. Agora há um grande estardalhaço sobre um debate no qual a história e a estrutura seriam opostas. A mim parece bem engraçado. Há de se convir que, se a história terminou, o debate em questão se torna um tanto acadêmico.[16]

Aos estruturalistas pouco importava se a história havia terminado ou não. Para eles, a história não possuía nenhum objetivo ou sentido. Eles viam a realidade como uma superfície sincrônica e não como uma linha diacrônica. Não estavam interessados na política como processo histórico, mas apenas como linguagem e prática. O efeito líquido das investigações nessa área foi um desgaste cada vez maior da credibilidade da política. Especialmente o trabalho de Lévi-Strauss foi perturbador nesse sentido. Segundo o antropólogo, havia uma semelhança estrutural entre mito e ideologia: "Nada se parece mais com o pensamento mítico do que a ideologia política".[17] Ambos os discursos dão sentido aos acontecimentos no mundo e por meio de símbolos integram o indivíduo à comunidade. "A satisfação que um militante sente ao ouvir discursos de seus líderes ou ao ler o jornal comunista *L'Humanité* é comparável ao alívio que um índio doente sente ao ser tratado por um xamã da sua tribo."[18] De maneira sutil, os defensores de um mundo mais justo eram ridicularizados como selvagens

---

[16] Lapouge, "Entretien avec Kojève", p. 20.

[17] Levi-Strauss, *Anthropologie Structurale 1* (1958), p. 218, citado em Descombes, *Le Même*, p. 128. Conforme essa análise, Lévi-Strauss chamou o *Crítica da Razão Dialética* de Sartre "um documento etnográfico de primeira ordem, cujo estudo é imprescindível caso se queira entender a mitologia do nosso tempo (Lévi-Strauss, *La Pensée Sauvage* (1962), p. 330, citado em Descombes, *Le Même*, p. 128).

[18] Descombes, *Le Même*, p. 127.

modernos. O mesmo aconteceu quando se percebeu que a cortante análise de Freud no *Massenpsychologie und Ich-analyse* (1921), referente à formação da disciplina nas "massas artificiais" da Igreja e do exército, também se aplicava a massas artificiais contemporâneas como o partido comunista ou as diversas associações para a psicanálise. Em ambos os casos ocorria que a união do grupo se estabelecia graças a uma paixão coletiva pelo líder.[19] Pois, então, os simples de espírito que se associavam às organizações que brotaram de Marx e Freud dissipavam sua autonomia em uma muito humana psicose coletiva.

Assim, novamente dois membros do triunvirato que dominaram os anos 1960-1975 se tornaram vítimas da suspeita que eles mesmos pregavam. Portanto, não admira que – não obstante a aclamação pública dos outros dois – no final o incontrolável terceiro membro ficasse com o espólio.

SOBERANAS MÁQUINAS DESEJADORAS (DELEUZE)

Como reagir à "morte do homem"? Inicialmente, um resignado encolher de ombros pareceu apropriado. Humanistas estruturalistas descobriram que o homem-conforme-o-conhecemos se originara das estruturas e podia desaparecer da mesma maneira. Assim era e pronto. Mas logo a constatação empírica se transformou em condenação

---

[19] Ninguém utilizava esse mecanismo psicológico tão descaradamente quanto o *maître* Jacques Lacan. Ele uma vez declarou perante um auditório abarrotado: "Como revolucionários, os senhores anseiam por um mestre. Os senhores o terão". Para o entrevistador que posteriormente o censurou por ter desencorajado a juventude com essa declaração, Lacan respondeu com desdém: "Eles ficavam me perturbando, como ocorreu na época. Eu tinha que tomar uma providência. Uma providência tal que fez com que as minhas conferências agora sejam bastante disputadas. Ao todo, contudo, eles preferem a minha benéfica calmaria ao estalo do chicote" (Lacan, *Télevision* (1974), p. 53; citado em Aubral e Delcourt, *Contre la Nouvelle Philosophie*, p. 78).

moral: o poder das estruturas oprimia o homem, as estruturas alienavam o homem de "si mesmo". Portanto, abaixo as estruturas! Abaixo o Sistema! Somente então é que o homem natural e puro que se ocultava debaixo do atual homem alienado poderia ser exposto. Apesar de o próprio Rousseau, o grande inspirador desse tipo de utopia romântica, já haver percebido que da civilização não havia mais retorno,[20] a geração de 1960 se incumbiu da grandiosa tarefa de libertar a humanidade de seus recém descobertos grilhões. Assim se deu o fato paradoxal de que os mesmos pensadores que antes haviam levado o homem à morte ao pregá-lo sem perdão em uma cruz feita de estruturas, a seguir o ressuscitaram, mais radiante do que nunca. (O simbólico ponto de transição foi a Revolução de Maio de 1968. As pessoas de fato entravam lá como engrenagens indignadas e saíam novamente como indivíduos presunçosos. Formalmente dito: a revolução estudantil de maio de 1968 foi vivenciada como um ataque idealístico e coletivo contra as estruturas e o sistema, mas em retrospectiva foi considerada por muitos comentaristas o berço do atual hedonismo e individualismo.)[21]

Deleuze e Foucault analisavam a relação entre estrutura e indivíduo, ou seja, entre o poder e o desejo.[22] Mas sua perspectiva era

---

[20] Rousseau, *Discours sur l'Inegalité*, p. 121-22.

[21] Isso remete ao falado *L'Ére du Vide* de Lipovetsky.

[22] Deleuze e Foucault eram amigos desde 1962, quando Foucault, impressionado com o trabalho de Deleuze sobre Nietzsche, tentou trazê-lo a Clermont-Ferrand. Eles se respeitavam muito, conheciam bem o trabalho um do outro e em algumas ocasiões trabalharam intensamente juntos. Deleuze dedicou várias publicações a Foucault, que foram reunidas em *Foucault* (1986); Foucault elogiava Deleuze sempre que possível e qualificou seus dois trabalhos *Lógica do Sentido* e *Diferença e Repetição* como "*grands parmi les grands*". Além da sua amizade filosófica, Foucault e Deleuze também eram companheiros na política. Nos anos 1971-1974, eles agiam lado a lado no Groupe d'Information sur les Prisons (GIP), um comitê militante fundado em 1971 por Foucault e Daniel Defert com o objetivo de denunciar abusos dentro das prisões (e que também serviu de trampolim para as publicações

diferente: Deleuze se concentrava no desejo bandoleiro, Foucault, no poder opressor. Um nietzschiano sentia-se atraído pelo *Wille*, o outro pelo *zur Macht*.[23] É interessante notar como durante todo esse período eles tentavam se superar: quanto mais Deleuze tornava o desejo subversivo, mais Foucault representava o poder como repressivo. Em seu livro de 1962, Deleuze ainda chamava o desejo de *"volonté de puissance"*, o que em *O Anti-Édipo* (1972) foi radicalizado para *"désir revolutionnaire"*. Foucault já chocava os leitores do seu *História da Loucura* (1961) com o relato sobre o encarceramento maciço do século XVII de doentes mentais, mas somente atingiu a sua apoteose com *Vigiar e Punir* (1975), onde ele sugeria que todos na sociedade viviam atrás das grades.

Neste segmento, se dará atenção ao desejo de Deleuze, no seguinte, ao poder de Foucault. Ambas as análises têm seus lados interessantes e sedutores, mas suas consequências políticas – induzidas pela sua inspiração kojeviana – são repugnantes.

A tarefa que todo nietzschiano se propõe é a de ser ao mesmo tempo uma filosofia crítica e não niilista. Um bom nietzschiano tentará fazer com que a ondulação devastadora de seu pensamento crítico seja seguida por uma segunda ondulação, dessa vez construtiva, que deverá permitir decisões práticas. É o caso de Deleuze. Mas ele também, conforme veremos, não escapa ao trágico fato de que simplesmente é mais fácil devastar algo com convicção do que construir.[24]

---

teóricas de Foucault sobre o sistema carcerário). Mas após 1977 (e até a morte de Foucault em 1984), Deleuze e Foucault não se viram mais. O rompimento veio abruptamente – e na melhor tradição francesa tratou-se de um rompimento por motivos políticos: Foucault ficou desconcertado diante da recusa de Deleuze em condenar as práticas da organização terrorista alemã Rote Armee Fraktion (veja Éribon, *Michel Foucault*, especialmente p. 162-63, 243-48, 273-78).

[23] *Wille*, "vontade" ou "disposição"; *zur Macht*, "pelo poder". (N. T.)

[24] Devo a discussão sobre Deleuze especialmente a Descombes, *Le Même*, capítulos 5 e 6, e idem, "Le Moment Français".

A crítica de Deleuze à filosofia e à cultura ocidental não é branda. A moral e a ciência, dois dos principais pilares da cultura ocidental moderna, encontram segundo Deleuze – que aqui segue a genealogia de Nietzsche – a sua origem no rancor, no desprezível recuo da massa perante a vida. E considerando, conforme vimos anteriormente, que os nietzschianos franceses abandonaram a ideia de uma interpretação *verdadeira* em prol de uma interpretação *dominante*, não se pode atribuir nenhum valor ao fato de que muitos estão convencidos da bondade da moral ou da verdade da ciência. Pelo contrário, essa uniformidade de opinião é justamente suspeita. Ela revela a escravidão espiritual que a maioria das pessoas se deixa impor. Na versão nietzschiana de Deleuze sobre o esquema do senhor e do servo de Kojève, os servos não são os pobres proletários oprimidos pelos senhores capitalistas, como no caso dos marxistas; o papel de servo é atribuído ao próprio burguês conformista moderno – e seu senhor se encontra nele mesmo na forma de um superego cultural. Todo homem moderno é um servo.[25] Exceto por alguns poucos que se recusam a se conformar à ortodoxia da maioria, que cultivam uma visão divergente do mundo: o artista, o revolucionário, o louco. A essa minoria de pessoas criativas é que se estende a simpatia de Deleuze. Toda a sua filosofia é voltada a criar espaço para a sua idiossincrasia, sua *différence*.[26]

---

[25] Em *O Anti-Édipo* Deleuze e Guattari descrevem a situação do homem moderno nos seguintes termos: "Não há mais senhor: existem somente servos que comandam servos; não é mais necessário carregar a besta; agora ela mesma atrela seu fardo. Como servo da máquina social, o burguês dá o exemplo, ele consome o valor agregado em prol de objetivos que em geral nada têm a ver com o seu prazer; mais submisso que o último dos servos, o coroinha-mor da máquina faminta, besta de reprodução do capital, internalização da infinita dívida financeira" (Deleuze e Guattari, *L'Anti-Oedipe*, p. 302).

[26] O termo *différence* já desempenhava papel importante em *Nietzsche e a Filosofia* (1962), de Deleuze, mas só se tornou um conceito-chave em *Diferença e Repetição* de 1967 (aliás, também o ano em que Jacques Derrida cunhou o famigerado termo *différance*).

Deleuze reivindica o direito à *diferença*. Toda interpretação divergente, toda nova perspectiva tem direito à existência. (Não foi à toa que a principal crítica de Deleuze à dialética do senhor e do servo de Hegel era que nela não se criavam novos valores.) Sua perspectiva de mundo nietzschiana, na qual o predicado "verdadeiro" não é reconhecido, resulta em um espetáculo relativista de opiniões contrárias, perspectivas disputantes e valores mutuamente destrutivos. Após o sufocante hegelianismo, isso certamente era um alívio. Mas, quando toda a diferença é consentida, surge a ameaça da indiferença. Fica difícil evitar a conclusão niilista de que "tudo dá no mesmo". De fato é o que Deleuze quer a qualquer preço; assim como Nietzsche, mediante uma "filosofia do valor" ele pretende demonstrar ao niilista que um vale mais do que o outro.[27]

Como pode Deleuze escapar da ameaça do niilismo e reintroduzir a diferença em um mundo ameaçado pela indiferença (obviamente sem evocar critérios transcendentais)? Na busca por esse tipo de "critério diferencial" que seu *Nietzsche e a Filosofia* representa, Deleuze testa um critério do próprio conflito de valores: algumas apreciações são nobres, outras, ordinárias. A apreciação nobre parte de si mesma e de sua própria riqueza, enquanto a apreciação ordinária parte de suas deficiências em relação a outro superior. Esta é – com um exemplo tirado da *Genealogia* de Nietzsche – a diferença entre, de um lado, o senhor que diz ao servo: "Eu sou bom, logo, você é ruim", e de outro, o servo que diz ao senhor: "Você é ruim, logo, eu sou bom". O primeiro é ativo, o segundo é reativo. O primeiro se afirma (sua *différence*), o segundo nega o outro (*opposition*). O critério diferenciador que Deleuze extrai disso, portanto, é a *autonomia*.[28]

---

[27] "O projeto mais genérico de Nietzsche consiste no seguinte: introduzir os conceitos de sentido e valor na filosofia" (Deleuze, *Nietzsche*, p. 1).

[28] Descombes demonstra que esse critério é insustentável. Quando dois senhores se encontram, um de fato se nega a reconhecer o outro por reconhecer a sua diferença, mas, quando um senhor encontra um servo, é a sua própria

Indivíduos autônomos valem mais do que os não autônomos; é com esse critério que o perigo do niilismo é conjurado.

Contra esse princípio normativo da autonomia ou soberania do indivíduo, pode-se apresentar uma objeção genérica e outra especificamente a Deleuze. A objeção genérica é que o princípio normativo da "autonomia do indivíduo" somente possui significado no domínio da moral e não no da política. Não obstante, é nisso que os nietzschianos baseiam todos os seus teoremas políticos. Seu programa político prega a resistência individual contra o poder e contra qualquer forma de autoridade. Tal postura encerra uma dignidade moral própria, mas nenhum significado político; ela não permite a análise de qualquer situação política existente.[29]

Um exemplo talvez possa esclarecer essa objeção genérica. Em outubro de 1938 alguns intelectuais nietzschianos de vanguarda que se haviam unido no Collège de Sociologie publicaram uma declaração sobre o Acordo de Munique. Seus três redatores – dos quais dois deles, Georges Bataille[30] e Roger Caillois, podiam ser encontrados

---

negação que ele nega – e não foi isso que se pretendeu. "E, realmente, como se pode após alguns encontros entre a afirmação [do senhor] e a negação [do servo] ainda saber se o *não* que um dos dois oponentes pronuncia foi precedido ou seguido por um *sim*?" (Descombes, *Le Même*, p. 195).

[29] Com isso não se sugere, porém, que a norma moral da autonomia individual não possuísse uma dignidade própria; mas como posição moral e *apolítica* por excelência, a autonomia individual somente se torna politicamente respeitável naqueles casos em que todos os poderes políticos existentes se encontram corrompidos. Em tempos de anarquia civil ou de uma ocupação estrangeira talvez seja mesmo preferível se manter à margem da política.

[30] Escolhi o exemplo desse texto também porque Georges Bataille (1897-1962) forma o elo histórico-filosófico mais importante entre Kojève de um lado e Foucault do outro (e em menor proporção Deleuze). O Bataille sociólogo, filósofo, romancista, pornógrafo ao final da década de 1930 formulou uma crítica fundamental de inspiração nietzschiana ao sistema de Kojève. Numa carta ao seu tutor ele reconhece "(como uma provável suposição) que a história já estaria terminada (à exceção do desfecho)", mas também afirma que "a chaga exposta que é a minha vida por si já constitui uma rejeição do

semanalmente nas palestras de Kojève – manifestaram sua repulsa ao tomarem conhecimento do compromisso feito com os nazistas e se declararam energicamente contra o fascismo, aparentemente demonstrando engajamento e visão política. Não obstante, esse engajamento é mera ilusão. Particularmente, os três não fizeram nenhuma declaração ou recomendação sobre qual seria a melhor linha de atuação política a ser tomada diante da situação. Embora se manifestassem *contra* o fascismo, em nenhum momento eles se manifestaram *a favor* dos oponentes do fascismo (a democracia liberal ou o comunismo). O grupo afirmava querer servir como "fonte de energia", mas em nenhum momento menciona exatamente quais as forças que gostaria de energizar. A declaração foi concluída com um chamado aos seus simpatizantes para que se juntassem ao Collège:

> a única exigência para isso é ter consciência de que a atual política representa uma *mentira absoluta* e que é basicamente necessário construir novamente um novo meio coletivo de subsistência, que não

---

sistema hermético de Hegel". Ocorre que o indivíduo Bataille não se mostra nem um pouco satisfeito por não haver nenhum trabalho ou luta ao final da história. Ele se sente uma "negatividade sem emprego". Somente duas décadas depois, conforme constamos antes, é que Kojève também assinalou esse problema; ele encontrou uma solução no esnobismo japonês, em maneiras formais para se "negar o existente" (Bataille a Kojève, 6 de dezembro de 1937, em: Hollier, *Le Collège de Sociologie*, p. 170-77; veja também Drury, *Alexandre Kojève*, capítulo 8).

Bataille, kojeviano e autor de um *Sur Nietzsche*, despreza o movimento de Hegel a Nietzsche da geração-Deleuze. Assim como Kojève, Bataille considera o homem de após o fim da história como uma síntese do senhor e o servo, mas cobre esse indivíduo pós-histórico com atributos nietzschianos ao declará-lo "soberano" e distinguindo-o nitidamente da massa de burgueses. "O soberano [de Bataille] de certo modo representa o triunfo do sujeito, muito além da morte do indivíduo" (Besnier, *La Politique*, p. 92). Os temas nietzschianos do "soberano" e a "diferença" convergem perfeitamente nessa sentença sobre o comunismo: "O movimento comunista é principalmente uma máquina para remover as diferenças entre as pessoas, abolir a soberania e eliminá-la até a raiz de uma derradeira humanidade não diferenciada" (Bataille, *Oeuvres Completes VIII* (1988), p. 385; citado em Besnier, *La Politique*, p. 97).

conheça mais nenhuma limitação geográfica ou social e que possibilite uma atitude razoável na eminência da morte.[31]

Aqui indivíduos solitários se dirigem a outros indivíduos solitários, sentindo-se perdidos em *qualquer* contexto social ou político, "unidos apenas na perspectiva da morte, outra que a do túmulo".[32] O texto é um *cri de coeur* existencial disfarçado de conscientização política.

Existe uma segunda objeção contra o princípio normativo da autonomia do indivíduo. O termo autonomia, o "autolegislar-se", reúne os conceitos de soberania e sujeição. No caso de uma unidade política essa combinação é fácil de conceber: os habitantes de um Estado (democrata) autônomo, como cidadãos, fazem parte da suprema autoridade legislativa e como pessoas completas se encontram subordinados a esse poder. Mas, quando o termo autonomia, proveniente do pensamento político na linha de Kant, é transposto para a reflexão sobre o indivíduo, surgem dificuldades.

Pois como pode um indivíduo impor a lei a si mesmo?[33] Como unir soberania e sujeição dentro do mesmo indivíduo? É interessante comparar as diferentes soluções escolhidas por Nietzsche e por Deleuze. Ambos consideram o surgimento de indivíduos soberanos como o objetivo da história do mundo. Os termos com os quais eles se referem ao sonhado homem pós-histórico, porém, diferem em um ponto crucial. Nietzsche divisa "*o indivíduo soberano*, um indivíduo comparável com a fruta mais madura da árvore da sociedade, somente igual a si mesmo, novamente desligado da moralidade convencional,

---

[31] Bataille, Caillois e Leiris, "Déclaration du Collège de Sociologie sur la Crise Internationale", em: De Kesel, *Georges Bataille*, p. 53-54.

[32] Descombes, "Le Moment Français", p. 103.

[33] Kant, o primeiro filósofo a refletir sobre a autonomia individual, enfrentou menos dificuldades que Deleuze e Foucault nesse sentido, por atribuir um *status* transcendental à origem da lei. Para os nietzschianos, contudo, que abominavam a transcendência, essa solução obviamente estava fora de cogitação.

autônomo, acima de qualquer bom costume (pois 'autônomo' e 'bom costume' se excluem mutuamente), em suma, o homem com uma vontade própria firme e independente, o homem que *pode fazer promessas*".[34] O indivíduo soberano de Nietzsche é tão inabalável e convicto de si mesmo que pode prometer algo, manter a palavra, dar conta do recado. A superioridade do indivíduo soberano se relaciona diretamente com a sua capacidade para a *responsabilidade*; ela não se deriva da moral (disso esse superindivíduo efetivamente se encontra isento), mas efetivamente é como se fosse uma segunda natureza, um instinto. Ao, em suma, internalizar a soberania como um senso de responsabilidade, Nietzsche encontra um equilíbrio entre os aspectos normativos e complacentes do indivíduo soberano.

Deleuze, da sua parte, acha essa solução insatisfatória. Ele associa a responsabilidade com a moral antiga e transcendental e com "pesadume", e prefere acrescentar mais leveza e espontaneidade ao indivíduo autônomo que se desligou da moral: "O produto da cultura não é o homem que obedece à lei, mas o indivíduo soberano e legislativo que se define pelo poder sobre si mesmo, sobre o destino, sobre a lei: o homem livre, leve e *irresponsável*".[35] Realmente, existe algo de esquisito no conceito da autonomia individual de Nietzsche enquanto responsabilidade internalizada. Do lado externo de fato não existe diferença alguma entre o indivíduo soberano de Nietzsche e uma criatura perfeitamente condicionada e previsível, entre – para lançar aquele termo de uma vez por todas – um *übermensch* e uma máquina. Deleuze, portanto, não deixa de ter razão ao querer trazer a leveza de volta à autonomia individual,

---

[34] Nietzsche, *Over de Genealogie*, p. 57. Compare ibidem, p. 55: "Criar um animal que possa fazer promessas – não seria exatamente essa a paradoxal tarefa a que natureza se propôs com relação ao homem? Não seria esse o verdadeiro problema do homem?".

[35] Deleuze, *Nietzsche*, p. 157. Compare ibidem, p. 25: "Irresponsabilidade, o mais nobre e belo segredo de Nietzsche".

quando pretende devolver ao indivíduo a faculdade de reagir de maneira espontânea a situações imprevistas. Mas sua solução traz problemas próprios. O indivíduo autônomo de Deleuze, uma vez livre do peso da responsabilidade, continua soberano e legislador. Inevitavelmente surge então a pergunta: a quem o soberano vai governar, se não for a ele mesmo, e a quem ele prescreve as leis? Visto que a moral internalizada foi rejeitada, a relação comando-obediência deve se localizar novamente do lado de fora do indivíduo. Nessa altura, há de se concluir com Descombes:

> O indivíduo autônomo não poderia subsistir sem indivíduos heterônomos. Soberano seria aquele que conseguisse se projetar como um mestre sobre um grupo de pessoas dispostas a obedecê-lo. A filosofia que pretende interpretar a autonomia como irresponsabilidade desemboca numa apologia da tirania.[36]

Com o detalhe de que Deleuze não defende, a exemplo de Kojève, o governo de um único tirano (Napoleão, Stálin, Mao), mas de que ele convida a *todos* para *se tornarem* tiranos.

A avaliação crítica anterior das consequências políticas da filosofia de Deleuze é, em grande parte, baseada no seu *Nietzsche e a Filosofia* de 1962. Deleuze então ainda estava para publicar seu livro mais famoso e mais político, *O Anti-Édipo*. Essa obra, que ele escreveu com o psicanalista Félix Guattari, surgiu em 1972. Começa assim:

> Isso funciona em todo lugar, às vezes sem parar, às vezes com interrupções. Isso respira, isso aquece, isso come. Isso caga, isso fode. Que equívoco ter dito "o isso" [*le* ça]. São todas máquinas, e nesse caso não no sentido metafórico: máquinas de máquinas, com seus acoplamentos e conexões. Uma máquina-órgão está conectada a uma máquina-fonte: um gera uma corrente, que o outro corta. O seio é uma máquina que produz leite, e a boca uma máquina que

---
[36] Descombes, "Le Moment Français", p. 126.

lhe é acoplada. A boca de um paciente com anorexia vacila entre uma máquina de comer, uma máquina anal, uma máquina de falar e uma máquina de respirar (ataque de asma). Assim, somos todos operadores; cada um com as suas maquininhas.[37]

Deleuze mudou sua terminologia drasticamente. Após uma década de estruturalismo subvertendo o sujeito, todos os indivíduos – soberanos ou não – transformaram-se em *machines désirantes,* máquinas desejadoras. *O Anti-Édipo* é permeado por um vocabulário contemporâneo,[38] alternadamente marxista e freudiano, sob o qual o velho esquema básico nietzschiano se encontra intato.[39] Não querendo repetir a crítica a esse esquema basal, seguem ainda alguns comentários sobre aquele livro.

Em uma fascinante combinação de psicanálise e política, *O Anti-Édipo* proporciona uma análise política do desejo. Deleuze e Guattari homenageiam Freud por sua brilhante visão sobre o inconsciente, pela sua ideia de que cada pessoa é um barril cheio de anseios e impulsos. Mas eles criticam Freud por imediatamente enquadrar esse equilíbrio de forças entre os desejos que são específicos para cada indivíduo no esquema universal do complexo de Édipo.

Ao enquadrar o desejo, tão destemidamente revelado, de pronto na instituição social da família, Freud fez do caos do desejo individual um contíguo de desejos bastante ordenado. Com isso, ele anulou a força libertadora em potencial da psicanálise e apoiou a ordem social repressora de desejos.[40] Deleuze pretende reverter tal movimento

---

[37] Deleuze e Guattari, *L'Anti-Oedipe*, p. 7.

[38] O autor usa o termo alemão *zeitgemäß*, que entre outros também possui o sentido de "estar na moda". (N. T.)

[39] Para um exemplo, veja a citação na nota de rodapé 25 deste capítulo.

[40] Além disso, em contraste com o que Deleuze e Guattari aqui sugerem, Freud certamente percebia a força repressora da cultura – especialmente em trabalhos posteriores como *O Mal-Estar da Civilização* (1929) – sendo que ele igualmente simpatizava com o indivíduo.

"reacionário"; tudo nele se volta a criar espaço para o desejo (ou, nos termos de dez anos antes: para a *différence*).

Segundo Deleuze e Guattari, a libertação do desejo é o objetivo original da história. Eles representam a história do mundo em *O Anti-Édipo* como um imenso processo de *desterritorialização*. Outrora as pessoas viviam em sociedades tribais fixadas à terra, mas graças à força extirpadora do capitalismo – um movimento cínico que dissolve antigas regras, destrói formas, dessacraliza rituais – o homem se aproxima do ideal do *nômade* errante (a nova versão do indivíduo soberano). Pelo menos, era o que deveria ocorrer. Na realidade, o capitalismo não se revelou libertador, mas o maior repressor do desejo de todos os tempos. Toda a energia que o capitalismo libera ao detonar as antigas estruturas é imediatamente absorvida pelo sistema (a "máquina social") e não beneficia as pessoas (as máquinas desejadoras). O desenvolvimento rumo ao nomadismo é constantemente atravancado pela instituição de novos territórios artificiais: religião, pátria, burocracia, dinheiro, time de futebol *et cetera*. Em outras palavras: o processo de *desterritorialização* é acompanhado por uma "reterritorialização". O escândalo, portanto, é que o mundo não alcança seu objetivo; em vez de por nômades soberanos, ele ainda se encontra povoado por uma queira de servos, cujos desejos subversivos foram encapsulados pela sociedade.

Como explicar esse fiasco histórico-mundial – e eventualmente ainda evitá-lo? Os autores de *O Anti-Édipo*, apesar do revestimento marxista de seu texto, não procuram uma explicação na luta de classes. De fato resta apenas uma classe, a dos servos. A única discrepância social é aquela "entre a classe e os sem-classe. Entre os serviçais da máquina e aqueles que detonam a máquina ou suas engrenagens. Entre o regime da máquina social e o das máquinas desejadoras. [...] entre os capitalistas e os esquizoides".[41] Novamente a humanidade

---

[41] Deleuze e Guattari, *L'Anti-Oedipe*, p. 303.

parece estar sendo dividida segundo o familiar esquema nietzschiano de artistas *versus* animais gregários – o que ao menos ainda daria alguma perspectiva para um bom final. Porém, logo se denota que a linha que separa o ativo do reativo não atravessa a humanidade como um todo, mas o íntimo de cada indivíduo, entre os dois polos do seu desejo. Por vezes o desejo se volta ao polo revolucionário (chamado de "esquizoide" por Deleuze); é quando esse pretende escapar a todo custo da compulsão do grupo e da mentalidade gregária. Outras vezes o desejo se volta ao polo "paranoico" e repressivo; é quando esse pretende justamente deitar e rolar no poder, na honra e no reconhecimento. O desejo de cada indivíduo se alterna continuamente entre um polo e outro, entre o "verdadeiro" desejo revolucionário e o desejo de repressão. É por isso que não existe um limite absoluto entre um artista e um conformista. É por isso que é impossível separar uma minoria revolucionária ou artística de uma turba paranoica. E é por isso também que – *voilá* a explicação para o trauma do fracasso do Maio de 1968 – toda revolução termina com a restauração do poder. E por isso também: o irrevogável fracasso da história.

Deleuze não conseguiu estruturar seu projeto para a libertação individual dentro de um espaço político. Em primeira instância, isso resultou na liberdade de poucos à custa da falta de liberdade para muitos, na tirania de alguns senhores soberanos sobre queiras de servos. Em segunda instância, isso estancou na estrutura da psique humana, no fato de que toda pessoa vacila entre o desejo de ser livre (senhor) e o desejo de não ser livre (servo). O movimento político "libertador" de Deleuze em O *Anti-Édipo* foi comprometido pela sua própria psicologia derrotista ("as pessoas por fim querem ser oprimidas").

Assim, Deleuze lamentavelmente nunca chegou ao interessante problema político postulado pela sua reflexão sobre a *différence*. Ele supõe a irredutível singularidade de cada indivíduo e rejeita qualquer ideia de ordem, incluindo também o da ordem social e política. A consequência é o caos. A pergunta é: estamos condenados a esse caos, ou seria possível escapar dele, no sentido de formar uma comunidade que faz jus à absoluta singularidade do indivíduo, uma que funcione sem princípio normativo? Segundo uma fiel especialista holandesa em Deleuze há, "caso não se queira pregar o anarquismo", uma única maneira para se verificar se isso procede: "Simplesmente começar a criar algo novo, na esperança de assim fazer com que por fim a ordem estabelecida se afaste".[42] Simplesmente criar algo novo, ocupando-se esperançoso em algum canto... Raramente a condenação de impotência da filosofia política de Deleuze ficou tão evidente.

Na verdade, a metáfora do nômade de Deleuze ainda é muito favorável. Deleuze antes lembra o náufrago que voluntariamente chega a uma ilha abandonada com a opinião de que *todo mundo* deveria fazer o mesmo; sentado a esperar, e na alegre convicção de que nunca saberá se o seu exemplo será seguido ou não, ele permanece sonhando com aquele ideal: cinco bilhões de Robinsons Crusoés, cada um rei no seu próprio banco de areia.

PODER E RESISTÊNCIA (FOUCAULT)

Michel – "*Je suis simplement nietzschéen*"[43] – Foucault dominou a paisagem intelectual francesa desde meados da década de 1960 até

---

[42] Scheepers, *Differentie en Politiek*, p. 125. Nas sentenças finais dessa tese de doutorado sobre Deleuze, Scheepers conclui: "O trágico da proposta de Deleuze e Guattari é que eles não dispõem de nenhum meio para que ela seja efetivamente aceita. Eles não conseguem realizar a pretendida reviravolta subjetivista para os outros. Tudo o que conseguem fazer é praticar a sua própria subjetividade para assim dar início à nova política, na esperança de influenciar outros e provocar novas gêneses" (ibidem, p. 126).

[43] "Sou simplesmente nietzschiano e tento da melhor maneira possível, em alguns pontos, com a ajuda dos textos de Nietzsche – mas também com posições antinietzschianas (que contudo são nietzschianas!) – verificar o que se consegue fazer em certas áreas. Não persigo outras coisas, mas isso eu realmente tento alcançar" (Foucault, entrevista no *Les Nouvelles Littéraires*,

a sua morte prematura em 1984. Cada área de pesquisa na qual ele se lançava – a história das ideias, a teoria do conhecimento, a filosofia política, a ética, a psicologia – mudava radicalmente de caráter sob a sua influência; em toda parte, ele trocava velhas certezas por hipóteses novas e originais. Além de um pesquisador prolixo, Foucault também era um ativista enérgico, que escrevia artigos ou assinava abaixo-assinados em prol das causas mais diversas e, em contraste com muitos ativistas de salão, também não evitava tarefas organizacionais manuais como grampear panfletos e colar selos. Depois de Sartre, ninguém interpretou melhor o clássico papel do intelectual engajado francês do que Foucault.[44]

Como no caso de Sartre, podemos nos perguntar até que ponto as intervenções públicas de Foucault emanavam da sua filosofia. Para responder essa questão, podemos fazer bom uso da classificação

---

28 de junho de 1984; citado em: Ferry e Renaut, *La Pensée 68*, p. 129). Nessa mesma entrevista, publicada três dias após a sua morte, Foucault fala sobre seu "fundamental nietzschianismo"; apesar de também reconhecer a imprescindível influência de Heidegger no seu trabalho, dos dois gigantes era "Nietzsche quem mantinha a supremacia".

[44] O próprio Foucault detestava seu papel como o novo Sartre; ele faz o contraste entre os antigos intelectuais "universais" do século XIX e a primeira metade do século XX, os literatos que queriam libertar a verdade e a justiça das garras do poder (modelo: Sartre), com os novos intelectuais "específicos", os cientistas que sabem que verdade e poder, assim como teoria e prática, encontram-se entrelaçados (modelo: Foucault). (Foucault, *Power/Knowledge*, p. 126-33.) A aversão de Foucault por Sartre era profunda. Durante o enterro de Sartre, em 19 de abril de 1980, Foucault comentou com sua amiga Catherine von Bülow sobre o falecido: "Quando jovem, era dele e de tudo o que ele representava, do terrorismo intelectual de *Les Temps Modernes*, que eu queria me libertar" (Foucault, citado em Éribon, *Michel Foucault*, p. 297). Catorze anos antes ele caracterizava a obra-prima político-filosófica de Sartre com os seguintes termos: "O *Crítica da Razão Dialética* é a magnífica e patética tentativa de um homem do século XIX de refletir sobre o século XX. Nesse sentido, Sartre é o último dos hegelianos, e eu diria até o último marxista" (Foucault, entrevista em *Arts et Loisirs*, 15 de junho de 1966, citado em Éribon, *Michel Foucault*, p. 189).

vigente da protática obra de Foucault em três períodos. Em ordem consecutiva, o conhecimento, o poder e a moral formaram o tema central (*grosso modo*, respectivamente nas décadas dos 1960, 1970 e 1980).[45] O mais óbvio é limitar a discussão aqui ao segundo período, ou seja, às ideias de Foucault sobre o poder.[46] Primeiramente serão

---

[45] Para ser mais exato: o primeiro período de Foucault, o "arqueológico", cobriu os anos de 1960 até 1969 e abrange entre outros as obras históricas *Folie et Déraison. Histoire de la Folie à l'Âge Classique* (1961), *La Naissance de la Clinique. Une Archéologie du Regard Medical* (1963), *Les Mots et le Choses. Une Archéologie des Sciences Humaines* (1966), assim como a legitimação posterior *L'Archéologie du Savoir* (1969). No segundo período, o "genealógico", que vai desde 1970 até 1976, Foucault publicou entre outros *L'Ordre du Discours* (1970), "Nietzsche, la Généalogie, l'Histoire" (1971, na coletânea *Hommage a Jean Hippolyte*), *Moi, Pierre Rivière, Ayant Égorgé Ma Mère, Ma Soeur et Mon Frère* (1973), *Surveiller et Punir. La Naissance de la Prison* (1975) e *La Volonté de Savoir* (1976). O terceiro período (1977-1984), o da vida como forma de arte, resultou em *L'Usage de Plaisirs* (1984) e *Le Souci de Soi* (1984).

[46] Sobre o terceiro período de Foucault, sua fase "ética", pode-se dizer mais do que farei aqui. Apesar de os textos de Foucault de após 1976 não serem mais lidos como filosofia política, assim mesmo eles mantiveram alguma proposta política: a perspectiva deslocou-se da análise do poder para as possibilidades que indivíduos têm para dar forma à própria vida sob esse poder e para escapar dos tipos de individualidade moderna constituídos pelo poder. Notável foi que Foucault, após 1979, também passou por uma "guinada para Kant". Tal qual Lyotard, ele se interessava principalmente por seus escritos "políticos" menores, especialmente pelo ensaio *Was ist Aufklarung?* (1784) e por *Der Streit der Fakultäten* (1799), interpretados por ele como tentativas para escrever uma "ontologia do presente". Nesse segundo texto, Kant afirma que a importância da Revolução Francesa não se encontra tanto nos acontecimentos revolucionários ocorridos na própria França, mas antes no *entusiasmo* que após 1789 surgiu no resto da Europa pelos ideais revolucionários. Foucault, contagiado pela desilusão revolucionária da segunda metade da década de 1970, abraça essa distinção e assim como Kant passa a preferir "a revolução como encenação e não como pantomima, como fonte de entusiasmo para aqueles que a presenciam e não como princípio para derrubar aqueles que dela participam". Com essa separação entre ação e representação, conforme se poderia demonstrar sem mais, seguindo os passos de Kant, Foucault também abandona a política a favor da moral. Não me aprofundarei nesse aspecto, porém, e me limito a indicar as observações feitas

tratadas as análises político-filosóficas de Foucault, seguidas pelas estratégias políticas que essas análises implicariam.

"Política é a guerra continuada por outros meios", Foucault certa vez disse. Dessa inversão da famosa afirmação de Von Clausewitz fica mais do que claro que o mundo de Foucault é feito de luta. Esta é a sua primazia. A política, no sentido do relacionamento Estado-cidadão, é somente uma das muitas formas da onipresente luta (e uma superestimada, ademais). À continuação de Kojève, Foucault acredita que o homem de fato só se torna homem por meio da luta. Mas, em contraste com Kojève, ele não acredita que um dia haverá um final para essa luta: uma vez que Foucault não confere ao homem um pacote fixo de desejos a serem satisfeitos no decorrer da história, para ele essa história não conhece objetivo ou fim. O processo histórico possui a forma de uma guerra permanente e sem significado.[47]

Esse "confronto bélico de forças" sem rumo forma o "fundamento das relações de poder".[48] A meta histórico-filosófica de Foucault torna-se mapear as mutáveis relações de poder. A filosofia política clássica, segundo ele, é ineficaz nesse sentido. "O que precisamos", afirmou Foucault em uma entrevista famosa, "é de uma filosofia

---

no capítulo 4 sobre outras variações desse mesmo movimento (Foucault, "Kant, de Verlichting, de Revolutie", citação na p. 34; Idem, "Deux Essais", especialmente p. 307-08).

[47] Para a inversão da citação de Von Clausewitz veja Foucault "Historisch weten", p. 570, e para a história como uma guerra permanente idem, *Power/Knowledge*, p. 114, entre outros.

[48] Foucault "Historisch weten", p. 571. Foucault denomina a suposição de que o "fundamento do poder" seja a guerra entre todo tipo de forças de "hipótese de Nietzsche", juntando-se a ele nesse sentido. Ele contrapõe essa ideia à suposição de que o poder se baseia na opressão, a chamada "hipótese de Reich" (que de forma quase evidente também poderia ter se chamada de "hipótese de Hegel", pois "Hegel foi quem disse isso primeiro, seguido por Freud, depois Reich" [ibidem, p. 569].) Assim como Deleuze, Foucault adota a contraposição Nietzsche-Hegel para criar espaço a si mesmo.

política que não esteja disposta em torno do problema da soberania, isto é, em torno dos problemas da lei e da proibição. Temos que cortar a cabeça do rei; na filosofia política, isso ainda está para acontecer." Esse regicídio político-filosófico – uma execução que ele mesmo pretende levar a cabo – é necessário segundo Foucault para romper com o bitolado costume de se pensar sobre o poder em termos de monarca e súditos. No conceito tradicional de poder, este é *soberano*; jurídico em essência, despachante de leis e proibições, impositor de fronteiras, requerente de obediência, proveniente de um centro bem determinado. Mas esse conceito de poder que data da Idade Média tardia, segundo Foucault, já se encontra ultrapassado há dois séculos por uma nova forma de poder, que ele chama de *poder disciplinar*. O modelo para isso não é a relação monarca-súdito, mas a relação médico-paciente: os partidos têm um objetivo comum (curar o paciente); o médico não pode fazer o que bem entende, mas de fato detém a posição dominante pela preponderância do seu conhecimento; o paciente em geral colabora voluntariamente e em muitos casos tem a norma (saúde) internalizada. O poder disciplinar moderno não precisa reforçar a obediência (feito o poder soberano), mas a submissão; esse poder não é jurídico na sua essência, mas técnico; não rege por meio de leis, mas de normas; não emana de um centro, mas de todo lugar; não "pertence" unicamente a uma classe ou grupo, mas é "exercido" por tudo e por todos, e não é repressivo, mas produtivo. Este último é importante: "O que faz com que o poder se mantenha e seja aceito é que ele não atua meramente sobre nós como uma força que diz não, mas também como algo que persevera nas coisas e as produz, que gera prazer, forma conhecimento, leva ao diálogo".[49]

Uma das premissas mais originais de Foucault (e também a mais polêmica) é que o principal produto do poder disciplinar moderno

---

[49] Foucault, *Power/Knowledge*, citações nas p. 121 e 119. O exemplo da relação médico-paciente foi emprestada de Taylor, "Foucault", p. 84.

constitui o próprio homem moderno. A principal pergunta da pesquisa de Foucault sobre o poder é *como* esse processo disciplinar funcionou exatamente. Com isso, ele inverte a clássica proposição da filosofia política:

> [...] em vez de fazer a pergunta sobre como o soberano despontou no seu topo solitário, teríamos que saber como os súditos gradualmente se constituíram, passo a passo, do ponto de vista factual e material, partindo da multiplicidade de corpos, forças, energias, matérias, desejos, pensamentos, etc. Deveríamos tentar perquirir a instância material da sujeição em sua função constituinte do sujeito. Justo isso representa exatamente o oposto do que Hobbes tentou realizar com o seu *Leviatã*.[50]

Portanto, não se trata de: "Como os indivíduos vieram a instituir o soberano?", mas: "Como os próprios indivíduos se constituíram?".

Em lugar algum Foucault deu uma resposta mais desafiadora a essa questão do que em *Vigiar e Punir* (1975). O livro descreve a mudança pela qual a prática penal passou nas décadas por volta de 1800. Na arrepiante cena de abertura, vemos como em 2 de março de 1757 o criminoso Robert Damiens foi torturado e esquartejado publicamente – um terrível espetáculo que deveria asseverar o poder soberano do monarca francês. Meio século depois, o Código Penal foi fundamentalmente reformado: o objetivo não era mais punir o crime, mas corrigir o comportamento criminoso. Descobriu-se (ou produziu-se!) "o homem detrás do criminoso"; esse deveria ser reeducado e disciplinado. O castigo corporal deu lugar ao encarceramento. Na história jurídica, esse desenvolvimento em geral é apresentado como

---

[50] Foucault, "Twee Typen Macht", p. 577 (a ortografia foi modernizada e a tradução levemente adaptada com base na versão inglesa de Foucault, *Power/Knowledge*). No demais, Foucault prefere chamar esse processo a ser analisado de "*assujettissement*"; esse termo possui o duplo sentido de "se tornar pessoa" e "se sujeitar"; o que obviamente confere uma grande força retórica à hipótese disciplinar como um todo.

uma "humanização". Ou seja: melhor passar um ano de molho do que ter a mão cortada. Foucault é avesso a esse otimismo desenvolvimentista. Na sua visão, a "humanização" do Código Penal trouxe novas formas, mais invisíveis e logo mais inerentes, de exercício do poder. O prisioneiro moderno é menos livre do que qualquer criminoso jamais foi: sua vida é regulada de hora em hora; ele é continuamente observado e tratado por um pequeno batalhão de carcereiros, reabilitadores, sacerdotes e pesquisadores; e – o pior de tudo – por fim o poder disciplinar quebra sua última resistência, alojando-se na sua alma como um parasita da autodisciplina ("preferimos apanhar, mas a cela é melhor para nós"). Os iluminados reabilitadores são desmascarados como os novos repressores. Com essa análise provocativa do sistema penitenciário moderno, Foucault desfere um considerável golpe ao humanismo otimista. Mas não fica só nisso. A prisão, "sem dúvida de importância essencial para o funcionamento das engrenagens do poder em geral", para Foucault forma o modelo para outras instituições modernas: manicômios, hospitais, escolas, fábricas, quartéis – em todos os lugares indivíduos são rotineiramente enquadrados, enclausurados e normatizados. Foucault a chama de uma completa "cidade encarcerada" e nela vê surgirem "falsas amenidades, dissimuladas crueldades, pequenos ardis, métodos e técnicas ponderadas e por fim 'tecnologias' que possibilitam a fabricação de indivíduos disciplinados". O objetivo desse disciplinamento é a produção de sujeitos "normais" (saudáveis, razoáveis e competentes) em quantidades suficientes para o funcionamento eficaz do capitalismo moderno – que Foucault às vezes também designa por meio de termos dramáticos como "sociedade disciplinar", "cidade encarcerada", "regime pan-óptico" ou mesmo "arquipélago prisional".[51]

---

[51] Foucault, *Discipline*, citações nas p. 409 e 429; Foucault, *Power/Knowledge*, p. 116. Algumas palavras, por fim, sobre a posição excepcional que as ciências (humanas) ocupam no processo disciplinar. Em Foucault, "conhecimento" e "poder" não existem separadamente: não há verdade fora do poder (Foucault

Esta é uma hipótese grandiosa, perto da qual o vitupério social-crítico dos anos 1960 contra o Sistema desvanece à condição de um insípido choramingar infantil. Antes de verificar quais as conclusões práticas que o próprio Foucault associa à sua análise do poder moderno, segue ainda uma pequena observação. É evidente que Foucault faz toda a política sair de cena. No seu mundo não se percebe nenhum cidadão, nenhuma lei e nenhum Estado. Só existe poder: exercido por intermédio de redes e práticas, constituído por argumentações e normas, alcançado por meio de táticas e estratégias. Mas o poder em si não é política. Política de fato é a maneira pela qual o poder é adquirido, exercido, controlado e justificado. As relações de poder, por assim dizer, oferecem a matéria-prima para a política, sem projeto arquitetônico, sem princípio regulador. Pois bem, seria factível contra-argumentar que Foucault intencionalmente não se preocupava com tais diretivas (jurídico-filosóficas); que ele apenas pretendia fornecer uma análise funcional do poder. Mas a objeção contra isso é que a análise de Foucault, ao omitir a política, fica gravemente distorcida (e isso nunca poderia ser a intenção de um funcionalista). Considere a representação de Foucault da sociedade como uma prisão. Embora sem dúvida haja inúmeros paralelos entre a rotina diária nas escolas, fábricas e hospitais, de um lado, e a vida na prisão, do outro (as regras e os horários fixos, o controle),

---

fala de diferentes "regimes da verdade"). Mais ainda, conhecimento e poder se produzem mutuamente: "Temos que reconhecer [...] que não existe relação de poder sem a formação de uma relacionada área de conhecimento, e que não existe conhecimento que ao mesmo tempo não pressuponha ou não forme relações de poder" (Foucault, *Discipline*, p. 43). É desse modo que o sistema carcerário e a criminologia se viabilizam mutuamente, assim como sanatórios e psiquiatras, *et cetera*. A concepção toda, conforme observou Michael Walzer, parece se basear no trocadilho derivado do duplo sentido de "disciplina" – que tanto pode significar "ramo da ciência" como "sistema de controle e correção". Resumindo o conceito de Foucault sobre a vida social moderna em um único pronunciamento: "A vida social é a disciplina ao quadrado" (Walzer, "*The Politics*", p. 64).

disciplina social não é *o mesmo* que encarceramento – e Foucault demonstra uma tendência sistemática para minimizar essa diferença. Outrossim, ele não consegue fazer uma distinção conceitual entre o "arquipélago prisional" ocidental e o verdadeiro Arquipélago do Gulag na União Soviética;[52] não pode explicar por que o poder disciplinar não desemboca em um Gulag. Ele não olha para o verdadeiro poder disciplinar na Europa Oriental da sua época. Seu ângulo morto é o Estado. Ele não vê que justamente o Estado é que faz a diferença: os excessos da disciplina serão freados e suprimidos por um Estado liberal, e explorados por um Estado totalitário. Nesse sentido, Michael Walzer faz a seguinte grosseira, mas útil distinção:

> Um Estado liberal é aquele que cultiva os limites das disciplinas e das instituições disciplinares e que reforça seus princípios intrínsecos. Estados autoritários e totalitários, em contraste, desmantelam esses limites; eles transformam educação em doutrinação, castigo em repressão, manicômios em prisões, e prisões em campos de concentração.[53]

Foucault dá a impressão de que com o último rei francês a cidadania e o Estado soberano também saíram de cena, assim como todos os ditadores e regimes totalitários. Nesse sentido, em suma, as fascinantes análises de Foucault são completamente apolíticas.

O poder da disciplina escravizou a nós, indivíduos modernos. Esse é o problema que Foucault diagnosticou. A pergunta é: e agora? Existe uma saída?

Duas possíveis soluções são rejeitadas por Foucault. Uma *revolução* para ele é impensável. O sistema social não pode ser derrubado de uma só vez. Isso implicaria que o poder possuísse um centro, conceito esse que Foucault repudia. Sua própria concepção de poder pode ser lida como uma forte crítica à ideia marxista-leninista

---

[52] O curioso é que em *Power/Knowledge*, p. 134-37, o próprio Foucault avisa sobre esse perigo.

[53] Walzer, "*The Politics*", p. 66.

– apoiada pelos intelectuais franceses até a década de 1970 – de um revolucionário jugo de poder central. Segundo Foucault, o poder não se ramifica a partir de um centro político (o Palácio de Inverno, o Estado) para baixo, mas o inverso: "O poder vem de baixo".[54] O poder disciplinar não se encontra em uma instituição ou órgão, mas age no nível microscópico, nos detalhes mais ínfimos. Sobre os "capilares do poder" foucaultianos, uma revolução do tipo Julho ou Outubro não consegue obter controle algum.

Uma segunda maneira de escapar à disciplina social seria o *abolicionismo*: simplesmente extinguir todo o sistema funcionalista. No início dos anos 1970, Foucault parece ter flertado com essa ideia anarquista. Mas essa solução era igualmente incompatível com as suas próprias ideias. Pois o que poderia substituir os sistemas de poder? Se toda a sociedade for desmantelada, ou não restará nada de humano, ou surgirão novos códigos e disciplinas. No final das contas, Foucault é mais niilista do que anarquista: ele não acredita na bondade inerente do homem ou em qualquer tipo de natureza humana; as pessoas para ele sempre serão produtos dos códigos e disciplinamentos sociais. E o nietzschiano niilista Foucault não nos dá nenhum motivo para esperar que os novos códigos e disciplinas serão melhores do que os atuais. Tampouco ele nos dá qualquer indicação sobre o teor desse "melhor".[55] Para os que querem pregar o anarquismo ou a revolução, Foucault não fornece, portanto, nenhum manual. Foucault não vê uma saída radical do poder. Mas isso não significa que temos que nos resignar a tudo: "Afirmar que nunca se pode estar 'fora' do poder não significa estar encurralado e invariavelmente condenado à derrota". Uma resistência local é possível. Isso porque o poder não é um monólito, mas "um conjunto de ações voltadas a ações em potencial". Trata-se sempre, no nível mais elementar, de uma *relação de poder* entre

---

[54] Foucault, *De Wil*, p. 9.
[55] Walzer, "The Politics", p. 60-61.

dois indivíduos, de uma luta em que os papéis podem ser invertidos e o valor da aposta pode ser alterado. A condição é que ambas as partes sejam livres. Pois se um partido domina o outro completamente, não se trata mais de poder, mas de "coerção". Poder e liberdade, logo, não são antagônicos, mas se admitem: "Onde há poder, existe resistência". Mas na obra político-filosófica de Foucault todos os holofotes se encontram focados no poder, enquanto a resistência ficou "drasticamente subteorizada". Não obstante, apesar de não representar nenhum guia para um novo alvorecer, seu trabalho não deixa de ser uma caixa de ferramentas para uma resistência local.[56]

Um argumento muito ouvido contra o conceito de resistência de Foucault é que ele não apresenta nenhum motivo ou justificativa para tal. Não há entidade em nome da qual a revolta ocorre. A natureza humana não procede – ela constitui um artifício. A alma não procede – é um produto histórico do poder. O corpo não procede – nele o poder e a história também deixaram as suas marcas. A verdade não procede – ela se encontra atada ao poder em um "regime da verdade". A justiça não procede – pois suas normas também estão deploravelmente entrelaçadas com o poder. Não ter nenhuma base de sustentação e mesmo assim conclamar obstinadamente à resistência.[57] Foucault, em suma, é um *Rebelde sem Causa*.

---

[56] Foucault, *Power/Knowledge*, p. 142; idem, "Deux Essais", p. 313-14; idem, *De Wil*, p. 96. A qualificação "drasticamente subteorizada" (*drastically undertheorized*) é de Simons, *Foucault*, p. 83.

[57] A crítica sobre a "incoerência" do conceito de resistência de Foucault pode ser encontrada em Taylor, "Foucault", por exemplo. Que, para começar, a natureza humana não constitui um foco de resistência poderia surpreender. O modelo disciplinar de Foucault decerto implica a "supressão" da natureza humana pelas novas práticas do poder. O fato de o próprio Foucault não favorecer essa "hipótese da supressão" fica evidente em *Volonté de Savoir* (1976), por exemplo, no qual ele demonstra que a própria ideologia da libertação (sexual) da natureza humana não passava de mais uma estratégia do poder. No que se refere às outras (im)possíveis categorias de resistência, algumas breves citações. Sobre a alma: "O homem que nos foi descrito e que tanto

Aqui logo fica evidente que uma crítica dessas não atinge o cerne. A causa da rebeldia aparentemente ausente é justamente a própria rebeldia. James Dean também não tinha nenhum *motivo* – seu sentimento um tanto vago de insatisfação e tédio não pode ser considerado como tal – para se meter em uma perigosa corrida automobilística rumo ao precipício. Mesmo assim, ele foi adiante. Pela adrenalina, pelo eufórico sentimento de liberdade que se experimenta quando se desafiam os limites sociais e mesmo existenciais. É exatamente assim que se deve entender a resistência de Foucault. Ele está constantemente em busca dos limites do poder a fim de experimentar uma forma de liberdade. E a liberdade que ele persegue não é a liberdade do liberalismo da "ausência de coerção externa", mas a liberdade kojeviana que se encontra na negatividade e na transgressão. Liberdade na luta, resistência pela resistência.[58]

---

se deseja libertar, em si já é o resultado de uma sujeição mais profunda que ele mesmo. A própria 'alma' que nele habita e que lhe dá vida faz parte da opressão que o poder exerce sobre o corpo. A alma, efeito e instrumento de uma anatomia política. A alma, cárcere do corpo" (Foucault, *Discipline*, p. 46). Sobre o corpo: "O corpo [é] completamente estampado pela história" (Foucault, citado em Simons, *Foucault*, p. 84); apesar de que o corpo algumas vezes parece constituir um foco de revolta, Simons argumenta que por fim isso não é o caso. Sobre a verdade: "A verdade não se encontra fora do poder" (Foucault, *Power/Knowledge*, p. 131). Finalmente, sobre a justiça, compare: "O derradeiro objetivo das [nossas] intervenções não foi estender o direito de visita dos prisioneiros a trinta minutos ou conseguir que as suas celas fossem providas de sanitários com descarga, mas questionar a distinção social e política entre culpados e inocentes" (Foucault, citado em Welzer, "The Politics", p. 61).

[58] Para as explorações teóricas e práticas de Foucault sobre a transgressão, veja Simons, *Foucault*, p. 68-104. Compare também com Bourdieu, que no seu obituário sobre Foucault escreveu: "Nada é mais perigoso do que reduzir uma filosofia, especialmente uma tão sutil, complexa e perversa, ao formato de um livro de bolso. Não obstante, gostaria de afirmar que a obra de Foucault forma uma única e longa viagem de exploração rumo à transgressão, extrapolando os limites sociais que se encontram intrinsecamente ligados ao conhecimento e poder" (Bourdieu, "Le Plaisir de Savoir", *Le Monde*, 27 de junho de 1984; citado em Éribon, *Foucault*, p. 351). Contra tal redução dos conceitos de Foucault a uma "resistência pela resistência", poder-se-ia argumentar que

A pergunta, portanto, não deve ser se o conceito de Foucault sobre poder e resistência é incoerente, mas para onde leva. Podemos constatar isso, em primeiro lugar, no seguinte. Desde o século XVII, o poder disciplinar tem se preocupado principalmente com a reprodução biológica, o atendimento médico, a normatização sexual e a santificação pastoral da *vida* orgânica humana (e Foucault por essa razão chama o complexo dos poderes disciplinares frequentemente de *bio-pouvoir*). Em vista desse antecedente, hoje em dia se resiste de maneira mais gloriosa não cedendo à "ideologia" da reprodução biológica, ou colocando a própria vida em risco. Foucault praticava a primeira forma de resistência – vide seu homossexualismo e sadomasoquismo. E ele tinha grande admiração pela segunda forma – considerando seu entusiasmo por atos de resistência que extrapolavam os limites da vida.[59] (Este segundo conceito obviamente lembra bastante a admiração que o finado Alexandre Kojève cultivava ao ritual suicida dos pilotos camicases japoneses, deixando ainda mais evidente o quanto Foucault era um herdeiro do grande intérprete de Hegel.)[60] Talvez não fosse tão bonito Foucault por vezes colocar a luta acima da vida, mas ainda assim não constituía uma consequência *inerente* de suas concepções – antes do fortuito domínio histórico do "biopoder". Porém, existe ainda um segundo item, mais fundamental e perturbador.

Foucault de fato possuía um critério *formal* para a sua resistência: pluriformidade. Nesse parecer, a resistência é sempre benéfica, enquanto dirigida contra a "monocultura". Mas por que aquilo que todos fazem deveria ser combatido por definição? Para poder demonstrar isso por fim seria necessário um critério *de conteúdo*, do qual Foucault não dispõe.

[59] Simons, *Foucault*, p. 85: "Foucault se entusiasma demais por toda resistência que exige o derradeiro sacrifício". Como se sabe, Foucault morreu de aids, mas seria ir longe demais atribuir isso a um ato de resistência contra o *bio-pouvoir*.

[60] Outro exemplo: no discurso de Foucault sobre a ascensão do *bio-pouvoir* disciplinador e normatizador ressoa a narrativa de Kojève sobre o percurso histórico-mundial rumo a um final sem lutas no derradeiro Estado universal e homogêneo; para ambos, a Revolução Francesa marca o ponto da virada. (Veja Drury, *Alexandre Kojève*, capítulo 9.)

Isso porque a ideia kojeviana da liberdade que se encontra na luta possui uma consequência desagradável: devido ao entrançamento de poder e liberdade, de limite e transgressão para conseguir manter a sensação de liberdade, os limites a serem extrapolados são impostos por um poder cada vez mais forte. Quanto mais forte o adversário, maior a sensação de euforia. Segundo Shadia Drury, conhecedora de Kojève, é justamente em Foucault que essa consequência se torna evidente em toda a sua perversidade: "Foucault não é nenhum inimigo do poder. Pelo contrário, ele anseia por aquelas formas de poder que tornam a sua transgressão perigosa e gloriosa, [...] por um mundo cheio de tabus e proibições".[61]

Para Foucault, a resistência, portanto, constitui uma necessidade existencial. Dada a sua paranoia, essa ademais se torna uma tarefa diária:

> A escolha ético-política que devemos fazer diariamente é determinar qual é o perigo. [...] Não digo que tudo seja ruim, mas que tudo é perigoso. [...] Se tudo é perigoso, sempre devemos fazer algo. A minha posição, portanto, não leva à apatia, mas a um hiperativismo pessimista.[62]

Deve-se dizer, porém, que esse "ativismo pessimista" forma uma *ética* de resistência. Pouco tem a ver com política (e o termo "ético-político" na citação anterior também pode ser lido mais apropriadamente como "ético"). A luta é uma questão individual, que dá forma e sentido à própria vida. Um foucaultiano o resumiu nos seguintes termos: "*Our fight is our freedom, our struggle is our art, and our resistance is our existence*".[63] Mas, visto que as análises de Foucault não deixam espaço algum para um "nós", o plural pronominal dessa sentença pode muito bem se tratar de um plural majestático. Foucault

---

[61] Drury, *Alexandre Kojève*, p. 139.

[62] Foucault, citado em Simons, *Foucault*, p. 87.

[63] Simons, *Foucault*, p. 87.

pretendia dizer: minha briga é minha liberdade, minha luta é a minha arte, minha resistência é minha existência. Foucault igualmente reserva o trono majestático ao indivíduo soberano. As práticas que fluem das análises de Foucault sobre o poder são, não obstante a sua aparência contrária, em última instância completamente apolíticas.

UM CONTRA TODOS, TODOS CONTRA UM

"A última batalha significaria o fim da política."[64] Assim falou, dando continuidade a sua inversão do lema de Von Clausewitz, Michel Foucault em 6 de janeiro de 1976. Os neonietzschianos, que sob sua liderança dominavam o debate filosófico no período 1960-1975, entretanto, não previam nenhuma "última batalha". Tampouco um "fim da política", portanto. A guerra sempre vai perdurar. A luta nunca vai terminar.

A pergunta é, entretanto, se essa luta neonietzschiana ainda tem algo a ver com *política*. Anteriormente constatamos diversas vezes que não é o caso. A guerra permanente não mais formava uma luta entre classes ou outros grupos, mas entre *indivíduos*. Para escapar do pensamento coletivista de seus predecessores neo-hegelianos, os neonietzschianos aclamaram a unicidade e a soberania irredutível do indivíduo – um indivíduo que, no intuito de satisfazer a predileção de seus colegas para descentralizar o homem à beira da morte, chegava mesmo a ser disfarçado de "máquina desejadora" ou "membro da resistência". Deleuze e Foucault baniram toda a ideia de convívio social do seu pensar por considerá-lo homogeneizante e opressor do indivíduo. Assim, sua filosofia política definhou à condição de um *robinsonade*,[65] que não podia oferecer muita substância para análises

---

[64] Foucault, *Historisch weten*, p. 571.
[65] Gênero literário inspirado em *As Aventuras de Robinson Crusoé*, obra escrita por Daniel Defoe, cujo enredo geralmente se passa em ilhas desertas. (N. T.)

político-teóricas e que em termos práticos levou a um tipo de anarquismo agressivo, pseudoengajado e niilista. Da "guerra de todos contra todos" que os nietzschianos viam, com Hobbes, no mundo, restou apenas uma "guerra de um contra todos" nos seus escritos. Um homúnculo altivo que resiste com unhas e dentes ao poder da massa; isso foi, em uma única imagem, o que sobrou a Nietzsche da dialética do senhor e o servo de Hegel. E isso também era, em uma única imagem, a filosofia política do neonietzschianismo francês.[66]

Menno ter Braak verbalizou em *Politicus Zonder Partij* [Político sem Partido] (1937), uma prospectiva que pode, por fim, ajudar a demonstrar que esse apanhado da filosofia política neonietzschiana não se trata de uma redução excessiva. "Às vezes pode ser vantajoso", escreveu Ter Braak, "conhecer um grande homem por intermédio de seus epígonos; pois aquilo que ele sabe ocultar habilmente com a sua genialidade é inadvertidamente revelado pelos seus epígonos."[67] Com essa afirmação em mente, é uma satisfação ver os neonietzschianos franceses ser interpretados pelo seu epígono Michel Onfray. Esse *bon-vivant* e autor de sucesso que em 1987 ficou consagrado com *O Ventre dos Filósofos*, aventurou-se dez anos depois na área da filosofia política. Munido da fórmula "O hedonismo é para o moral o que o anarquismo é para a política", ele escreveu o assumidamente anti-humanista e anarcossindicalista *A Política do Rebelde: Tratado de Resistência e Insubmissão* (1997). O livro é especialmente importante como sinopse do pensamento do trio Bataille, Deleuze, Foucault – "os três expoentes mais sublimes do nietzschianismo de esquerda francês desse século XX". Em Bataille, Onfray encontrou o ideal do "indivíduo soberano", que transcende o antigo homem. De Deleuze ele derivou a ideia de que "as forças do indivíduo, notadamente a expansão da sua vitalidade,

---

[66] No qual os deleuzianos obviamente se concentram no "homúnculo altivo" e os foucaultianos na "resistência".

[67] Ter Braak, *Verzameld werk 3*, p. 74.

a expressão da sua energia e a manifestação do seu poder" são todas tragadas pelas forças reacionárias da família, do Estado, da escola, da prisão, da fábrica, da empresa e da mídia. De Foucault ele obteve o entendimento de que "a estratégia da guerra total" deve dar lugar a uma "tática de guerrilha permanente em todas as frentes". Suas três interpretações diferentes, mas convergentes, de *Assim Falou Zaratustra* teriam "fornecido os insumos para uma grandiosa política, a única a merecer esse nome" – uma política que esse último dos nietzschianos de esquerda associa com a vinda do *Übermensch*. Nosso epígono de três mestres termina sua alucinante vulgata com uma frase que deixa claro que após a sua infusão a filosofia política neonietzschiana não é nada mais – mas também nada menos – que um *bellum unius contra omnes*: "Na praia onde a configuração do homem por fim desapareceu completamente, desde o Maio de 1968 desponta cada vez mais nítida uma soberania empenhada numa guerra radical contra tudo o que, na forma de qualquer tipo de poder, dificulta a sua expressão e expansão".[68]

---

[68] Onfray, *Politique du Rebelle*, citações nas p. 10, 170, 190, 191, 210.

Luc Ferry

Capítulo 4 | Como Ratos nos Escombros:
O Neokantismo (1975-1989)

Destruímos a Bastilha
E isso nada resolveu.
Destruímos a Bastilha
Por que não podemos amar uns aos outros?
Jacques Brel, *La Bastille* (1955).

A DESILUSÃO APÓS O GULAG

Na quinta-feira dia 10 de junho de 1976, a revista literária semanal *Les Nouvelles Littéraires* lançou uma edição na qual seu redator convidado, o jovem filósofo Bernard-Henri Lévy, produziu um caderno intitulado *Les Nouveaux Philosophes*.

Nunca antes na filosofia se viu tanta ousadia publicitária. Bernard-Henri Lévy (nascido em 1948), que naquele momento trabalhava ao mesmo tempo como crítico para *Le Quotidien de Paris* e como redator da editora Grasset, designou um grupo de jovens autores – J. P. Dollé, G. Lardreau, C. Lambert, M. Guérin, J. M. Benoist, F. Lévy, A. Leclerc – à corrente "*la nouvelle philosophie*". Como toque de classe, ele conferiu a cada um dos sete escolhidos um padrinho ilustre (Platão, Heidegger, Lacan) e para um clima de suspense também um inimigo nefasto (os marxistas-com-seus-cães-farejadores,[1]

---

[1] *Sans blague*, pois veja como Bernard-Henry Lévy imagina os cães farejadores: "Um mal que espalha o terror (sem dúvida um castigo celeste) e que dizima as fileiras da extrema-esquerda baixou sobre Paris onde, conforme dizem, causa uma devastação. Já se fala de um complô, de conluios que não suportam a luz do dia, forjado entre desconhecidos e por motivos misteriosos.

Deleuze). Feito um anúncio de sabão em pó, o redator convidado também fez o "novo!" se destacar deleitosamente do texto: "Novos filósofos, indubitavelmente com mais divergências do que concordâncias. Uma corrente – que seja – porém devidamente decapitada: sem cabeça, sem liderança, sem princípios. Dito de forma figurada: uma nova onda, *une nouvelle vague*".

Sem líder, portanto, e sem antecedentes comuns – exceto pelo fato de que toda a panelinha publicava em uma série literária editada por... Bernard-Henri Lévy. Seja como for, a imprensa farejou novidade e mordeu a isca: durante o verão e a segunda metade de 1976, as matérias nos jornais, os programas de rádio e as entrevistas na televisão proliferaram na França (com o desejado efeito sobre a venda de livros). O sucesso publicitário foi tamanho que alguns meses depois o seu esperto idealizador, ao ser perguntado em uma entrevista sobre o que ele, como redator, achava mesmo desses "novos filósofos", impunemente pôde bancar o inocente: "Rejeito o epíteto de 'novos filósofos' que a imprensa lhes atribuiu".[2]

Mas o que então significava todo esse rebuliço? A "*nouvelle philosophie*" pode ser mais adequadamente definida como a versão midiática e ostensiva da crítica francesa ao totalitarismo, cujo início pode ser datado em 1975 com a publicação de *A Cozinheira e o Canibal* de André Glucksmann e o despercebido *Un Homme en Trop*,

---

Cães farejadores da melhor estirpe foram acionados, marxistas impecáveis, ideólogos intransigentes, dispostos a expor embustes e desmascarar culpados" (Lévy em *Les Nouvelles Littéraires*, 10 de junho de 1976, citado em Aubral e Delcourt, *Contre la Nouvelle Philosophie*, p. 246).

[2] Para um hilário desmascaramento da tramoia de Lévy, veja Aubral e Delcourt, *Contre la Nouvelle Philosophie*, capítulo 7 ("La Pub-Philosophie"). Para a citação do *nouvelle vague*, veja Lévy em *Les Nouvelles Littéraires*, 10 de junho de 1976; citado em Bouretz, "Nouvelle Philosophie", p. 210. A negação de Lévy do epíteto "novos filósofos" (durante uma entrevista de rádio em novembro de 1976) é citada em Aubral e Delcourt, *Contre la Nouvelle Philosophie*, p. 14-15. No demais, também havia um "novo filósofo" que não publicava por meio de "BHL", a saber, Annie Leclerc.

de Claude Lefort.³ Finalmente os intelectuais franceses começaram a admitir que havia sido um terrível engano sucumbir à sedução totalitarista do comunismo. Os "novos filósofos" de fato eram os animadores do coro antimarxista que engrossou a partir de 1976, especializando-se em estribilhos monóstrofos ("*Sans le marxisme, pas de camps*").⁴ Em termos de conteúdo, sejamos claro, não havia nada de "novo" nisso: desde 1945 já existiam intelectuais franceses que haviam renegado o marxismo, ou mesmo aqueles que já o haviam denunciado de antemão. Mas naqueles dias frios, em que Sartre ainda aterrorizava a classe intelectual com sua máxima "todo anticomunista é um cão", tratava-se sempre de alguns poucos (Aron, Camus) e não se podia falar de um "coro". A única coisa que a *"nouvelle philosophie"* trazia de novo era a espetacularização do debate intelectual.⁵

---

³ Lefort publicou seu livro em 1976, mas um primeiro esboço surgiu em 1975 sob o título "Soljénitsyne. Commentaire sur L'Archipel du Goulag" na revista *Textures*. Em 1976 também surgiu o famoso livro de Jean-François Revel, do qual compreensivelmente somente se guardou o título: *La Tentation Totalitáire*.

⁴ Lévy, entrevista com *Le Nouvel Observateur*, 30 de junho de 1975; citado em Dosse, *Histoire du Structuralisme II*, p. 346.

⁵ Justamente a espetacularização do debate encontrou muita resistência. Ninguém ficou mais ofendido do que Gilles Deleuze. Numa entrevista hostil, ele desabafou o que pensava dos novos filósofos: "Nada, acho a reflexão deles desprezível". Isso porque a nova filosofia significava um retrocesso ao "ente vaidoso": "Quanto mais insípido o conteúdo da reflexão, mais importante torna-se o pensador". Essa "reflexão vazia" constitui uma "força reacionária maléfica", que impede a reflexão sutil e criativa, e nesse sentido uma verdadeira "infecção" (Deleuze, "Aanval"). Outro crítico de esquerda observou: "*Voilà* a nova direita. Dez anos atrás eles ainda eram os filhos de Marx e da Coca-Cola. Agora só sobrou a Coca-Cola" (François Maspero em *Le Nouvel Observateur*, 27 de setembro de 1976, citado em Dosse, *Histoire du Structuralisme II*, p. 345-46). Mongin, *Face au Scepticisme*, p. 248-49, caracteriza esse choque entre "novos filósofos" e seus críticos como o primeiro episódio da polêmica entre racionalistas kantianos e irracionalistas nietzschianos que definiu o debate filosófico dos anos 1980 e que atingiu seu clímax na metade da década quando Luc Ferry e Alain Renaut desafiaram o "anti-humanismo contemporâneo" dos nietzschianos e heideggerianos franceses (veja o terceiro segmento deste capítulo).

Que justamente esses "novos intelectuais" cantassem tão alto provavelmente tinha a ver com um sentimento de culpa com relação ao próprio passado. Após o Maio de 1968, a maioria deles – Dollé, Jambet, Lardreau, Lévy e também Glucksmann, aliciado por Lévy – havia sido maoísta fanática. Isso implicava que atormentavam qualquer um que não simpatizasse com o "Grande Timoneiro" e que tinham plena convicção de que a Revolução-nos-moldes-chineses estava em andamento. "Esses garotinhos mimados, esses adolescentes tardios, querem a revolução e a querem agora! Como ela não veio, eles então começaram a bater pé."[6] Sem pestanejar, por volta de 1975 os "novos filósofos" mudaram radicalmente de rumo.[7] Junto com sua esperança de uma revolução eles também perderam toda a confiança na política. Sem a militância maoísta, também não havia mais nenhuma atuação. Sem o stalinismo estatal, então também não deveria mais existir Estado algum.

Adiante veremos com mais detalhes como os *nouveaux philosophes*, os instigadores da grande faxina ideológica da intelectualidade francesa, com a sua mania de limpeza, colocaram tudo por água abaixo e como, na esteira da crítica "novo-filosófica" ao totalitarismo, *toda* a política se foi pelo ralo. Mas antes algumas palavras sobre o pretexto para esse súbito e furioso asseio, o livro que despertou a França marxista do seu "estupor dogmático", o relato

---

[6] Pierre Viansson-Ponté, citado em Dosse, *Histoire du Structuralisme II*, p. 343. Compare com Deleuze, que resumiu o ressentimento em relação a Maio de 1968 nos seguintes termos: "Nós, que presenciamos o Maio de 1968, podemos dizer que isso foi feio e que prometemos não fazer novamente" (Deleuze, "Aanval", p. 81).

[7] Mudar radicalmente de rumo, no demais, era um costume "novo-filosófico", do qual atesta esse descarado resumo da carreira intelectual de Christian Jambet da parte do seu amigo Phillippe Némo: "Ele passou do *Tel-Quel* para Derrida, daí para Althusser, a seguir para Lênin e Mao, e então a Platão e um tal de João de Éfeso, a cada vez queimando aquilo que três meses antes ele ainda venerava" (Némo em *Les Nouvelles Littéraires*, 23 de dezembro de 1976; citado em Aubral e Delcourt, *Contre la Nouvelle Philosophie*, p. 47).

dramático do "Shakespeare do nosso tempo":[8] *O Arquipélago Gulag* de Alexandre Soljenítsin.

O Arquipélago Gulag é um relatório monumental sobre quarenta anos de campos de concentração na União Soviética. Soljenítsin reuniu documentos oficiais sobre o sistema penitenciário, testemunhos de 227 sobreviventes dos campos e os juntou às suas próprias memórias (ele ficou encarcerado entre 1944 e 1953), para assim formar uma avassaladora acusação histórico-literária. As três partes do livro contêm uma quantidade espantosa de sofrimento, infligido a dezenas de milhões de pessoas. Detenções e julgamentos kafkianos, torturas e confissões coagidas, exaustão por inanição e trabalhos forçados, revoltas debeladas – tudo é documentado por Soljenítsin. De maneira repulsiva fica claro que esse fantasmagórico arquipélago de terror e violência não representava uma degeneração tirânica, mas um universo de sofrimento planejado, que fluía diretamente da lógica do regime comunista.

Esse autor russo certamente não foi o primeiro a publicar sobre os campos de concentração. Havia várias décadas já se conhecia no Ocidente testemunhos de russos como Boris Souvarine, Victor Serge e Victor Kravchenko.[9] Textos como esses, entretanto, por um bom tempo foram vistos como propaganda norte-americana pela França esquerdista. Quando isso já não era mais moralmente possível, em particular quando ao final de 1949 relatórios oficiais soviéticos apontaram que

---

[8] Lévy, *La Barbárie*, p. 180. Numa entrevista dada em abril de 1976, Lévy expressou-se de forma menos triunfal e o "novo Shakespeare" ainda era apenas mais uma aquisição na venturosa série *althusséro*: "Para essas pessoas, Soljenítsin desempenha o papel que Althusser tinha dez anos atrás. Isto é, um ponto de partida para a reflexão, uma referência, algo a ser usado na lapela e que serve para iniciar uma conversa" (Lévy numa entrevista de rádio, em 15 de abril de 1976; citado em: Aubral e Delcourt, *Contre la Nouvelle Philosophie*, p. 278).

[9] Boris Souvarine, *Stalin en het Bolsjewisme* (1940); Victor Serge, *Portrait de Staline* (1940); Victor Kravchenko, *I Chose Freedom* (1946). Também de pouco valia foi o testemunho do sobrevivente francês de Buchenwald, David Rousset, que no seu *L'Univers Concentrationnaire* (1946) constatou que os campos de concentração não constituíram um fenômeno exclusivamente nazista.

havia no mínimo dez milhões de prisioneiros russos nos campos, o contorcionismo da intelectualidade francesa ainda não havia terminado (conforme despontou acima na discussão do artigo de Merleau-Ponty e Sartre em *Les Temps Modernes* de janeiro de 1950, que reagiu de maneira curiosamente bifurcada à luz daqueles novos fatos). Mais de um quarto de século de marxismo ainda se seguiu com todo tipo de novas variantes antimoscovitas: o anti-stalinismo, o trotskismo, o revisionismo, o antirrevisionismo, o althusserianismo, o maoísmo e assim por diante. Até que Soljenítsin desligou o fogo que requentava sempre o mesmo debate. *O Arquipélago Gulag* adquiriu enorme projeção devido a uma combinação propícia de momento de sua publicação, força da obra, história do manuscrito[10] e fama do autor. Em 1970, Soljenítsin ganhou o Prêmio Nobel de Literatura (seis anos após Sartre) e em 13 de janeiro de 1974, logo após o lançamento da edição russa da sua *magnum opus*, ele foi banido da União Soviética à vista do mundo inteiro. Mesmo assim, não deixa de ser notável que os intelectuais franceses precisassem de um sinal do Oriente para despertar do seu torpor de trinta anos de marxismo. Somente o "efeito Gulag" conseguiu neutralizar o "efeito Stalingrado". As ardentes polêmicas internas sobre comunismo e revolução, que durante três décadas consumiram o melhor vigor da intelectualidade francesa, não levavam o debate político adiante por um passo sequer. Ao final, foi a bíblica aparição de um barbudo exilado russo que provocou a maior cisão da filosofia francesa do pós-guerra (apesar de que essa cisão se mostrará menos profunda do que aparenta).

O "efeito Gulag" não se fez sentir de imediato; ele antes teve que "amadurecer". Após o lançamento da tradução em junho de 1974, foram vendidos quase 750 mil exemplares de *O Arquipélago Gulag* em poucas semanas na França – mais do que em qualquer outro país

---

[10] Soljenítsin trabalhou de 1958 a 1969 no manuscrito do *Gulag*, mas não se atreveu a publicá-lo, temendo retaliações contra as testemunhas sobreviventes. Quando em 1973 transpareceu que o livro já havia caído nas mãos da KGB, Soljenítsin o tornou público.

europeu, tanto em termos absolutos como relativos. Mesmo assim demorou até o final de 1976 para que a *dé-communisation*, *dé-marxisation*, *dé-révolutionnarisation* e a *dé-radicalisation* da intelectualidade francesa fossem instauradas de forma irreversível e em grande escala. O "mediador" mais importante entre Soljenítsin e a opinião pública francesa durante aquele processo de maturação foi André Glucksmann. Ele (nascido em 1937), antigo líder dos maoístas franceses, foi o primeiro a tirar suas conclusões de O *Arquipélago Gulag*. Em 1975 ele publicou *A Cozinheira e o Canibal*, um ensaio sobre os campos, o marxismo e o Estado. O panfleto provocou um estardalhaço e isentou Soljenítsin da sua execrabilidade de pequeno-burguês reacionário.[11]

Mas, além de constituir um veículo de ideias preparatório do terreno, o livro de Glucksmann também foi importante por um segundo motivo. Glucksmann, o militante que se tornou amigo de Václav Havel, formava um elo entre a esquerda insurgente de Foucault de um lado e o presunçoso antitotalitarismo de Bernard-Henri Lévy *cum suis* de outro.[12] Para Glucksmann, a única posição defensável era a de

---

[11] Era assim que em primeiro instante se percebia o exilado russo. Três exemplos da imprensa não comunista: a revista mensal católico-progressista *La Lettre* em dezembro de 1974 chamou Soljenítsin de "um pequeno-burguês que reage como um pequeno-burguês" e um adepto da "ideologia feudal"; em *L'Unité*, o periódico semanal do Parti Socialiste, surgiu uma reportagem sobre a entrevista coletiva que Soljenítsin havia dado em janeiro de 1975 por ocasião de uma visita a Paris, na qual o autor é descrito como um "herói cansado" que – "mesmo bem asseado e barbeado" – remetia aos "lendários mujiques" e a "esses macacos tristes que costumam encarar os transeuntes nas tardes de domingo"; o jornal de qualidade *Le Monde*, em terceiro, publicou ainda em outubro de 1975 uma entrevista com o premier húngaro na qual ele pôde afirmar: "Soljenítsin incita uma nova guerra mundial, defende as atrocidades dos nazistas e rejeita a coexistência pacífica. Ele é o instrumento do mais extremado conservadorismo" (veja Winock, *Le Siècle*, p. 596-99).

[12] Maurice Clavel, antigo herói da resistência e pai espiritual dos "novos filósofos", distingue uma genealogia similar, mas equivocadamente atribui a mesma orientação filosófica a todos: "Queira ou não, Foucault é o campeão de Marx e do Iluminismo. E jovens como Glucksmann, Le Bris, Lardreau, Jambet, Dollé, Sollers [...] e eu mesmo percorremos caminhos que

dissidente (o rebelde antitotalitário). A lição do totalitarismo foi um chamado para se rebelar contra todas as formas do mal e defender os direitos do indivíduo contra os abusos de poder – esse era, após o acréscimo do seu próprio ativismo, o lado Lévy de Glucksmann. Mas, assim como Foucault, ele era radicalmente cético em relação à ação política e não acreditava de forma alguma na possibilidade de se poder realizar o bem. Essa combinação explica o credo de Glucksmann: ao homem resta apenas infligir o menor dos males. Com isso, ele mantinha um pé no anti-humanismo de Foucault e o outro no neo-humanismo de Lévy e os seus – uma penosa posição. Na prática, Glucksmann apoiava a luta do seu *proche* Bernard Kouchner da organização Médicos Sem Fronteiras, ao mesmo tempo que desconfiava da sua ambição de querer determinar o que é melhor para a humanidade. Embora não pretendesse se perfilar como uma *belle Âme* moralista que perdera toda a confiança na atuação política, assim mesmo Glucksmann representava a tendência apolitizante do antitotalitarismo.[13]

Sobre essa posição intermediária de Glucksmann ainda há mais o que dizer. Assim como Foucault, Glucksmann considera o Estado primordialmente repressor, voltando toda a sua energia em combatê-lo. Mas, em contraste com o seu inspirador nietzschiano, que não baseia a sua rebeldia em nada, Glucksmann realmente acredita em uma natureza humana em nome da qual a resistência contra o Estado explorador pode ser justificada: "Onde o Estado termina, começa o homem". Cedendo a um antigo reflexo maoísta, Glucksmann busca o homem incorrupto na população proletária rural. Ele simpatiza sobretudo com a "plebe", a massa de pequenos camponeses explorados e os únicos a não explorar ninguém. Os "plebeus" – a denominação de Glucksmann para os proletários de Marx – são impotentes por

---

inicialmente foram abertos por Foucault" (Maurice Clavel, em *La Nouvelle Action Française*, 25 de novembro de 1976, citado em Aubral e Delcourt, *Contre la Nouvelle Philosophie*, p. 284).

[13] Mongin, *Face au Scepticisme*, p. 91-92.

definição; seu maior desejo é não ser oprimido. Somente eles podem deixar o homem "começar" ao fazer o Estado "terminar" e assim adiantar o inevitável derradeiro objetivo histórico-mundial da "destruição do Estado".[14] Glucksmann, enfim, assovia a velha melodia de Marx. Mas, como se ainda fosse setembro de 1917, ele se esquiva de um famigerado trava-língua teórico, ou seja: como é que a plebe pode derrubar o Estado? Como é que os "sem poder" podem tomar o poder? Nesse quesito, Marx travou e Lênin assumiu. Mas onde Lênin começou a pensar, ali Glucksmann permanece calado – não mais disposto a acompanhar as cantigas sobre vanguardas revolucionárias e lideranças partidárias, mas tampouco capaz de conceber algo melhor.

Mesmo assim, a geração Glucksmann, manietada pela perda de Marx, podia perfeitamente dispor de uma solução para o clássico problema: como lutar sem poder contra o poder?

> A única solução que um dia se encontrou para esse problema é a de um isolamento místico do mundo: o sábio estoico, o iogue indiano, o mártir cristão demonstraram como resistir ao poder sem aquiescer a lógica do poder, nesse jogo que exige identificar-se com o adversário para poder enfrentá-lo; todos eles apontaram o caminho para a solução anarquista do problema político, ou seja, desistir de qualquer política, buscar uma unanimidade humana *fora* das limitações e obrigações de uma *polis*.[15]

---

[14] Glucksmann, *La Cuisinière*; citações na p. 219. Glucksmann define os "plebeus" como "aqueles que não escolheram o lado dos mais fortes. Os *sans-pouvoir*, da mesma maneira que se fala dos *sans-culottes*. Aqueles que nada têm a ver com o poder de dinheiro e polícia, com a capacidade de organizar e manipular: a maioria da população" (ibidem, p. 48n). Sua crítica à União Soviética é justamente porque ela explora a população e por isso pode ser considerada tão *capitalista* quanto os países ocidentais. A *cuisinière* do título remete à declaração de Lênin de que uma cozinheira deveria ser capaz de governar o Estado, enquanto o *mangeur d'hommes* é o Estado soviético, o canibal-mor que – na estimativa de Soljenítsin – já havia feito sessenta milhões de prisioneiros desaparecerem no arquipélago (evocando assim outra metáfora culinária: "Não se pode fazer uma omelete sem quebrar os ovos").

[15] Descombes, *Le Même*, p. 157-58.

Essa solução mística de se isolar do mundo da política, pois bem, é justamente aquela dos "novos filósofos". Falar de "solução", porém, é exagero. Lévy e seus comparsas escapam da confusão pós-marxista, não por resolver problemas políticos, mas por evitá-los. Dito de outra forma: os "novos filósofos" não fazem nenhuma tentativa para pensar sobre a política sem Marx, mas decidem *não* pensar sobre a política sem Marx. Os representantes mais religiosos e abertamente gnósticos da corrente – também chamada de "*christogauchisme*" – são os autores de *L'Ange* (1976), Guy Lardreau e Christian Jambet. Seu empresário Bernard-Henry Lévy corroborou ele próprio o livro que se desenvolveu como o ápice da "Nova Filosofia": *La Barbárie à Visage Humain* (1977).

"Partir a história do mundo em dois": esse é o sonho almejado por Lardreau (1947-2008) e Jambet (nascido em 1949) em *L'Ange*. Eles aspiram deixar a velha história de política e revolução, de guerra e sangue, para realizar o salto metafísico a uma (anti-)história pura e angelical. Nisso, eles falam de – ainda o espectro de Kojève persiste! – o mundo do Mestre (o poder) *versus* o mundo do Rebelde (o sem-poder).[16] Esse maniqueísmo de Lardreau e Jambet é apresentado por Lévy como "a escolha entre a aposta na rebeldia e uma concepção política do mundo". Mas isso antes parece uma renhida fuga dos devaneios do seu próprio passado maoísta: "Éramos stalinistas, *porque* estávamos interessados na política". Ou seja: para Lardreau e Jambet toda a política em essência é stalinismo. Ergo: fui. O fato de que esse conceito fatalista de política talvez não fosse correto e que seus deslizes pessoais não implicassem necessariamente a falência de todas as formas de política não lhes ocorre. Lardreau e Jambet jogam a toalha no ringue. Eles se voltam ao cristianismo, "aquilo pelo qual se

---

[16] Todos os "novos filósofos" mencionam o "Maître", mas segundo Aubral e Delcourt, *Contre la Nouvelle Philosophie*, p. 28, essa figura não significa nada, em se tratando de tudo ao mesmo tempo: "O Logos aristotélico, o policial na nossa mente, o policial na rua, o eremita nietzschiano, o professor, a instância sexual, o CGT [um sindicato comunista] e Giscard". O "rebelde" é o "Anjo", em quem o Mestre por fim – não pergunte como – se dissolverá.

consegue escapar a qualquer percepção de política". O fato de identificarem múltiplos paralelos entre os primeiros cristãos e os maoístas enfatiza ainda mais que "a política é percebida por eles como uma moral, uma crença, uma exigência de perfeição e do absoluto, o que os levou ao entorpecimento". Dentro do cristianismo, eles admiram principalmente a abnegação dos fundadores da Igreja: "o desprezo por tudo, o olvido dos pais e o desapego pelo próprio mundo". Visto que para Lardreau e Jambet qualquer sociedade política constitui um Gulag em potencial, o melhor que conseguem fazer é se retirar ao deserto (uma predileta metáfora novo-filosófica) e lá aguardar como eremitas na expectativa do Rebelde virar Anjo. "O Anjo precisa vir."[17]

"Sem *L'Ange* eu nunca me atreveria a escrever este livro", anuncia Bernard-Henry Lévy no prefácio do seu *La Barbárie à Visage Humain*. Também o jovem escritor-editor resolveu fugir da política após a leitura de Soljenítsin. Para essa mesma guinada, entretanto, ele optou por um devaneio diferente: Lévy não o busca no ideal do eremita, como seus dois amigos, mas na moral. Isso tornava seu livro bem mais palatável, levando-o a se desenvolver no semblante do antitotalitarismo. O que o *A Cozinheira* de Gluckmann havia começado dois anos antes foi arrematado pelos mais de cem mil exemplares vendidos do *La Barbárie à Visage Humain*. Graças à "abreviada colcha de retalhos retórica feita com ideias emprestadas" de Lévy é que *O Arquipélago Gulag* de Soljenítsin obteve seu pleno impacto.[18]

---

[17] Lardreau e Jambet, *L'Ange*, citações nas p. 224, 133, 36; paralelos entre cristianismo e maoísmo em 1993. O pronunciamento sobre o stalinismo e o cristianismo são de uma dupla entrevista em *Magazine Littéraire*, maio de 1976; citado respectivamente em Aubral e Delcourt, *Contre la Nouvelle Philosophie*, p. 25, e Mongin, *Le Politique*, p. 41. Lévy sobre *L'Ange* citado em ibidem, p. 40. A qualificação "entorpecimento" é de Aubral e Delcourt, *Contre la Nouvelle Philosophie*, p. 46. No que se refere à equiparação de política com stalinismo, compare o colega "novo filósofo" Dollé: "A essência do poder é o poder absoluto" (Dollé citado em ibidem, p. 27).

[18] Gauchet, "L'Alignement", p. 113. Para as cifras de venda do *La Barbarie*, veja: Winock, *Le Siècle*, p. 603.

A "colcha de retalhos" de Lévy constitui uma longa declaração de impotência e desapontamento. As respostas do pensador de camisa branca para as três grandes questões de Kant resumem bem o seu pessimismo. O que posso saber? "Pouco, muito pouco, exceto que o mundo vai mal e que seus profetas da felicidade muitas vezes trazem o infortúnio."

O que posso esperar? "Igualmente pouco, muito pouco, se assim for que o Senhor constitui o outro nome para o Mundo e que, assim que um é destronado, um seguinte ocupa o seu lugar." O que devo fazer? "Resistir contra a iminente barbárie, de onde quer que venha." Essa resistência "antibárbara" é apolítica: "Não atuaremos mais na militância, agora que fomos exilados por um longo tempo do domínio da política". (Observe como Lévy posa aqui de vítima ao conceber seu autoimposto sofrimento como um "exílio".) O intelectual antibárbaro, cujas características subsequentemente são analisadas por Lévy, deve ser – além de artista e metafísico "angelical" – sobretudo *moralista* ("no sentido clássico de Kant ou Camus"). Agora que os antigos conceitos políticos perderam sua credibilidade, Lévy considera a moral sua derradeira arma em potencial: "Assim, encontramo-nos na posição confusa em que, para se forçar um avanço na política, dispomos apenas de instrumentos extremamente frágeis e incertos. É hora, talvez, de escrever tratados sobre a moral".[19]

A *"nouvelle philosophie"* é um exorcismo público de antigos pecados, além de uma patética declaração de incapacidade político-filosófica. O movimento não gerou nenhuma visão política que já não pudesse também ser encontrada em O Homem Revoltado de Camus, por exemplo. Não obstante, o fenômeno é de grande importância. Constitui o representante mais puro da terceira fase pós-kojèviana da filosofia política francesa: após o "ativismo otimista" (e suas vertentes marxistas) da geração Sartre e o "ativismo pessimista"[20] da geração

---

[19] Lévy, *La Barbarie*, citações nas p. 220-21, 223 e 226.

[20] Para ver como Foucault caracterizava a própria posição, veja a página 154 no capítulo 3.

Foucault, segue agora a fase que bem poderia se denominar de "passividade pessimista".[21] Foi Bernard-Henry Lévy que evocou esse novo e sombrio estado de espírito de maneira mais intensa, com uma metáfora angustiante: "O que nos resta, como ratos que somos, seria recolher-nos a um cantinho entre os escombros e aguardar pacientemente – a doce vida prévia à barbárie".[22]

A convocação de Lévy para que, pelo amor de Deus, então ao menos se escrevesse tratados sobre a moral como resposta a problemas políticos não havia sido em vão. Após 1975, os filósofos franceses voltaram-se para a ética. O melhor símbolo para esse desenvolvimento foi a reabilitação filosófica de Emmanuel Kant. Um milagre, pois não havia Alexandre Kojève mais de quarenta anos antes declarado a falência do neokantismo de maneira retumbante? Mas agora, após quatro décadas da supremacia intelectual dos neohegelianismos e neonietzschianismos kojèvianos, onde seu nome era sinônimo de formalismo a-histórico e ingenuidade política, o velho Kant fazia o seu retorno. Assustada com a megalomania de Jena e a insensatez de

---

[21] Mas então, poder-se-ia perguntar por conseguinte, e quanto à quarta possibilidade, "passividade otimista"? Essa atitude simplesmente não ocorre entre os intelectuais franceses, o que não deixa de ser evidente: aquele que anuncia que tudo vai bem e que nada mais precisa ser feito, rapidamente esgotará o seu assunto e não conquistará um lugar proeminente no mercado de ideias. Voltaire, o patriarca de todos os intelectuais críticos franceses, já havia entendido isso; ele só ficou famoso depois que começou a ridicularizar a ideia de Leibnitz de que viveríamos "no melhor dos mundos possíveis", por meio de uma novela satírica cujo subtítulo raramente é mencionado: *Cândido ou o Otimismo*. Assim se evidencia que o intelectual francês encontra tanto sua origem como sua *raison d'être* na resistência contra a "passividade otimista". (Caso se insista em utilizar esse rótulo, dever-se-ia aplicá-lo então ao pós-modernismo *norte-americano*, frequentemente caracterizado como uma filosofia para estetas presunçosos e *yuppies* oportunistas. Na França, no máximo alguns romances de Raymond Queneau poderiam ser classificados na categoria "passividade otimista"; para alguns de seus destinos turísticos pós-históricos veja o capítulo 1, nota de rodapé 29.)

[22] Lévy, *La Barbarie*, p. 219.

Sils-Maria,[23] na segunda metade da década dos 1970 a filosofia francesa regressava ao humanismo burguês de Köningsbergen.[24]

Esse *retour à Kant* se deu de duas maneiras. A maioria dos filósofos que buscava uma filosofia política na obra de Kant recorria a sua *Crítica da Razão Prática*. Isso também é óbvio, pois a segunda *Crítica* é totalmente dedicada a questões do procedimento moral. Surpreendentemente, contudo, também havia um pequeno grupo de pensadores que esperava mais da terceira *Crítica* de Kant, a *Crítica da Faculdade do Juízo*.[25] O contraste entre os apreciadores da terceira e da segunda *Crítica* (entre, em termos de outro debate, relativistas e universalistas) estruturou o debate político-filosófico francês nos anos 1980. Uma razão para dedicar as duas seguintes seções a Jean-François Lyotard e à dupla Luc Ferry e Alain Renaut, respectivamente. Lyotard fez a tentativa mais coerente para basear uma filosofia política na terceira *Crítica*; Ferry e Renaut são os neokantianos que se distinguem no sentido mais restrito, e proponentes de uma "política de direitos humanos".

UM DESEJO POR JUSTIÇA (LYOTARD)

Jean-François Lyotard (1924-1998) – um ano mais velho que Deleuze, dois a mais que Foucault – desabrochou tardiamente. Antes de 1975 ele não desempenhava nenhum papel de expressão na filosofia francesa: seguia os três *modes du soupçon*, sem oferecer contribuições realmente originais. Lyotard foi comunista ortodoxo por um tempo após a guerra e na ocasião envolveu-se com uma pequena facção

---

[23] Localidade nos Alpes suíços onde Nietzsche escreveu a maioria das suas obras durante sete verões seguidos. (N. T.)

[24] Local de nascimento de Kant, a atual Kaliningrado, na Rússia. (N. T.)

[25] *Kritik der Urteilskraft*, também conhecida como a *Crítica do Julgamento* ou *Crítica da Faculdade de Julgar*. (N. T.)

marxista de extrema-esquerda chamada Socialismo ou Barbárie (1954-1964). O Maio de 1968, que Lyotard conheceu bem de perto como professor de filosofia em Nanterre, um dos principais focos dos distúrbios, foi por ele caracterizado mediante um vocabulário inovador como uma rebelião do desejo contra a sua opressão. Uma dose de Freud misturada a Marx; essa combinação pedia por mais. O resultado foi a coletânea *Dérive à Partir de Marx et Freud* (1973). Ambos os mestres da suspeita, porém, tiveram que dar lugar ao seu colega Nietzsche no vitalista *Économie Libidinale* (1974).[26] Essa obra capital "precoce", tal qual *O Anti-Édipo* de Deleuze (1972), constitui uma libertadora ideologia do desejo, sustentada pela semelhança entre o conceito de libido de Lyotard e a noção do *Wille zur Macht* de Nietzsche.

Somente na segunda metade dos anos 1970 é que Lyotard começou a imprimir a própria marca no debate filosófico. Isso tinha tudo a ver com a oportuna guinada do seu pensamento: a conversão para a ética. Enquanto seus coetâneos Deleuze e Foucault ainda insistiam no nietzschianismo militante, após "Soljenítsin" Lyotard se tornou ciente dos perigos do terror e do totalitarismo. Ele reconhecia que sua economia libidinosa era eticamente indiferente e achava que não podia

---

[26] Para uma noção desse vitalismo nietzschiano posterior ao Maio de 1968, no qual a antiga política reformista foi abandonada a favor de uma política de desejo utópico e os *maîtres* de Nietzsche-Kojève também ressurgiram, eis uma citação de Lyotard de 1973: "Mais importante que a esquerda política, antes um encontro de intensidades: um imenso movimento subterrâneo, hesitante, de fato antes uma leve ondulação, fazendo com que a lei do valor seja repudiada. Encerramento da produção, confiscações sem indenização (roubos) como modalidades de consumo, a recusa em 'trabalhar', comunidades ilusórias (?), eventos, movimentos para a libertação sexual, ocupações, invasões, sequestros, a produção de sons, palavras e cores sem intenções artísticas. Aqui estão os 'homens da abundância', os 'mestres' de hoje: marginais, pintores experimentais, *pop*, *hippies* e *yippies*, parasitas, malucos, loucos varridos. Uma hora da vida deles oferece mais intensidade que trezentas mil palavras de um filósofo professor. Mais nietzschiano que os leitores de Nietzsche" (Lyotard, "Notes on the Return of Capital", *Semiotext(e)* 3 (1978 [1973]), p. 44-53, ali p. 53; citado em Best e Kelner, *Postmodern Theory*, p. 155-56).

continuar evitando a problemática da *justiça*. O interessante é que nos livros publicados por Lyotard no período 1977-1979 a transição de Nietzsche a Kant torna-se quase palpável. Isso porque de um lado ele se prende à teoria do conhecimento de Nietzsche ("tudo é interpretação") – e chega a popularizá-lo como "pós-modernismo" –, mas de outro consulta Immanuel Kant para sua filosofia política erigida naquele não fundamento. Lyotard assume o projeto de desenvolver uma filosofia da justiça com a ajuda de Kant que seja capaz de resistir à crise de legitimidade derivada do perspectivismo nietzschiano.[27]

Essa crise de legitimidade foi analisada pelo próprio Lyotard em 1979, de uma maneira entrementes consagrada como "o fim das metanarrativas". A obra incidental em que isso ocorreu, *A Condição Pós-Moderna* (1979), transformou o seu autor, *malgré lui*, no arauto internacional do pós-modernismo. O diagnóstico de Lyotard também pode muito bem ser considerado como uma das muitas reações exaltadas da segunda metade da década de 1970 que se seguiram à falência do marxismo. Esse contexto do choque Gulag também pode explicar uma série de características da noção de justiça que Lyotard subsequentemente desenvolve baseado nas suas análises. Por isso, seguem ainda algumas observações sobre as "metanarrativas" ("*métarécits*") de Lyotard.

As "metanarrativas" são relatos histórico-filosóficos que com a sua pretensão de universalidade conferem legitimidade às ciências. Lyotard distingue "duas versões da narrativa de legitimação: uma mais política, a outra mais filosófica". Na versão política, o crescimento do conhecimento é legitimado como uma contribuição para a libertação e a *emancipação* do povo; aqui se reflete o ideal do Iluminismo francês. Na versão filosófica da metanarrativa, o crescimento do conhecimento legitima a si mesmo e, como garantia da formação (*bildung*) moral e espiritual de uma nação, um espírito especulativo é postulado; essa versão foi mais acertadamente elaborada por Hegel

---

[27] Van Peperstraten, *Jean-François Lyotard*, p. 62-68.

e Wilhelm von Humboldt. Essencial em ambos os casos é o entrosamento entre ciência e política. O exemplo mais claro de uma metanarrativa é o marxismo, que efetivamente baseou um código de conduta política em uma filosofia histórica "científica" que tudo explica. Nisso, o marxismo fez uso de ambas as versões da metanarrativa, ora enfatizando o objetivo iluminista da emancipação do proletariado, ora apontando a infalibilidade teórica do partido como fonte da verdade (a propósito: é por isso que alguns jornais comunistas se chamam *L'Humanité* e outros *Pravda*.)[28] A questão crucial, contudo, é que Lyotard estabelece uma correlação direta entre o gênero das metanarrativas e a política totalitária.[29] Toda a metanarrativa levaria ao terror. Em outras palavras, Lyotard transforma o atalhamento novo-filosófico do caso-Marx-então-Gulag em uma constante.

Mas, para a satisfação de Lyotard, as metanarrativas "perderam sua credibilidade".[30] Sua opressão totalitária da realidade afrouxou. No vazio assim criado, mil línguas podem florescer novamente. Segundo Lyotard – que para essa análise afia suas perspectivas nietzschianas conceitualmente com a filosofia linguística de Wittgenstein[31]

---

[28] "A verdade", em russo. (N. T.)

[29] Lyotard, *La Condition*, citações nas p. 63 e 54. As ideias de Lyotard, ademais, são pouco originais. Conforme indicado anteriormente, logo após a guerra Popper, Arendt e Talmon já faziam referência ao elo intrínseco entre as metanarrativas da filosofia historicista e o terror político, enquanto esse pensamento também não era estranho aos filósofos da suspeita da década de 1960.

[30] Lyotard, *La Condition*, p. 62.

[31] A transição da filosofia do desejo para a filosofia da linguagem pela qual Lyotard passou entre *Économie Libidinale* (1974) e *A Condição Pós-Moderna* (1979), em si já pode ser considerada um movimento de Nietzsche a Kant. Isso porque o pós-modernismo, ao qual Lyotard chega após essa "virada linguística" na companhia de, entre outros, Derrida e Rorty, de fato é descrito como uma forma extrema da teoria do conhecimento kantista: exatamente da mesma maneira que Kant estendeu uma rede conceitual em volta do mundo com suas categorias, impedindo qualquer experiência direta com as Coisas em Si [*Dinge an Sich* (N. T.)], assim os pós-modernistas também acabaram perdendo o senso de proporção com suas representações e simulacros – um

– o mundo consiste em uma multiplicidade de "jogos de linguagem" que não se correlacionam. Trata-se de maneiras de falar sobre e dentro da realidade, cada uma com as próprias regras: como perguntas, alegações, prescrições, juízos ou argumentações. Mesmo o jogo de linguagem descritivo não é mais fundamental do que qualquer outro; eles convivem lado a lado. Nenhum jogo de linguagem pode ter a oportunidade para impor suas normas a outros jogos de linguagem (conforme as metanarrativas histórico-filosóficas justamente faziam). Heterogeneidade, incomensurabilidade, pluralidade, dissenso e conflito formam as palavras-chave no universo de Lyotard.

A pergunta é: e agora? Lyotard obviamente sabe que, num mundo fundamentalmente fragmentado e conflituoso como esse, os demônios nietzschianos do niilismo e da apatia se manifestarão novamente. Aos críticos de fato pareceu que Lyotard fazia pouco mais do que se conformar às relações existentes. Assim ocorreu que o entusiasta do consenso Jürgen Habermas logo bradou "neoconservadorismo".[32] Em *A Condição Pós-Moderna*, concebida como "um relatório sobre o saber", Lyotard não aborda esse tipo de problemas morais e políticos. Por ora ele se limita a apontar a injustiça das metanarrativas monopolizadoras e a justiça que se encontra na pluralidade. Somente a frase de encerramento de *A Condição Pós-Moderna* parece antecipar um novo programa: "Uma política está despontando, na qual o desejo de justiça e o do extraordinário serão igualmente respeitados".[33]

---

desenvolvimento que atingiu seu auge no "*Il n'y a pas de hors-texte*" de Derrida (veja Ankersmit, "Representatie"). É exatamente esse movimento no qual os nietzschianos mais consistentes Deleuze e Foucault não acompanharam Lyotard *cum suis*. Mesmo após 1975 eles se manteriam focados na experiência individual do desejo e do poder.

[32] Habermas, *Die Moderne*. A imputação de niilismo já havia sido feita a Lyotard pelo seu interlocutor Jean-Loup Thébaud em Lyotard e Thébaut, *Au Juste*, p. 182-83.

[33] Lyotard, *La Condition*, p. 108.

Lyotard primeiro procurou a solução para o seu problema básico da justiça em Nietzsche. Em *Instructions Païannes* (1977), a justiça encontra a sua origem na (disposição à) *força*. Para romper o poder das metanarrativas – naquele panfleto ainda se tratava de marxismo e capitalismo – é necessário ter "força narrativa". Aqui Lyotard recorre igualmente a *O Arquipélago Gulag* de Soljenítsin; aquela coleção literária de milhares de anedotas recontadas prova que é possível resistir ao "monopólio narrativo" do marxismo. A justiça é "a força para querer executar, escutar e contar narrativas".[34] Embora ele agora recorra pela primeira vez a Kant e a sua terceira *Crítica*, "na esteira de Nietzsche Lyotard parece interpretar o *Einbildungskraft*[35] literalmente como uma força".[36] Na medida em que Lyotard tinha uma ética em 1975, essa é nietzschiana.

Em *Au Juste* (1979), porém, Lyotard reconhece que com base na filosofia da *vontade* de Nietzsche não se pode desenvolver uma noção de justiça política. Lyotard troca a "vontade de potência" de Nietzsche por uma "vontade que é compulsória", e pela primeira vez pronuncia-se favoravelmente sobre a segunda *Crítica* de Kant. Ele valoriza a obra como uma tentativa de dissociar o jogo de linguagem prescritivo da ética do descritivo do conhecimento. Os dois devem ser separados: "Não há conhecimento na área da ética. E por isso tampouco haverá conhecimento na área da política". Mas, se não há conhecimento político, existem somente opiniões. A fim de se poder fazer escolhas nessa área mesmo sem uma diretiva genérica, seria necessário uma filosofia do *juízo*. Um possível candidato nesse caso é a *Crítica da Faculdade do Juízo* (1790) de Kant, que trata, entre

---

[34] Lyotard, *Instructions Païennes*, p. 17 e 87. Na expressão *vouloir la puissance* obviamente ressoa o *volonté de puissance* de Nietzsche, mas somente no sentido do curioso desvirtuamento de Deleuze (veja o capítulo 3, nota de rodapé 6).

[35] "Força (ou faculdade) de imaginação", em alemão. (N. T.)

[36] Van Peperstraten, *Jean-François Lyotard*, p. 68.

outros, da questão de como avaliar obras de arte sem uma diretriz definida. Lyotard contudo postula haver um paralelo entre o juízo estético e o juízo político. Isso o leva a interpretar a terceira *Crítica*, junto com os escritos históricos menores de Kant, como uma "crítica à razão política".[37] *Le Différend* (1983) é a coroação dessa linha de pensamento e pode com razão ser considerada a obra-prima político-filosófica de Lyotard.

A proposta do *Le Différend* é conter a ameaça da apatia pluralística ao fazer jus à "disputa". Por "disputa" Lyotard entende uma situação em que um conflito entre duas partes é resolvido no idioma de um destes, enquanto a injustiça sofrida pelo outro não pode ser expressa naquele idioma. É isso que distingue uma "disputa" (*différend*) de um "litígio" (*litíge*): no litígio, é possível que a parte lesada argumente a injustiça sofrida. No momento em que essa possibilidade lhe é negada, o litígio se transforma em disputa e a parte lesada se transforma em vítima. Um exemplo talvez possa esclarecer isso. Um habitante da Martinica é cidadão francês: caso seus direitos como tal sejam transgredidos, ele pode registrar uma queixa (litígio). Mas a injustiça que ele pensa ter sofrido pelo fato de ser cidadão francês não pode ser julgada sob a lei francesa. E, como cidadão francês, ele também não pode registrar sua queixa fora do direito francês (no direito internacional, por exemplo). A alegação de que ele sofre uma injustiça por causa de sua cidadania, portanto, não pode ser julgada

---

[37] Lyotard e Thébaut, *Au Juste*, citações nas p. 170 e 141. Veja para uma leitura política da terceira *Crítica* de Kant, entre outros, Lyotard, *Le Différend*, p. 198-96. Para a avaliação de Lyotard sobre a segunda *Crítica* de Kant, veja Van Peperstraten, *Jean-François Lyotard*, p. 71. Não obstante, referente ao *Au Juste*, Lacoue-Labarthe comenta: "Seu pós-modernismo [de Lyotard] é profundamente nietzschiano – e, aliás, não faz questão de esconder isso. Isso me parece ser o motivo que o força a referir o julgamento, o juízo, à vontade de poder". Lacoue-Labarthe conclui que mesmo se Kant substituísse Nietzsche em Lyotard, ainda assim se trataria do "Kant da interpretação nietzschiana de Kant" (Lacoue-Labarthe, "Ou En Étions-Nous?", p. 187-88).

em nenhuma instância. O martinicano em questão é vítima de uma disputa. Na disputa, algo "pede" para ser verbalizado, e esse "algo" contudo sofre uma injustiça pelo fato de isso não poder ocorrer naquele momento.[38]

Agora se torna evidente o que Lyotard entende por política. A política é a tentativa de lidar com disputas que não podem se tornar um litígio, ou seja, tentar "*to handle conflicts that admit of no resolution, to think justice in relation to conflict and difference*" [Lidar com conflitos que não admitem resolução, pensar justiça em relação a conflito e diferença].[39] A política, portanto, enfaticamente não constitui um único jogo de linguagem, mas a constante "ameaça de disputa" entre dois ou mais jogos de linguagens.[40] Nada se encontra mais afastado do conceito de Lyotard, portanto, do que as metanarrativas, nas quais a humanidade estaria a caminho de realizar o seu derradeiro objetivo histórico-mundial universal por intermédio do Estado ou do partido. Justamente o fracasso desse tipo de projeto político marxista-hegeliano significa que por enquanto a política não terminará no sentido lyotardiano. Mas que bom. Pois para Lyotard o fim da política equivale ao início da injustiça; onde não há mais luta, há sempre uma parte oprimida que não é ouvida. A justiça nada mais é do que ser – e permanecer – receptivo a silêncios significativos; uma política justa considera as injustiças que ainda não conseguiram ser verbalizadas.

Uma comparação com o conceito de Lyotard sobre a arte aqui pode ser esclarecedor. A pergunta obviamente é como considerar algo que a princípio é invisível. Segundo Lyotard, porém, é exatamente

---

[38] Lyotard, *Le Différend*, p. 16-55. A diferença entre um litígio e uma disputa corresponde nos termos da *Crítica da Faculdade do Juízo* de Kant à diferença entre um juízo "determinante" ou "reflexivo". Na primeira situação, dá-se a regra genérica na qual o caso singular terá que ser subsumido ("A rosa é vermelha"), enquanto na segunda situação não há regra genérica e o singular ao universal tem que ser deduzido ("A rosa é bonita").

[39] Readings, "Forword", p. xxiv.

[40] Lyotard, *Le Différend*, p. 200-01.

isso que a (ou seja, qualquer nova) vanguarda faz na arte moderna. Sempre acontece que determinada vertente artística parece estar se esgotando. Mas de repente então surge alguém que faz algo totalmente inesperado, abrindo assim toda uma área de novas possibilidades. Tal artista plástico de vanguarda – vide Malevich com seu quadrado negro – não se propõe a agradar apresentando a realidade ao público, mas a fazer pensar. Ele torna a tensão palpável entre as coisas que de fato são cogitáveis ("*concevable*"), mas que não podem ser representáveis ("*présentable*"). Lyotard baseia essa interpretação da vanguarda nas análises do "sublime" na *Crítica da Faculdade do Juízo* de Kant.[41] O sublime é um sentimento ambivalente que surge do conflito entre as duas faculdades espirituais do homem; trata-se de uma combinação de *prazer* e *desprazer* que ocorre quando o homem percebe que seu intelecto não dá conta de assimilar determinadas (grandiosas) impressões sensoriais e se vê obrigado a "encaminhá-las" para a razão, que tampouco as pode perceber, mas que de fato as consegue "pensar" na sua totalidade. É no sublime, portanto, que o homem é confrontado com a existência de coisas que ele não pode representar, mas que de fato existem. O sublime se opõe ao belo; trata-se de um sentimento estético (de *prazer* sem *desprazer*) que pode surgir quando os sentidos conseguem "atender" a essas impressões. Lyotard, contudo, associa o belo com a arte figurativa e o sublime com a arte de vanguarda. A relevância política dessa análise é clara: a receptividade para disputas não representáveis pode ser aprendida por excelência com a vanguarda artística.

Como exemplo de uma vanguarda ético-política, Lyotard cita o marxismo (clássico). Marx nos tornou cientes do *différend* entre o operariado e o capitalismo: o operariado somente consegue expressar

---

[41] Veja, por exemplo, Lyotard, "Réponse". Mais tarde Lyotard publicou um livro com anotações na seção sobre o sublime na *Crítica da Faculdade do Juízo*: o *Leçons Sur l'Analytique du Sublime* (1991). As diferenças entre os conceitos de Kant e de Lyotard não fazem parte do escopo deste livro.

sua eventual insatisfação no jogo de linguagem do sistema econômico vigente (ao pedir um aumento de salário, por exemplo), mas a sua insatisfação fundamental sobre o fato de ser reduzido a uma mera despesa e um escravo assalariado, ele não consegue extravasar. Subsequentemente isso desandou quando Marx cedeu à "ilusão transcendental" e passou dessa verdadeira injustiça para a ideia especulativa de que o proletário queria o comunismo; não obstante, segundo Lyotard, o marxismo "ainda não está concluído" em termos de justiça política.[42]

No seguinte apelo esconjuratório, Lyotard expressa a relação que vê entre a estética do sublime e a política justa (e, inversamente, entre uma estética da realidade e o terror das metanarrativas) de forma elaborada. (A propósito, nas linhas citadas adiante ele dirige seu escárnio ao não mencionado Jürgen Habermas, cujo ideal da comunicação transparente atestaria uma nostalgia hegeliana ao único que acabaria levando ao terror.)

> Não devemos proporcionar a realidade, mas criar alusões ao concebível que não pode ser representado. E nessa tarefa certamente não devemos presumir nenhuma harmonia entre os "jogos de linguagem", dos quais Kant, que os chamou de faculdades, sabia que estavam separados por um abismo e que somente a ilusão transcendental (a de Hegel) mantém a expectativa de reuni-los em um conjunto genuíno. Nós já tivemos a nossa parcela de terror nos séculos XIX e XX. Pagamos um preço exorbitante pela nostalgia do todo e do único, da reconciliação entre o conceito e o sensorial, da experiência transcendente e comunicável. [...] A resposta é: guerra ao todo, vamos dar mostra do irrepresentável, vamos acirrar as disputas, vamos salvar a honra do nome.[43]

Isso coloca o cerne da filosofia política de Lyotard na mesa. Especialmente a ideia de que o fim da luta política acarretaria o começo da

---

[42] Lyotard, *Le Différend*, p. 246-47.

[43] Lyotard, "Réponse", p. 33-34. O título desse artigo, "Réponse à la Question: Qu'est-ce que le Postmoderne?", evidentemente se trata de uma variação sobre o célebre "Beantwortung der Frage: Was ist Aufklärung?" (1784) de Kant.

injustiça é de grande utilidade. Com isso Lyotard de fato dá o pontapé inicial para se sair do impasse que caracterizou a filosofia política do pós-guerra, o impasse entre o absolutismo kojeviano e a negação antikojeviana da luta. Esta tão procurada posição intermediária, porém, não encontra a sua maior expressão em Lyotard, mas no trabalho de Claude Lefort, que será discutido minuciosamente no epílogo. Para encerrar este segmento sobre Lyotard, eu gostaria de demonstrar que o seu pensamento, apesar dos méritos, ainda assim falha nos mesmos dois pontos fundamentais em que também falha a principal corrente da filosofia política francesa do pós-guerra.

Em primeiro lugar, o pensamento de Lyotard desponta como extremamente ético. Isso em si parece curioso, pois em geral o pós-modernismo é justamente criticado por ser relativista. No sentido em que este derruba grandes ideais morais e abnega uma única história do mundo, essa crítica (ou constatação) é válida. Mas a demolição pós-moderna de Lyotard se deve justamente a uma preocupação moral. Esse "Kant pós-moderno"[44] se propõe a responsabilizar cada indivíduo de modo absoluto. Qualquer referência apologética a um Movimento ou Partido a que se pertence ou a um Objetivo Maior a que se serve é desqualificada por Lyotard. Em seu mundo não há possibilidade alguma de transferir responsabilidades. Ninguém deve ou pode continuar se escondendo. O pensamento de Lyotard por isso também é chamado de "hiperético".[45] Ele nos entulha com uma responsabilidade universal que é insuportável (e acaba perdendo o sentido), por não podermos cumpri-la de modo algum. Em todo lugar podem surgir disputas. Bem que podemos nos esforçar ao extremo para nos sensibilizarmos com isso – e por Lyotard devemos de fato estar constantemente alertas e "armados".[46] Mas algumas injustiças simplesmente passam despercebidas. Há silêncios que realmente não

---

[44] Van Peperstraten, "Verlichtingsfilosofie twee eeuwen later".

[45] Griffioen, "Lyotard", p. 120; sigo a análise de Griffioen nessa sentença.

[46] Lyotard, *Le Différend*, p. 195.

são ouvidos. A pergunta é se Lyotard se satisfaz com isso. Embora ele apenas peça "receptividade", a possibilidade de ser culpado de "terror" está constantemente à espreita (veja a dureza com que Lyotard trata Habermas no trecho citado anteriormente).

Já nos deparamos com tal insuportável senso de responsabilidade universal antes, notadamente em Sartre, que acreditava ter que acudir o mundo inteiro. E assim como Lyotard constantemente nos imprime que somos culpáveis de injustiça (com a invectiva do "terror"), Sartre inculcou-nos com a permanente ansiedade de que estaríamos usando a nossa liberdade da maneira errada (com a invectiva da "má-fé"). Mesmo assim, uma grande diferença ainda existe entre ambos. Embora o contraste entre a cautelosa busca de Lyotard pela justiça e a megalomaníaca política denuncista de Sartre deva ser visto com mais sutileza, essa interpretação não é de todo errônea. A diferença se relaciona a sua visão sobre a história. Sartre olha para a frente – e, por medo da injustiça que talvez pudesse ter evitado, ele se põe a (querer) fazer de tudo. Lyotard olha para trás e constantemente se arrepende de toda a injustiça que não evitou. Sartre pensa com tensão: contanto que eu não... (faça isso ou aquilo). Lyotard pensa com aflição: se eu tivesse... (feito isso ou aquilo). Assim vemos que *l'air du temps* – o ativismo após o "Stalingrado", a "passividade" após o "Gulag" – em ambos penetra até o cerne da sua filosofia política pelas frestas de uma reação primária.

Essa diferença entre Lyotard e Sartre leva à segunda deficiência da filosofia política de Lyotard. Isso porque, além de hiperética, ela também é impotente. Por fim, nem com *Le différend* Lyotard consegue levar a missão que ele mesmo se propõe – garantir a justiça em um mundo ameaçado pela indiferença – a uma boa conclusão. Sua filosofia se ocupa principalmente em detectar (determinado tipo de) a injustiça em retrospectiva, mas a seguir não consegue fazer nada contra tal. Em grande parte isso se deve aos seus postulados: tanto a justiça como a injustiça em Lyotard se passam no nível da linguagem. Agora a injustiça do martinicano que foi colonizado contra a sua vontade de fato talvez possa ser corrigida com a ajuda de um novo "jogo de linguagem". Em contrapartida, a injustiça do martinicano que nada tem para comer certamente não poderá. Mesmo quando nos limitamos ao tipo de injustiça linguística pela qual Lyotard se interessa – para não provocar demais[47] – ainda assim resta a pergunta se ele pode garantir a justiça nessa área. Embora no último parágrafo de *L'enthousiasme* (1986) ele mencione a nossa responsabilidade para "descobrir, respeitar e fazer respeitar" as disputas,[48] Lyotard nunca conseguiu dedicar-se a este terceiro item – decisivo em um mundo onde várias pessoas coabitam. Ele nos ajuda a descobrir, nos obriga a respeitar e espera que pelo resto tudo vá bem. Mas existe um porém: "A recomendação para respeitar o Outro é tão descompromissada e inócua como a recomendação dominical do pastor para se amar o próximo".[49]

No capítulo anterior vimos como o esforço neonietzschiano de criar espaço para as diferenças desembocou em uma filosofia política

---

[47] No entanto, talvez não fosse tanta provocação assim: uma séria e frequente objeção contra o pós-modernismo é que todo o seu foco se volta às diferenças culturais (uma tendência que resultou no "politicamente correto" das universidades americanas), enquanto questões socioeconômicas não são consideradas. Para esse tipo de crítica à "esquerda cultural" norte-americana, veja Rorty, *Amerika waarmaken*.

[48] Lyotard, *Het enthousiasme*, p. 122.

[49] Verkuijlen, "The Medium", p. 49. Essa citação é proveniente de um comentário de Henk Oosterling intitulado *Door schijn bewogen. Naar een hyperkritiek van de xenofobe rede* (1996), uma tese de doutorado sobre os cinco grandes pensadores neonietzschianos franceses da diferença: Bataille, Deleuze, Derrida, Foucault e Lyotard. O principal objetivo de Oosterling é assinalar as consequências ético-políticas desse pensamento. Após seiscentas páginas nas quais ele muito se esforça para refutar as imputações de apatia e descompromettimento (e no momento em que o não tão refinado trio Bataille-Deleuze-Foucault já desapareceu de vista), Oosterling finalmente chega ao cerne da questão ao afirmar: "A qualificação um tanto pejorativa de 'descompromettimento' foi convertida em 'abertura por princípio'" (Oosterling, *Door schijn bewogen*, p. 634). O mencionado crítico, contudo, não se deixou convencer.

na qual a possibilidade (ou mesmo a necessidade teórica) de uma tirania foi aceita sem mais: seja para combatê-la e assim se libertar (Foucault), seja para se tornar um tirano e assim se tornar autônomo (Deleuze). Lyotard parte dos mesmos pressupostos neonietzschianos que seus dois coetâneos e luta ao lado deles na *guerre au tout*, mas termina com uma filosofia política muito mais prudente e bastante ineficaz. Como isso procede? Seu nietzschianismo é domado por Kant. Ou seja: após o deleuziano *Économie Libidinale*, na "política da diferença" de Lyotard não se trata mais da diferença do eu, mas da diferença do outro.

Assim a filosofia política neonietzschiana de certa maneira acaba no mesmo impasse que a dos existencialistas: ou violência ou impotência. O contraste do tudo-ou-nada entre Sartre e Camus (entre "Stálin" e "Gandhi") agora vemos retornar como o contraste entre Bataille-Deleuze-Foucault e Lyotard-Garrida.[50]

---

[50] Algumas palavras sobre Jacques Derrida. Ele não é tratado aqui, porque seu pós-modernismo possui uma proposta política menos afiada do que a de Lyotard. Somente nos últimos anos – e mesmo assim em grande parte graças ao caminho já aberto pela crítica do juízo de Lyotard – é que Derrida transfere o seu enfoque da literatura e da estética para a política. O fato do seu relativismo pós-moderno se converter assim em um universalismo idealista é menos surpreendente do que parece. Pois como se pode, após ter transformado todas as pessoas em "outros" e "forasteiros", resolver problemas políticos de outra forma senão pela evocação de fatores como "amizade" e "hospitalidade"? (Para o cotejamento de Lyotard por Derrida, veja seu "Préjugés" (1985); referente ao seu idealismo pseudopolítico, veja *Politiques de l'Amitié* (1994) e *Over gastvrijheid* [1998].)
No mais, dois congêneres de Derrida, Philippe Lacoue-Labarthe e Jean-Luc Nancy, eles sim, fizeram tentativas para pensar sobre "o que é político" e a (impossibilidade da atual) comunidade política com base em Derrida e Heidegger. (Referente à complicada relação entre as análises de Lacoue-Labarthe e Nancy sobre o "fim da metafísica" e o "fim do que é político", veja por exemplo a introdução de Simon Sparks em Lacoue-Labarthe e Nancy, *Retreating the Political*, p. xiv-xxviii; para as reflexões de Nancy sobre a comunidade e a sua dívida com Bataille e Blanchot, veja a introdução de Ten Kate e De Wit, assim como a contribuição de Groot e Ten Kate, em *Voorbij het zelf-behoud*.)

Lyotard e os pós-modernistas não dominaram o debate político-filosófico na França nos anos 1980; na sua pátria eles atraíram bem menos atenção do que, por exemplo, nos Estados Unidos. Alguns jovens pensadores franceses que, em contraste com o ex-nietzschiano Lyotard, pleiteavam um *incondicional* "retorno a Kant" acabaram prevalecendo. Foi assim que o Nietzsche manso acabou dominado pelo seu domador Kant.

O RETORNO DO HOMEM E DA JUSTIÇA (FERRY E RENAUT)

O romance *A Imortalidade* (1990) de Milan Kundera contém um trecho no qual ele faz uma retrospectiva daquilo que tão subitamente acometera a intelectualidade na Europa Ocidental quinze anos antes:

> O termo direito do homem já existe há dois séculos, mas somente atingiu o apogeu da sua fama na segunda metade dos anos 1970. Na época, Alexandre Soljenítsin acabara de ser banido da Rússia e a sua aparição inusitada, adereçada com barba e grilhões, hipnotizava os intelectuais ocidentais, que de forma doentia almejavam tal grandioso destino. Graças a ele, reconheceram com um atraso de cinquenta anos que existiam campos de concentração na Rússia comunista; até mesmo figuras progressistas subitamente admitiam não ser justo alguém ser preso por aquilo que pensava. E para sua nova atitude eles encontraram um excelente argumento: os comunistas russos haviam violado os direitos humanos, que tão solenemente haviam sido anunciados pela própria Revolução Francesa![51]

De significado mais prático foi outro empreendimento de Lacoue-Labarthe e Nancy: em novembro de 1980 eles fundaram o Centre de Recherches Philosophiques sur le Politique, que até 1983 funcionou como um importante local de encontro político-filosófico. Luc Ferry, Lyotard e Lefort, entre outros, iam apresentar trabalhos ali, e foi onde de certa forma se engendrou a teoria do *retour du politique* do final da década de 1980 (veja as coletâneas *Rejouer le Politique* (1981) e *Le Retrait du Politique* (1983) publicadas pelo *Centre*.

[51] Kundera, *Onsterfelijkheid*, p. 148.

Os direitos do homem, Kundera aparenta querer dizer com leve ironia, representavam a toalha intelectual após a ducha fria de *O Arquipélago Gulag*. Contra o caráter arbitrário e sem lei do Estado totalitário, podia-se lutar com base no direito. Essa era a mensagem dos dissidentes do Leste Europeu. A assinatura dos artigos sobre os direitos humanos nos Acordos de Helsinque (1975), a fundação do movimento dissidente tcheco Charta 77 e o breve sucesso do movimento reformista polonês Solidariedade (1980-1981) são exemplos de momentos em que a chamada para se respeitar os direitos humanos pareceu formar um ponto de partida para uma crítica ao totalitarismo, tanto no sentido prático quanto no teórico.[52] No decorrer dos anos 1980, a discussão dos direitos humanos consumiria todo o pensamento francês sobre política. Pelos motivos citados mais detalhadamente adiante, podemos considerar essa moralização e judiciarização da política como uma nova fase no movimento despolitizante engendrado pelo comodismo dos "Novos Filósofos". A apoteose veio no final da década, com o bicentenário em 1989. Mas sobre isso também falaremos adiante.

O súbito retorno dos direitos humanos significou um indubitável rompimento mental com tudo o que era valorizado pelas duas gerações anteriores. Antes de 1975, quando crítica e suspeita ainda eram sinônimos, todo intelectual bem pensante discernia uma dupla ficção nos direitos humanos. O *direito*, para começar, em consonância com Marx era considerado o chantili ideológico no bolo das relações socioeconômicas entre as classes; o próprio Marx teria afirmado que o reconhecimento dos direitos humanos pelo Estado moderno essencialmente preenchia a mesma função que a aceitação da escravidão pelo

---

[52] Além de por Ferry e Renaut, mencionados adiante, o debate sobre os direitos humanos por volta de 1981 foi conduzido entre outros por Gauchet, em "Les Droits de l'Homme"; Lefort, em "Droits de l'Homme et Politique" (depois incluído em idem, *L'Invention Démocratique*; também traduzido em idem, *Het democratisch tekort*); Thibaud, em "Droit et Politique"; e na edição de janeiro de 1981 da revista *Esprit*.

antigo Estado.⁵³ O *homem*, em continuação, foi igualmente afetado pela suspeita; o sonhado portador racional dos valores universais foi, conforme vimos no capítulo anterior, pulverizado sob as marteladas de estruturalistas e nietzschianos até virar um produto casual e irracional da história, do poder e do desejo. Em suma, tanto para os neo-hegelianos da geração de Sartre como para os neonietzschianos da geração de Foucault, tudo o que se referia à ideia dos direitos humanos era considerado suspeito. É evidente que esse *corpus* de crítica representava um ônus enorme a qualquer tentativa para reanimar os direitos humanos. Não obstante, a partir de 1980, dois corajosos neokantianos, Ferry e Renaut, tentariam negociar esse ônus.

Luc Ferry (nascido em 1951) e Alain Renaut (nascido em 1948) faziam sempre a mesma coisa nas diversas publicações que escreveram juntos ou individualmente durante a década dos 1980: com ataques contundentes a tudo o que cheirasse a Hegel, Nietzsche ou Heidegger, eles criavam espaço para a moral universal de Kant e Fichte. A dupla atraiu uma atenção maior com duas obras polêmicas: *La Pensée 68* (1985) e *Heidegger et le Modernes* (1988), respectivamente uma condenação do "humanismo contemporâneo" de Foucault, Derrida, Bourdieu e Lacan, e um *reductio ad Heideggerem* de praticamente todo o pensamento francês. Essas investidas eram conduzidas usando a segunda *Crítica* de Kant como base para suas operações filosóficas e o Collège de Philosophie para as institucionais.⁵⁴ Sempre constante é o esquema

---

⁵³ Marx formulou sua crítica aos direitos humanos de maneira mais extensa em *Zur Judenfrage* (1844) e também em *Die heilige Familie* (1844) e *Die Deutsche Ideologie* (póstumo); as passagens mencionadas foram incluídas na antologia de Worms, *Droits de l'Homme*, p. 294-314.

⁵⁴ O retorno a Kant foi reivindicado pela primeira vez de forma explícita por Ferry e Renaut em "D'Un Retour a Kant" (1980), em: Ferry e Renaut, *Système et Critique*, p. 156-77. O Collège de Philosophie foi um centro de estudos fundado após a guerra por Jean Wahl e "reativado" em 1974 pelos então ainda muito jovens Ferry e Renaut. Em 1983, surgiu o Collège International de Philosophie como a sua contraparte ideológica e institucional, onde os representantes do *pensée 68* se entrincheiravam.

básico das intervenções de Ferry e Renaut: a exagerada suspeita dos anos 1960 diante do humanismo e dos direitos humanos tinha que ser domada com a ajuda da filosofa crítica de Kant. O lado positivo dessa mensagem denota: um "humanismo não metafísico" é possível.[55]

O fato de o repertório de Ferry e Renaut ser tão limitado possui a vantagem de se poder discutir o seu pensamento com base em um único texto. Seu artigo "Penser les Droits de l'Homme" (1983, publicado em *Système et Critique*) se presta bem a isso, pois resume a inteira argumentação das três partes do *Philisophie Politique* (1984-1985) de Ferry. Após os dois autores terem constatado na primeira página que, a despeito de toda a suspeita existente, um *retour du droit* e um *retour du sujet* estão ocorrendo, eles formulam a sua proposta filosófica: "Como podemos falar de direitos humanos com base no anti-humanismo e no historicismo?". Essa demanda das condicionantes para um discurso jurídico segundo eles define o terreno da "filosofia de direito transcendental" (nota-se que aqui eles interpretam a filosofia ao modo kantiano como sendo uma *crítica*, uma análise das condicionantes e dos limites do conhecimento). "Para esboçar tal *filosofia dos direitos humanos*, em primeiro lugar seguiremos uma abordagem *negativa*, limitando-nos a retraçar (e por ora sem analisar) as representações da realidade (a ontologia), com as quais o humanismo jurídico claramente não condiz."[56]

---

[55] Ferry e Renaut distinguem o humanismo metafísico clássico de, por exemplo, Aristóteles ou do jovem Marx, que atribui uma essência ao homem, e o humanismo "não ingênuo" ou "não metafísico" moderno de, por exemplo, Rousseau ou Sartre, que oferece justamente a indefinição e a liberdade ao homem.

[56] Ferry e Renaut, *Système et Critique*, p. 209. Referente à trilogia *Philosophie Politique* de Ferry. A primeira parte contrapõe as ideias do jovem Fichte com as de Leo Strauss; a segunda parte opõe a filosofia histórica de Kant e a do jovem Fichte à de Hegel de um lado e à de Heidegger do outro. A terceira parte (escrita em colaboração com Renaut) explica por que apenas Kant e Fichte conseguem oferecer uma filosofia de direitos humanos e analisa como as ideologias do século XIX (anarquismo, socialismo e liberalismo) tratavam essa questão teoricamente.

Há dois tipos de filosofia que impossibilitam um "humanismo jurídico": o historicismo de Hegel e o anti-humanismo de Heidegger. As ideias de Hegel sobre "o ardil da razão", em primeiro lugar, subvertem qualquer distinção entre *sein* e *sollen*.[57] Quando realidade e racionalidade coincidem e *Weltgeschichte* [História do mundo] é a mesma coisa que *Weltgericht* [tribunal do mundo], não existe possibilidade alguma para se criticar um fato com base no direito. Qualquer visão jurídica ou moral sobre o mundo assim perde o sentido. Uma crítica a essa filosofia histórica racionalista é, portanto, necessária. Mas, em segundo lugar, não se deve incorrer ao outro extremo, tal qual Heidegger. Este queria salvar o *sein* do princípio imperialista da casualidade e, por isso, negou qualquer racionalidade à história, que assim se transformou em um permanente milagre. Mas porque a crítica metafísica de Heidegger também atinge os conceitos do homem e do direito (sujeito e valor), a sua filosofia tampouco pode servir aos direitos humanos.

Segundo Ferry e Renaut, Kant mostra o caminho para uma posição intermediária: uma crítica metafísica que, não importa quão radical, não esclarece a todos os conceitos. A lição da *Crítica da Faculdade do Juízo* de Kant é que o projeto crítico deixa espaço para "a referência de valores" (valores estéticos, e logo também, indiretamente, valores éticos, como o Belo é o "símbolo do Bem") em torno dos quais se pode presumir um "*sensus comunis*" ou, se assim quiser, uma "intersubjetividade". No surgimento de uma próspera escola jurídica kantiana (com, entre outros, Fichte) durante os anos 1795-1797, Ferry e Renaut veem uma indicação de que a filosofia crítica de Kant forma um terreno fértil para o pensamento sobre o homem e o direito. Mas com esse dado histórico sem dúvida não fica teoricamente comprovado que a crítica de Kant de fato possibilitaria um humanismo jurídico não metafísico. A essa comprovação, que efetivamente

---

[57] "Ser" e "devir" (vir a ser), em alemão. (N. T.)

deveria constituir a apoteose da sua argumentação, Ferry e Renaut dedicam apenas uma – embora comprida – sentença:

> Nós nos limitaremos aqui a dizer as coisas assim: se, no quadro de tal crítica da razão, a referência a valores continuar possível (enquanto, conforme constatamos, no contexto heideggeriano isso seria apenas um sinal de que ainda não houve um distanciamento satisfatório da metafísica), então isso é exatamente na medida em que essa crítica em Kant [...] não é *sem resto*; se a atribuição de um valor ao Belo (e, logo, ao Bem) é factível segundo a *Crítica da Faculdade do Juízo*, isso se deve ao fato de que as ideias metafísicas, uma vez desconstruídas e desobjetivadas (isto é, criticadas nas suas pretensões ontológicas), ainda assim mantêm determinada legitimidade: criticadas pelo seu eventual valor de verdade (pela sua suposta faculdade de formar a realidade), elas são mantidas de qualquer maneira, com o *status* de sentido, como exigências puramente subjetivas a cada sujeito humano; e consequentemente na sua faculdade de regular o funcionamento prático e teórico da subjetividade.[58]

Traduzido livremente aqui se lê: embora valores como liberdade e igualdade não sejam "verdadeiros", como ideais subjetivos e

---

[58] Ferry e Renaut, *Système et Critique*, p. 218-19. Talvez cause espanto que neste quesito até mesmo Ferry e Renaut se voltem à *Crítica da Faculdade do Juízo* de Kant, considerando que pouco antes eles foram apresentados como sendo inspirados pela *Crítica da Razão Prática*, da qual se derivaria seu contraste com Lyotard *cum suis*. Poder-se-ia dizer que ambos os grupos de kantianos reconhecem que juízos éticos são juízos reflexivos no sentido da terceira *Crítica*. Ferry *cum suis* apreciam nesta obra o "*sensus communis*" do juízo estético, que permite uma concordância universal intersubjetiva sobre, por exemplo, os direitos humanos, enquanto Lyotard *cum suis* justamente apreciam a terceira *Crítica* devido à análise de Kant do sublime, na qual eles baseiam sua filosofia da heterogeneidade radical. (Referente a essa nuance, veja, por exemplo, Lenoble e Berten, "Jugement Juridique", p. 344-46.) Obviamente, isso não diminui o contraste.
O ponto fraco da reflexão de Ferry e Renaut em ambas as últimas citações é principalmente a precipitada transição de juízos estéticos para juízos éticos, algo que os dois justificam apenas com a palavra "então" ("Se é Belo, *então* é Bom"). Nos seus outros textos tampouco encontrei mais explicações para essa manobra extremamente disputável.

universais eles podem conduzir o comportamento humano ao bom caminho. *Voilà* a filosofia política de Ferry e Renaut.

Após esse breve e decepcionante *intermezzo* positivo, a dupla prossegue o artigo com uma crítica preventiva aos dois campos político-filosóficos de onde possivelmente se faria ouvir a debochada objeção de "*insignifiance*" com relação ao neokantismo. Em primeiro lugar havia a escola norte-americana de Leo Strauss e seus discípulos, na qual o pensamento sobre o direito natural clássico estava sendo revalorizado.[59] Ferry e Renaut elogiam a crítica de Strauss sobre o historicismo e o positivismo modernos, mas rejeitam seu aristotelismo como possível filosofia dos direitos humanos, dado que, primeiramente, este reserva uma natureza diferente para mulheres e servos do que para cidadãos e, em segundo, porque este se parece muito com a filosofia de Hegel, com a diferença de que o ardil não provém da razão, mas da natureza. A tradição fenomenológica em direitos humanos tampouco atende às exigências que os nossos neokantistas fazem. Aqui os autores se limitam a perguntar retoricamente se qualquer vínculo com fenomenologistas como Arendt, Lefort ou o finado Merlau-Ponty não os conduziria *ipso facto* de volta à ontologia de Heidegger.[60] Assim Ferry e Renaut removem todos os rivais do seu caminho e fazem da filosofia crítica de Kant a única filosofia aceitável dos direitos humanos, a única base para um humanismo não metafísico.[61]

---

[59] Leo Strauss foi mencionado anteriormente como amigo e crítico de Alexandre Kojève (veja capítulo 1, nota de rodapé 46). Cada um desses dois gigantes político-filosóficos parecia ver no outro o seu oposto mais brilhante; paradoxalmente, eles se admiravam porque nunca estavam de acordo. O fato de que somente por volta de 1980 – um quarto de século após a publicação do seu relevante *Direito Natural e História* (1954) – começou-se a fazer referência a Strauss no debate francês (além de Ferry, veja também Lefort, *L'Invention Démocratique*, p. 45), portanto forma uma importante indicação de que finalmente o encanto de Kojève havia sido quebrado.

[60] Ferry e Renaut, *Système et Critique*, p. 221-28.

[61] Renaut perseverou na sua expedição contra o anti-humanismo até *Sartre, Le Dernier Philosophe* (1993), uma pesquisa sobre o debate humanista entre

Existem duas objeções fundamentais contra a filosofia de direitos humanos de Ferry e Renaut que eu gostaria de comentar aqui brevemente. Questões secundárias como o debate universalista-relativista ou a pergunta sobre quais são exatamente os direitos humanos que deveriam constar da cobertura básica do "pacote" – ter ou não direito a férias pagas? (artigo 24 da Declaração Universal) – ficam fora dessa discussão. Primeiramente surge a pergunta se "a visão moral do mundo" que Ferry e Renaut gostariam de resgatar a todo custo das garras dos historicistas hegelianos e dos anti-humanistas heideggerianos não levaria ao terror político. Desde que o *vertu* e o *terror* formaram uma aliança perversa sob Robespierre e Saint-Just, a relação entre os dois conceitos frequentemente foi estabelecida (primeiro no *Fenomenologia do Espírito* de Hegel). Por isso se estranha que Ferry e Renaut busquem estabelecer vínculos justamente com uma filosofia histórica moralista, cuja degeneração mesmo um iniciante na suspeita consegue deduzir, a partir do seu ideal – a do jovem Fichte. Fichte – que até nisso foi "o maior aprendiz de Kant" – considerava a história o resultado do livre-arbítrio humano, como "o processo durante o qual os homens transformam a realidade em nome de um ideal moral universal (ou, se assim quiser, de um "programa"). Com o seu imperativo categórico, Kant proporcionou a ética universal necessária, mas foi Fichte que segundo Ferry "fizera a pergunta decisiva sobre os critérios para a aplicação do imperativo categórico no mundo dos fenômenos".[62]

Sartre e Heidegger na qual novamente se explica por que o *Fenomenologia* não pode fundamentar um "humanismo não metafísico". Contudo, esse parece ter sido o último arroubo polêmico da dupla. Ferry, o companheiro de lutas de Renaut, já havia voltado o seu interesse filosófico para outras áreas (ecologia, ensino, religião) – provavelmente na suposição de que após uma década de escaramuças a vitória do neokantismo já teria sido alcançada.

[62] Ferry e Renaut publicaram ambos algumas traduções de Fichte; além disso, Ferry dedicou a ele o seu *Thèse d'État* (1980) e Renaut o estudo *Le Système du Droit. Philosophie et Droit dans la Pensée de Fichte* (1986). Para o papel--chave que Fichte desempenhou na trilogia de Ferry, *Philosophie Politique*,

Da feita que Fichte pudesse dispor de um ideal moral objetivo somado a um livrinho de instruções, ele logo cedeu (pelo menos nas suas teorias) à tentação de realizar esse ideal por meio da força. Alguns anos após seu *Sittenlehre* e *Rechtslehre* de teor kantiano, com *Der Geschlossene Handelsstaat* (1800), ele esboçou o projeto para uma sociedade totalitária e coletivista, política e economicamente isolada.[63] No mínimo, portanto, há um bom motivo para se ter um pouco de cautela ao lidar com o pensamento de Fichte. Ferry e Renaut, porém – ao se manter no terreno das condicionantes transcendentais para a ideia dos direitos humanos –, não se preocupam nem um pouco com esse tipo de desvio político-histórico dos ideais morais.[64]

Característica para a sua falta de estrutura histórica é a maneira insatisfatória com a qual eles lidam com os pensadores dos direitos humanos da tradição fenomenológica. Filósofos como Hannah Arendt e Claude Lefort combinam sua defesa dos direitos humanos

---

veja nota 53. Citações nesse parágrafo: Ferry, em Comte-Sponville e Ferry, *La Sagesse*, p. 525; Ferry, *Philosophie Politique 2*, p. 26 e 232.

[63] Ver Talmon, *Political Messianism*, p. 177-201. O pequeno passo que separa a pureza moral do terror político se manifesta na seguinte passagem do *Sittenlehre* de Fichte: "A perfeição conhece apenas uma característica, que sempre se assemelha a si mesma em qualquer lugar. Se todos os homens fossem perfeitos, se todos pudessem alcançar seus objetivos finais mais elevados, então todos seriam absolutamente idênticos. Seriam um único ser, um só sujeito. É por isso que o objetivo final da sociedade é a fusão de todas as pessoas" (J. G. Fichte, *Sittenlehre* (1798); citado em Talmon, *Political Messianism*, p. 186). A estreita relação entre o trabalho jurídico e político de Fichte, ademais, fica evidente até no subtítulo do seu muito criticado *Der geslossene handelstaat*, que soa: *Ein philosophischer Entwurf als Anhang zur Rechtslehre* ["Um projeto filosófico em suporte à jurisprudência" (N. T.)].

[64] Ferry conhece e menciona a crítica de Hegel na qual ele diz que a filosofia voluntarista de Fichte constitui a filosofia do Terror (Ferry, *Philosophie Politique 2*, p. 61n). Ferry dispõe de duas estratégias para esconjurar o perigo: ele faz uma distinção qualitativa entre o "terror moral" do jacobinismo e o "terror totalitário" do stalinismo e pretende confinar e limitar "a visão moral do mundo" com... a filosofia de Kant e Fichte (ibidem, p. 27-28 e p. 210-42). A primeira estratégia atesta incompreensão, a segunda insensatez.

com uma aguçada consciência histórica da fraqueza humana; não é à toa que os dois se encontram entre os melhores críticos ao totalitarismo.[65] De Arendt é a tese da *"banalização da maldade"*, considerada crucial para a compreensão das catástrofes do século XX. A única coisa que Ferry consegue dizer a respeito disso é: "Estou convicto do contrário".[66] Quando os nossos dois kantianos ouvem a palavra "fenomenologia", seu alarme heideggeriano começa a berrar tão alto que eles já não conseguem entender mais nada. A segunda objeção contra a filosofia dos direitos humanos talvez seja menos séria do que a anterior, mas em contraste não se relaciona meramente com a variante kantiana de Ferry e Renaut. A pergunta é se os direitos humanos podem, de fato, servir como *política*. Nesse caso, para começar, é propício saber o que aconteceu exatamente quando em 26 de agosto de 1789 a Assembleia Nacional Francesa proclamou a *"Déclaration des Droits de l'Homme et du Citoyen"*. Pois, se houve uma vez em que os direitos humanos possuíram uma dimensão política, foi então. A Assembleia fez uma grandiosa tentativa para fundamentar uma nova ordem política no direito natural.[67] De forma concisa, as características básicas do pensamento moderno sobre o

---

[65] Arendt, por exemplo, referindo-se à sina dos judeus, aponta que os direitos humanos não valem nada sem direitos nacionais (como se confirmou em 1948, quando ficou evidente que a única maneira de devolver os direitos humanos aos judeus seria a criação do Estado nacional de Israel): "O mundo não viu nada de sagrado na nudez abstrata da condição de ser humano. E considerando as condições políticas factuais é difícil dizer de que maneira a concepção do homem que sustenta os direitos humanos [...] poderia ter ajudado na busca de uma solução para o problema" (Arendt, *The Origins*, p. 299-300).

[66] Ferry, *L'Homme-Dieu*, p. 95. Numa nota, Ferry ainda acrescenta o não argumento "Heidegger!" a isso: "Arendt se junta a essa corrente inspirada por Heidegger quando defende a meu ver a infeliz ideia de uma banalização do mal".

[67] O preâmbulo da Declaração fala de "Direitos naturais, intransferíveis e sagrados do ser humano"; no artigo segundo, eles se encontram enumerados como "liberdade, propriedade, segurança, resistência contra a opressão". ("Déclaration des Droits de l'Homme et du Citoyen" (1789), em Worms: *Droits de l'Homme*, 73-75.) Evidentemente, todo francês que fala sobre

direito natural são estas três: outorgar direitos a *indivíduos* em uma condição natural pré-social, *legitimar* a existência de uma ordem social partindo desses indivíduos, e funcionar exclusivamente com base na *razão*. A Declaração de 1798 converteu esses direitos naturais em direitos políticos. Mas, uma vez transferidas para o domínio da política, cada uma dessas três funções do direito natural demonstrou conter as próprias dificuldades. Como fazer a transição dos direitos do indivíduo num estado natural para os direitos de um francês em 1789? Como fazer a transição da legitimidade de um contrato social formalmente formulado para a legitimação de determinada constituição? E como se pode basear uma política na razão?[68]

É com perguntas como essas que a política tão somente *começa*. O direito não oferece resposta a isso. Pois o direito por definição não pode fazer o salto do ideal abstrato para a prática turbulenta. Esta deve ser digladiada na arena política. Uma concretização dessas três questões pode esclarecer esse ponto. Primeiramente há de se decidir quem são e quem não são os beneficiários dos direitos, o que abre toda a refrega sobre questões eleitorais, imigração e, indiretamente, sobre a política externa. Em segundo, deve-se decidir qual seria o sistema de governo mais adequado para fazer valer esses direitos. Sobre isso os franceses altercaram desde 1789 até uma boa parte do século XX – após três reinados e dois impérios, entre outros, eles agora já se encontram na sua Quinta República. Em terceiro, deve-se decidir quais são os direitos que merecem ter prioridade. Por trás dessa formulação aparentemente simples, esconde-se, só para mencionar algo, o primordialmente irremediável conflito entre capitalismo (o direito à propriedade) e socialismo (o direito ao trabalho), que não pode ser resolvido com base na razão. Em suma, a declaração dos direitos do homem no máximo estabelece um ideal – o qual, considerando a

---

direitos humanos se refere a essa *Déclaration* de 1789 e não à Declaração Universal dos Direitos do Homem de 1948.
[68] Worms, "Introduction", em idem, *Droits de l'Homme*, p. 7-63, ali p. 10-14.

comparação anterior, em princípio não pode ser realizado devido a contradições internas – e não resolve nenhum problema político.

Na melhor das hipóteses isso envolve soluções ilusórias: determinado problema é reformulado em termos da violação dos direitos humanos, em que a seguir se estabelece que a violação dos direitos humanos seria a *causa* do problema e que a solução, portanto, estaria no respeito pelos direitos humanos. Esse procedimento tautológico já pode ser encontrado no preâmbulo da Declaração de 1789: "O desconhecimento dos direitos do homem, o esquecimento deles e o desprezo por eles são as únicas causas dos males públicos e da depravação dos governos". Desde então, esse procedimento fez escola. Assim, atualmente se reivindica incluir o "direito a um meio ambiente mais saudável" na Declaração Universal dos Direitos do Homem. (Agora resta esperar até que o respeito por esse novo direito humano tape o buraco na camada de ozônio.)

Certamente, na Europa Ocidental posterior a 1975, esses direitos humanos já não possuem muita significância política. Nos Estados de direito democráticos ocidentais, os direitos humanos mais importantes (o direito ao voto, à liberdade de imprensa, à proteção legal) entrementes são bastante respeitados. Considerando que, pelo outro lado, os maiores problemas sociais (poluição ambiental, criminalidade, desemprego) jamais poderão ser resolvidos por meio de um apelo moral, os direitos humanos formam uma noção sem sentido no debate político interno da Europa Ocidental. Contra esse pano de fundo, não deve surpreender mais que no seu romance *A Imortalidade,* Milan Kundera – um tcheco radicado na França – retrate os intelectuais da Europa Ocidental que subitamente abraçaram os direitos humanos com leve ironia. Nos parágrafos seguintes à passagem citada no início deste segmento, Kundera escreve – agora desabalado:

> Assim, graças a Soljenítsin, os direitos humanos novamente encontraram o seu lugar no dicionário do nosso tempo; não conheço um único político que não mencione "a luta pelos direitos humanos" ou "a violação dos direitos humanos" dez vezes por dia. Mas, visto que as

pessoas na Europa Ocidental não estão sendo ameaçadas por campos de concentração e podem dizer e escrever o que quiserem, a luta pelos direitos humanos perdeu, na medida em que ganhou popularidade, cada vez mais conteúdo, até finalmente se tornar uma atitude genérica de tudo contra todos, uma espécie de energia que transforma toda a vontade humana em um direito. O mundo tornou-se um direito humano e tudo se tornou um direito; o desejo por amor tornou-se o direito de amar, o anseio por sossego tornou-se o direito ao sossego, o desejo de amizade tornou-se o direito à amizade, o desejo de ser feliz tornou-se o direito à felicidade, a vontade de ultrapassar o limite de velocidade tornou-se o direito de ultrapassar o limite de velocidade, a vontade para publicar um livro tornou-se o direito de publicar um livro, o desejo de gritar de noite na praça tornou-se o direito de gritar de noite na praça.[69]

Tendo em mente a marcante descrição de Kundera dos direitos humanos como "um tipo de energia que transforma toda a vontade humana em um direito", o rompimento entre a filosofia do desejo dos anos 1960 e a juridicidade *yuppie* dos anos 1980 subitamente não parece mais tão profundo. Após o kantiano *retour du sujet*, as "máquinas desejadoras" dos nietzschianos ousaram dizer "eu" novamente e se revelaram como ávidos e assumidos consumidores. Também por isso foi que o retorno dos direitos humanos não constituiu um retrocesso nefasto do ponto de vista político (conforme os hegelianos e nietzschianos acreditavam) e tampouco uma grandiosa restauração (conforme os kantianos acreditavam), mas um capricho insignificante que pouco mal ou bem fez.

O FIM DA EXCEÇÃO FRANCESA

Desde 1789 os franceses derivam uma boa parte da sua autoconsciência da ideia de que seu país preenche uma função

---

[69] Kundera, *Onsterfelijkheid*, p. 148-49.

excepcional na história mundial.⁷⁰ A nação francesa mostrou ao mundo como se livrar dos grilhões da tirania por meio de uma revolução e como implantar uma sociedade melhor pela vontade política. Essa combinação de ideologia e voluntarismo político levou àquela típica forma de política que – depois que a sonhada mundialização do modelo havia fracassado – passou a se chamar *l'exception française*. O centralismo estatal e um republicanismo profundamente assumido andavam nela de mãos dadas. A política era um *projeto histórico comunitário* de cidadãos livres e iguais. Essa característica republicana militante da política francesa pós--revolucionária – que os teóricos políticos anglo-americanos, criados com a benção de um *minimal state* e uma sociedade civil, em geral veem com estranheza – explica muito do entusiasmo que os intelectuais franceses demonstraram pelo projeto comunista da Revolução Russa. Aos seus olhos, "1917" constituía uma continuação de "1789". A missão histórico-mundial iniciada pela França, *la fille aînée de la Révolution*, seria arrematada pela União Soviética.

Contra esse pano de fundo, também fica mais fácil compreender por que o impacto de *O Arquipélago Gulag* de Soljenítsin foi mais profundo na França do que nos outros países ocidentais. Com o incontestável desenlace da falência do projeto revolucionário russo, a própria política francesa de fato perdeu algo da sua alma. O Gulag exigiu duas coisas dos intelectuais franceses. A primeira foi que eles deveriam abandonar sua quase instintiva paridade entre "revolução" e "libertação". Isso doeu bastante – e os mais lânguidos se fizeram ouvir gemendo como "novos filósofos". E a segunda foi que o contraste entre "democrático" *versus* "totalitário" teria que ser levado a sério – mas essa segunda reviravolta conceitual exigia demais da maioria. Isto é, obviamente todos preferiam a democracia ao Estado

---

⁷⁰ Para os incontáveis exemplos dessa convicção, veja o fascinante Epting, *Das Französische Sendungsbewußsein*.

totalitário, porém o raciocínio kantiano em voga provou não ser o mais adequado para fazer esse tipo de distinção.

Foi isso que por fim tornou o debate político-filosófico francês do período 1975-1989 tão decepcionante. A crítica ao totalitarismo não conseguiu – à exceção do ainda não comentado Lefort – se erguer como análise da essência da política e da democracia. Depois que primeiro Kojève e seus discípulos por anos haviam completamente equiparado política, luta e história, agora esses conceitos eram desacoplados às pressas. Mas quando a política, essa indefinível mistura de ideal e prática, é desprovida da luta e da história, então restam somente os ideais: a moral e o direito. Em vez de filosofia política, agora se professava a ética. A justiça, desse modo, virou o grande tema dos anos 1980.[71] Vimos como isso produziu dois efeitos diferentes. Lyotard vinculou justiça com a noção de disputa e com uma *dissensão* primordial. Ferry e Renaut, em contraste, tentaram assegurar um consenso universal referente a justiça, um acordo intersubjetivo sobre os direitos humanos formado com base em uma discussão racional. A polêmica entre esses dois tipos de filosofia (entre o "nietzschianismo kantiano" e o "kantismo kantiano") regularmente tomou proporções veementes no decorrer da década. E, naturalmente, também havia muito que separava o relativismo irracionalista dos primeiros do universalismo racionalista dos últimos. No eixo imaginário que se estende do singular ao universal, cada partido ocupa um polo. Ambos os grupos, portanto, parecem ser os seus opostos, ainda mais dado

---

[71] O marcante é que o longamente despercebido trabalho de Emmanuel Levinas subitamente passa a receber atenção nesse período. Seu *Totalité et Infini* – no qual uma sensível ética de passividade representava a resposta para a "totalidade" do Estado e da guerra (da política e da ação) – data de 1961, "mas duraria até o início da década de 1980 para que surgisse um mínimo de interesse [...]. Desde 1985, os estudos e comentários dedicados a ele são incontáveis e de alta qualidade" (Mongin, *Face au Scepticisme*, p. 78). Para a estreita relação entre o finado Lyotard e Levinas, veja Van Riesen, "Ethiek zonder grond".

que eles se execram reciprocamente. Mas justamente nessa polarização é que se esconde uma conciliação fundamental: atracando-se obstinadamente a um único polo do eixo singular-universal, *ambos* os partidos negligenciam a parte inteira do meio. "É como se a história", observa Olivier Mongin, "depois que a dialética foi enterrada de vez, não tivesse outra opção senão a de uma singularidade nômade ou uma universalidade não histórica."[72] Devido a essa mísera polarização, ignora-se o fato de que a política democrática surge justamente na área *entre* o indivíduo singular e a lei universal. É onde, na percepção de um conflito inerente, se procura o consenso e é onde um projeto político específico – compartilhado por um número de habitantes do mundo que se situa entre um e todos – adquire sua consistência no tempo e no espaço.

O imenso sucesso da ideia dos direitos humanos – e portanto do moralismo dos kantianos consensuais – não deve surpreender nesse contexto. O grande atrativo da ideia dos direitos humanos efetivamente se baseia no fato de que conseguem estabelecer uma relação direta e *não intermediada* entre o indivíduo isolado e o ideal universal. Ao evitar o espaço político no qual podem tomar corpo, os direitos humanos transformam cada habitante do mundo em um cosmopolita. Com o risco de fazer crer que a ficção contratualista do direito natural se tornará realidade e que o indivíduo e os direitos humanos se fundirão espontaneamente. Esse ideal comodista e essencialmente impraticável – seja como for que Kant chamaria a crítica que a traduzisse filosoficamente – além do mais provou ser o analgésico perfeito quando o fracasso da continuidade comunista à Revolução Francesa se instaurou na consciência nacional. Agora que o projeto político francês de libertação revolucionária e do voluntarismo político naufragara e alguns até já falavam sobre "o fim da exceção francesa",[73]

---

[72] Mongin, *Face au Scepticisme*, p. 253.

[73] François Furet, Jacques Julliard e Pierre Rosanvallon o fizeram na sua obra conjunta *La Republique du Centre* (1986).

a fim de manter a autoconfiança da nação, podia-se incorrer à – menos empolgante, mas certamente bastante honorável – declaração dos direitos humanos.

Por isso pode-se afirmar que após 1975 a despolitização do pensamento político francês atingiu seu ponto mais alto – ou talvez se deva dizer: seu ponto mais baixo – durante a celebração do bicentenário da Revolução Francesa.[74] Isso porque durante o bicentenário de 1989, *la grande Révolution* foi relembrada principalmente como a Revolução dos Direitos do Homem. Pela primeira vez, por exemplo, o dia do seu aniversário, o 26 de agosto, foi incluído no calendário das comemorações revolucionárias.[75] Outro sinal dos tempos: nenhum historiador ousava mais interpretar a Revolução na íntegra, mas ao menos cinco deles se lançaram a editar e comentar a Declaração.[76] Eles também contribuíram para a despolitização da Revolução: reduzindo o dramático baile de abertura da política moderna a um simples convite impresso para o evento.

Mas o apogeu dessas comemorações de fato foi o discurso do presidente François Mitterrand, em 20 de junho, no antigo Jeu de Paume. Falando sobre a função exemplar da Revolução, a velha raposa observou: "Da mesma forma que a Declaração dos Direitos do Homem antecede o código penal, da mesma forma que a ética excede a política

---

[74] Em um país onde a política sempre implica um posicionamento referente à Revolução, as grandes comemorações revolucionárias formam uma escala sem igual para se medir o clima político e a relação de poder entre as forças políticas. Assim, já se tornou um lugar-comum histórico que as celebrações do centenário da Revolução – em 1889, a da torre Eiffel e de *"la révolution est un bloc"* de Clemanceau – selem a vitória definitiva dos republicanos sobre os monarquistas. Para uma comparação entre 1889, 1939 e 1989, veja, por exemplo, Garcia, "Un Bicentenaire".

[75] As datas comemorativas tradicionais sempre foram: o 5 de maio (inauguração do Estado-Geral), o 20 de junho (o juramento da quadra [do jogo de *Jeu de Paume*, um dos lugares onde se concebeu a Revolução (N. T.)]), o 14 de julho (Queda da Bastilha) e o 4 de agosto (Abolição dos Privilégios).

[76] Veja Garcia, "Un Bicentenaire", p. 198.

que ela define, da mesma forma que os valores sobrevivem ao comportamento, assim a luta pela emancipação extrapola os limites de um século que passou".[77] Quem diria: o maior líder político francês desde De Gaule fazendo um brinde à superioridade da ética sobre a política e elegendo o imaculado princípio sobre a devassidão do ato. Meio século após a rogativa aberta de Kojève a uma posição no Kremlin, Immanuel Kant instalou-se no Élysée – e a semelhança com Tartufo é marcante. O fim da crença incondicional na *excepción française*,[78] por fim, não surtiu nenhuma consequência concreta. Após 1975, a França simplesmente começou a se parecer mais com outros países. Nos termos de um debate que não por acaso ocorreu ao final da década de 1980: a República se transformava em uma Democracia. A exemplo das democracias liberais nos Estados Unidos e na Inglaterra, o papel do Estado se tornou menor e o do direito aumentou. Alguns se alegraram com isso, outros viam nessa juridicidade "o fim da política".[79]

Na esteira do empreendimento político, o debate político-filosófico nesse período também passou por uma "anglo-americanização". A intelectualidade francesa pela primeira vez começou a se aprofundar nos debates conduzidos fora do *Hexagone*. Havia muito terreno a recuperar. Marcante para isso é que *A Sociedade Aberta e seus Inimigos*, 1945, de Karl Popper, que certamente teria sido instrumental em

---

[77] François Mitterand, *Discours du 20 juin*, citado em Garcia, "Un Bicentenaire", p. 196.

[78] É patente que não se trata do fim da "exceção francesa" como um todo. No uso da linguagem a exceção francesa certamente nunca terminará. Isso se deve à elasticidade do conceito, ao qual a cada vez se atribuem novos significados. Desse modo, atualmente se incluem sob a "exceção francesa" todos os produtos tipicamente franceses que devem ser protegidos contra a contínua americanização – contra o McDonalds ou "Hollywood", por exemplo. Disso podemos constatar que a abrangência de *l'excepcion française* se deslocou da *política* para a *economia* e a *cultura*.

[79] Guénaire, "La Constitution ou la Fin de la Politique". O autor militava em particular contra a ampliação das prerrogativas do Conselho Constitucional, mediante a qual iniciativas políticas poderiam ser sufocadas com mais rapidez.

um estágio anterior, somente foi traduzido para o francês em 1979: tarde demais. *Uma Teoria da Justiça*, de John Rawls (1971), teve que esperar até 1987, mas desde então vem sendo amplamente discutido – assim como as obras de pós-rawlsianos como Nozick, Dworkin, Walzer, Taylor e Sandel. Além desses, o trabalho de Jürgen Habermas também fez a sua entrada. (Um pouco mais e a França, por anos a maior exportadora de ideias do mundo, apresentará um déficit na balança filosófica nacional.) No âmbito do presente discurso, não faz sentido divagar sobre as cópias francesas desses debates estrangeiros.[80] O que se pode afirmar no geral é que essa participação dos franceses – por enquanto meramente receptiva – implica algo como uma cultura político-filosófica internacional dentro das atuais relações, uma vez que a agenda internacional é dominada por ambos os neokantistas Rawls e Habermas.

O BOM E O VERDADEIRO

Foi assim que, após três décadas em que a luta formava a essência da política, a política na França depois de 1975 subitamente se viu destituída de toda a luta. A oferta de kojevianismos foi substituída por dois tipos de kantismos. No debate entre ambos, o kantismo ambivalente de Lyotard *cum suis*, enraizado em outro período, perdeu para o kantismo mais consequente de Ferry *cum suis*. O desejo de dissenso foi superado pela chamada por consenso. Na década de 1980, instaurou-se assim a convicção de que em uma democracia liberal

---

[80] Quanto a essas cópias, refiro-me a trabalhos como o de Jean-Marc Ferry, que introduziu Habermas na França (Ferry, *Habermas*) e que foi tão fiel ao mestre a ponto de defender a ideia de uma identidade pós-nacional, estranha aos franceses (idem, *La Puissance*). A obra citada de Renaut e Luc Ferry forma uma exceção na medida em que por si mesma chega a conclusões habermasianas.

moderna todas as contradições teóricas pudessem ser conciliadas e todos os conflitos sociais pudessem ser pacificados.

Nisso, tinha-se em vista duas diretrizes: o bem e o verdadeiro. A maior parte da atenção teórica foi aplicada na busca do *bem*. Em conformidade, a filosofia política transformou-se em ética e filosofia do direito. O corolário mais evidente dessa moralização e juridicidade da política foi, conforme constatamos, a aclamação dos direitos humanos como sua nova quintessência. Contudo, até agora a contraparte dessa invocação do bem permaneceu encoberta: a fixação pelo *verdadeiro*. Também a ideia de que as decisões políticas deveriam ser feitas com base "na verdade", em particular, ganhou impulso. Conforme foi expresso recentemente: "O grande problema é descobrir como introduzir a verdade no espaço público: esta é a grande relevância da política". Com a palavra não está, como talvez se há de pensar, um cientista ou um tecnocrata, mas o moralista kantiano Luc Ferry. E essa de antemão constitui uma primeira indicação de que o bem e o verdadeiro frequentemente operam juntos.

Ferry esclarece sua opinião por meio de um exemplo do tempo em que ele assessorava o governo francês em assuntos ambientais:

> Fiz a recomendação para se instituir um comitê científico para o meio ambiente, com a missão de organizar o debate público, que deveria começar seu trabalho por nos dizer quais questões definitivamente se tratam de questões verdadeiras, quais definitivamente são não verdadeiras e sobre quais questões os próprios cientistas ainda estão divididos.[81]

Presumindo que com uma "questão verdadeira" Ferry se refere a uma questão para a qual uma resposta verdadeira seria factível, deve-se estabelecer de qualquer forma que a missão dos políticos certamente não se tornaria mais fácil com tal "introdução da verdade no espaço público". De fato, sua missão é justamente fornecer respostas para questões para as quais não existem "respostas

---

[81] Ferry em: Comte-Sponville e Ferry, *La Sagesse*, p. 493-96.

verdadeiras". Para esclarecer isso, tomaremos o caso ambiental de Ferry e o adaptaremos à situação holandesa, referente à expansão do aeroporto de Schiphol. Diversos estudos sobre seus impactos econômicos e ambientais entrementes já foram conduzidos. Por eles, os políticos agora talvez saibam um pouco mais sobre o que estão falando e obviamente isso não prejudica em nada. Mas só o fato de que relatórios semelhantes sempre se contradizem prova que nunca poderão substituir uma decisão *política*. Pois, se os economistas recomendam isso e os especialistas em meio ambiente aquilo, a necessidade de uma escolha entre a economia e o meio ambiente continuará existindo – e é para isso que serve a política.[82] E se os especialistas em poluição sonora afirmam uma coisa sobre Schiphol e as associações de moradores das imediações afirmam outra, então o governo de fato poderá se omitir em relação à sua responsabilidade política baseando sua tomada de decisão no relatório de um terceiro órgão, suposto "independente", ainda que aliados e oponentes sempre interpretem essa decisão como resultado da política e não da ciência; e nisso eles têm toda a razão. Assim vemos que mesmo a questão ambiental, que por excelência parece adequada a uma abordagem científica, contém diversas – parafraseando Ferry – "questões não verdadeiras". Portanto, seria ingênuo pensar que cientistas fossem capazes de assumir o papel dos políticos. Tão ingênuo quanto pensar que estudiosos da ética o fossem. O bem e o verdadeiro devem orientar a política, mas jamais poderão substituí-la.

---

[82] Lamentavelmente, na cultura de consenso dos Países Baixos se teme cortar o nó para tomar esse tipo de decisão, conforme atesta o fato de que o governo baseou sua política na duvidosa hipótese da situação "*win-win*" [termo norte-americano que indica uma decisão mediante a qual sempre se ganha, não importa o resultado (N. T.)]. Os ministros das pastas de Meio Ambiente, Economia, Agricultura e Transporte foram unânimes ao formular a seguinte posição: "Crescimento econômico e redução da pressão ambiental podem muito bem ir juntos" (Portaria Meio Ambiente e Economia (1997); citado em Verkuijlen, "Van win-win naar min-min", p. 12).

Não obstante, é justo o que há duas décadas também está ocorrendo na França. Ninguém se irritou tanto com essa despolitização quanto o politicólogo liberal Alain-Gérard Slama o fez recentemente. A noção que reduz política a um apelo ao bem e ao verdadeiro tem, segundo ele, profundas implicações sociais. Em 1996, Slama escreveu:

> Assim pode-se compreender o avanço do especialista e do juiz na nossa sociedade. Esse avanço começou nos dias de Raymond Barre, por volta de 1976, e há três ou quatro anos se define de forma cada vez mais nítida. Não faz muito tempo em que os argumentos dos especialistas econômicos pesavam menos comparados às objeções dos sindicatos. Atualmente a balança se inverteu completamente para o outro lado: a política, despojada de toda a autoridade, nada mais tem a dizer perante as conclusões dos especialistas ou as sentenças dos juízes.[83]

A terceirização das decisões políticas, seja aos especialistas (econômicos), seja ao poder judiciário, subverte a política democrática. A conflituosidade intrínseca do debate – resultante de preferências e interesses irreconciliáveis – é encoberta por um apelo equivocado que Slama chama de "a ilusória justiça do Bem e as pseudocertezas do Verdadeiro". Ele distingue nisso um grave perigo. Seu panfleto mais ardente, *L'Angélisme Exterminateur* (1993) é dedicado a uma advertência contra a nefasta "binarquia" do juiz e do especialista:

> A transição para a violência ou, de qualquer maneira, para a negação absoluta da liberdade humana, ocorre quando a virtude renuncia a si mesma ao se fazer passar por ciência ou quando a ciência renuncia a si mesma ao ser concordante com a virtude. Em suma, quando o Juiz quer ser Especialista ou o Especialista quer ser Juiz. A confusão sobrenatural entre Juiz e Especialista no decorrer desse século gerou um monstro intelectual que causou grandes destruições – um *angelismo exterminador*.[84]

---

[83] Slama, *La Régression*, p. 40-41.

[84] Slama, *L'Angélisme Exterminateur*, p. 36. O título desse livro é uma variação do termo *l'ange exterminateur*, "o anjo vingador".

Slama, em suma, distingue na atual cultura do especialista o embrião de um novo totalitarismo. À pergunta se isso representa um temor exagerado, não se fará alusão aqui.

O que eu gostaria, sim, em conclusão a este quarto capítulo, seria refletir por um momento sobre o ponto de partida simbólico que Slama – aliás como outros autores – escolhe para esse processo: a nomeação de Raymond Barre como primeiro-ministro em agosto de 1976.[85] O presidente Valéry Giscard d'Estaing na época se vangloriava de ter contratado "o melhor economista da França" na pessoa de Barre. Assim ele produziu a forte impressão de que problemas políticos basicamente são problemas econômicos e que esses problemas poderiam ser resolvidos por um especialista, para a satisfação de todos. Extremante significante foi o momento em que Giscard deu esse passo. Agosto de 1976: no meio do verão em que a mídia é inundada pelas lamúrias pós-marxistas dos "novos filósofos"! Como se moralismo e especialidade competissem pela primazia de preencher a lacuna na política francesa ocasionada pela falência definitiva da Revolução. Visto assim, Bernard-Henri Lévy e Raymond Barre representavam os dois lados da mesma moeda.

Alexandre Kojève já não presenciou tudo isso; ele faleceu em 4 de junho de 1968. Mas sem dúvida ele ao menos teria acolhido calorosamente o lado de Barre nesse processo. Pois até mesmo esse terceiro passo aparentemente antikojeviano no desenrolar do pensamento político francês do pós-guerra foi de certa forma preparado pelo próprio exilado russo. Quando, logo após a guerra, Kojève chegou à conclusão de que a história estava terminada, ele entrou a serviço do Departamento de Relações Internacionais do ministério francês para Assuntos Econômicos.[86] Ele deixou passar a oportunidade para uma

---

[85] Slama, *L'Angélisme Exterminateur*, p. 99, e idem, *La Régression*, p. 40. Veja também: Comte-Sponville em: Comte-Sponville e Ferry, *La Sagesse*, p. 459.

[86] Para mais detalhes sobre a carreira de Kojève como funcionário público, veja Auffret, *Kojève*, p. 293-415. Para seu ingresso no ministério, Kojève foi

carreira acadêmica brilhante: pois o que mais se poderia acrescentar ao discurso filosófico depois que havia sido concluído pela sua própria interpretação de Hegel? Uma tarefa mais relevante para um sábio pós-filosófico seria remover os problemas práticos que ainda restavam após o fim da história. Foi a isso que Kojève se dedicou. De 1945 a 1968, como alto funcionário, ele negociou em nome da França junto a diversos órgãos voltados à cooperação econômica internacional: o Plano Marshall, o Gatt-1, a União Econômica Europeia. Era admirado por suas sínteses perspicazes e temido pelo seu cáustico sarcasmo. Ele mesmo considerava a aprovação de seu projeto para um sistema alfandegário europeu como o seu maior êxito.[87]

Uma das pessoas que reconheciam a superioridade intelectual do burocrata Kojève foi um promissor doutorando em economia. Ele começou a trabalhar em 1948 no mesmo departamento que Kojève e por dois anos escutou com frequência e interesse seus discursos sobre o fim da história e sobre a economia no mundo pós-político. O nome desse mais fiel de todos os alunos de Kojève? Raymond Barre.[88]

Somente quando após 1975 a esperança de uma Revolução já havia sido abandonada, a França decidiu que o finado Kojève tinha razão. A história estava terminada. O governo dos homens era supérfluo, a administração das coisas bastava. O fim da política havia sido alcançado.

---

apadrinhado por Robert Marjolin, um de seus antigos alunos. Durante a Segunda Guerra Mundial, Marjolin havia trabalhado intensivamente com Jean Monet, que, como se sabe, depois da guerra foi o grande promotor da formação de uma comunidade europeia – favorável a Kojève – por intermédio de meios econômicos.

[87] Lapouge, "Entretien avec Kojève", p. 19.

[88] Barre demonstrou ter bastante admiração por Kojève nas entrevistas com Furet (Furet, "Entretien avec Barre") e Auffret (em: Auffret, *Alexander Kojève*, p. 416-23).

Claude Lefort

Epílogo | A Morte e o Retorno da Política

*Já que, como se sabe, a política é a tragédia moderna,
esperar-se-ia que ela tivesse um desfecho.*
Maurice Merleau-Ponty, *Signos* (1960)

A MORTE DA POLÍTICA

Em uma tarde de agosto em 1932, Raymond Aron entrou junto com o seu amigo Emmanuel Arago no prédio monumental de número 37 no Quai d'Orsay em Paris, onde há muito o ministério francês de Relações Exteriores se encontra sediado. Os dois jovens ali tinham uma reunião de peso. Aron (1905-1983) – que há mais de um ano estudava em Colônia e que depois daquele verão assumiria a vaga de professor de filosofia no Institut Français em Berlim – preocupava-se com o ardor nacionalista que estava tomando conta da República de Weimar. Durante as férias de verão, ele conversou muito com seu amigo sobre os possíveis perigos daquele andamento. Arago, bem inserido no meio político parisiense, dessa forma acabou conseguindo arranjar um encontro com Joseph Paganon, o subministro de Relações Exteriores sob o ministro Édouard Herriot. Cinquenta anos depois, Aron ainda se lembrava nitidamente daquela cena: "O subministro me convidou a falar, e eu proferi meu discurso – brilhante, presumo – na melhor tradição escolástica francesa". Assim que Aron terminou a sua exposição, Paganon, que aparentemente havia escutado com interesse, disse: "O que o senhor, que discorre com tanta fluência sobre a Alemanha e sobre os perigos que despontam no horizonte, o que o senhor faria no lugar do ministro?". Perplexo, Aron deixou de desempenhar seu papel de melhor aluno da classe. Ele somente conseguiu balbuciar algo incoerente. "O que mais eu poderia dizer?"[1]

O moralismo neokantiano dos dois mestres de Aron, Alain e Brunschvicg não tinha – conforme ficou claro no primeiro capítulo – uma resposta aos dilemas políticos do entreguerras. Como reagir, por exemplo, às violações do Tratado de Versalhes por parte da Alemanha, à suspensão do pagamento das indenizações à França (1932) e à ocupação da Renânia (1936)? Deveria a Justiça prevalecer sobre a paz ou a paz sobre a Justiça? A ética de Kant não dava resposta a isso, pois tanto a justiça como a paz eram "boas" (e desse modo supostamente indistinguíveis). Não obstante, nessas situações concretas, nas quais o bem era inimigo do bem, o ministro francês de Relações Exteriores deveria em todo caso decidir algo. (Como se sabe, até o acordo de Munique em 1938, Herriot e seus sucessores optariam pela paz – preferindo a injustiça à guerra.)

Aron nunca esqueceria as lições dessa dolorosa reunião no Quai d'Orsay. Depois disso, em todos os comentários políticos que escreveria como filósofo ou jornalista, ele não apenas se orientava por aquilo que seria moralmente *desejável*, mas também por aquilo que era politicamente *viável*. Em janeiro de 1933, um pouco antes de Hitler tomar o poder na Alemanha, Aron percebeu a relação entre as duas abordagens. Ele afirmou: "Um problema político não é um problema moral".[2]

A quase todos na França que depois da guerra refletiam sobre a política faltava esse discernimento tanto simples como crucial.[3]

---

[1] Aron, *Mémoires*, p. 58-59. Para a datação, veja Bavarez, *Raymond Aron*, p. 88. O subtítulo da biografia de Aron por Bavarez – "*un moraliste au temps des ideologies*" – é um doloroso equívoco; se faria muito mais jus a Aron com a qualificação "*un politique au temps des moralismes*".

[2] Aron, "Réflexions sur le Pacifisme Intégral", *Libres Propos*, janeiro de 1933; citado em Aron, *Mémoires*, p. 58.

[3] Veja também a opinião arrasadora de 1952 em Aron, *Introduction a la Filosofie Politique*, p. 18; "Considerado no geral, pode-se afirmar que referente à política os franceses não são filósofos nem empíricos. Eles não demonstram

Ilustrativo para isso é o fato de que todos os heróis intelectuais dos pensadores comentados neste livro – Rousseau, Kant, Fichte, o jovem Hegel, Marx, Nietzsche – eram "moralistas". A filosofia política para cada um deles era uma pesquisa *normativa* sobre como a política deveria funcionar. A questão sobre como a política funciona na prática – um tema central na tradição político-filosófica *descritiva* de pensadores como Maquiavel, Montesquieu e Tocqueville – praticamente não foi colocada em pauta na França entre 1945 e 1989. É por isso que quase todos os pensadores políticos do pós-guerra ficariam constrangidos perante a pergunta: "O que o senhor faria no lugar do ministro?". Em nenhum lugar onde a filosofia política francesa atuava publicamente esse tipo de problema era abordado. Não durante as palestras de Kojève sobre Hegel nos anos 1930, nem na palestra pública de Sartre em 1945, nem na conferência de Foucault e Deleuze sobre Nietzsche em 1964 e tampouco no caderno literário de Lévy em 1976. A filosofia política francesa se passava literal e figurativamente em outro mundo. Ela se posicionara à margem da política.

Este epílogo – "A Morte e o Retorno da Política" – é elaborado na forma de um díptico. No primeiro painel, um pouco sombrio, farei uma revisão da totalidade do período discorrido. Comentarei

---

interesse em repensar a política de forma sistemática, nem em ver as coisas como elas são: são essencialmente ideólogos. Tentam dominar a realidade política por meio de um sistema de vagas preferências morais e metafísicas". O próprio Raymond Aron – colega de classe de Sartre e aluno de Kojève – mais do que ninguém incansavelmente tentou por anos inculcar alguma noção de lógica e empirismo aos intelectuais franceses. O quixotismo desse empreendimento, entretanto, ficou evidente tão somente pelo sucesso do ditado com que a intelectualidade esquerdista desativava a – em todo caso levemente irritante – verdade eterna anunciada por Aron: "É melhor estar equivocado com Sartre do que ter razão com Aron". Ou seja: antes estar muito errado do que desagradavelmente correto. Certamente, até 1975, intelectuais liberais como Aron somente podiam ser adventícios. Eles eram lidos, mas "não se encontravam numa posição que lhes permitisse dar forma a práticas ou opiniões intelectuais e em vez disso eram forçados a reagir a essas" (Judt, *Past Imperfect*, p. 243). Por esse motivo é que não dediquei mais atenção a sua pessoa.

tanto os motivos históricos do citado moralismo "exopolítico" dos intelectuais franceses como também as suas sistemáticas consequências para a filosofia política francesa desde Kojève. O objetivo desta recapitulação é demonstrar a semelhança entre as três mencionadas gerações de filósofos políticos de uma forma mais explícita do que foi possível nos capítulos individuais. Com isso se encerrará o relato histórico sobre o politicídio de maneira a possibilitar um aprendizado político-filosófico mais sistemático. Aquele momento-pivô decisivo, por conseguinte, nos levará ao segundo e mais brando painel. A segunda parte deste epílogo de fato dedica-se à importante pergunta sobre como uma política não moralista e não politicida poderia aparentar. Com isso procuro me alinhar com aqueles filósofos franceses que, preocupados com a eminente "morte da política", desde o final dos anos 1980 engendraram "o retorno da política". Duas variedades desse vital "*retour du politique*" serão tratadas: primeiro a defesa da República e da cidadania moderna e em segundo o pensamento de Claude Lefort sobre democracia e "aquilo que é político". Constataremos que, embora o republicanismo constitua um movimento político interessante e promissor, não produz no final uma filosofia política isenta de qualquer tendência ao politicídio. Essa importante tarefa de fato é levada a cabo pelo democrata Lefort. Tão só no último segmento, dedicado a ele, é que se demonstrará ser possível elaborar uma filosofia política verdadeiramente "política". Este díptico conclusivo, portanto, inicialmente oferece um triste desfecho e a seguir um esperançoso começo. Considerando a antiga tradição em casos de morte na política francesa, isso me parece um final apropriado para o *Politicídio*: "A política morreu, viva a política!".

A origem do moralismo apolítico dos intelectuais franceses geralmente é explicada pelo surgimento da "República das Letras" francesa. Essa rede de clubes de literatura e debates inspirados nos ideais iluministas florescia à sombra da monarquia absolutista do século XVIII. Os *philosophes*, intelectuais *avant-la-lettre*, conquistaram certa liberdade de expressão e pensamento crítico que somente podia ser tolerada pelo monarca absoluto se eles se mantivessem afastados da política, uma vez que esta competia exclusivamente ao soberano (e que literalmente era encarnada por ele). Essa "divisão de tarefas" entre, de um lado, a consciência individual dos estudiosos que era mantida à parte de qualquer política e, de outro, a *raison-d'etat* pública que não se preocupava com a moral, causou um rompimento entre a moral e a política. Pelo final do século XVIII, o corte que separava ambos os discursos havia se tornado intransponível. À esquerda estava *J'accuse*, à direita *L'État c'est moi*.

Dos seus pontos de vista racionais e morais, os *philosophes* iluminados denunciavam contínua e incansavelmente as superstições e tiranias de seu tempo. O historiador da filosofia alemão Koselleck, nesse sentido, os acusa de "hipocrisia crítica": os *critiques*, em particular, falam sobre *abuso* sem jamais definir o que seria um *bom uso*. Aquele que ridiculariza todas as formas de religião como sendo meras superstições não pode criticar uma religião específica; só lhe resta lamentar a fraqueza humana. Do mesmo modo, aquele que caracteriza todas as formas de política como abuso de poder[4] se nega a possibilidade de protestar contra determinado governante; só lhe resta afastar-se para longe do poder.

Essa atitude teve grandes e revolucionárias consequências. Koselleck mostra como no decorrer do século XVIII os *philosophes* exageravam cada vez mais com sua "hipocrisia crítica" e como esses desastrados aprendizes de feiticeiro iniciaram um processo inexorável que levou diretamente ao regicídio revolucionário – pelo qual muitos

---

[4] Dois séculos depois dos *philosophes*, Loesje, a menina dos pôsteres de Arnhem, anunciou a mesma mensagem nas ruas: "Abuso de poder: isso me soa como um pleonasmo" [na década de 1980, surgiu nos Países Baixos um grupo lúdico oriundo da cidade de Arnhem chamado "Loesje", que pregava pôsteres com trocadilhos curiosos ou engraçados nas ruas das cidades com a intenção de fazer refletir (N. T.)].

deles por fim também sucumbiram.⁵ Alexis de Tocqueville igualmente considerava a ruptura no século XVII entre o mundo moral dos intelectuais e o mundo político do poder como uma das principais causas da Revolução Francesa. Em um capítulo famoso de seu *O Antigo Regime e a Revolução* (1856) ele esboça um retrato da diligente panelinha de letrados iluminados que de um lado fazia malabarismos com todo tipo de teoria social abstrata e de outro tragicamente nunca recebeu a oportunidade por parte do monarca absoluto para experimentar os obstáculos e os perigos que podem ser encontrados na prática política de até mesmo a mais insignificante e popular reforma social:

> Quando se pensa que essa mesma nação francesa, tão alienada de seus próprios assuntos e tão destituída de experiência administrativa, tão atravancada pelas suas instituições e sem condições de melhorá-las, na época também constituía a mais letrada e sublime de todas as nações do mundo, então se compreenderá facilmente como os escritores ali conseguiram se tornar uma força política e ali acabou sendo a maior. [...] Horrível espetáculo! Pois o que é virtude para o escritor, para o governante às vezes constitui um defeito, e as mesmas coisas que produziram os livros mais belos, podem levar a grandes revoluções.⁶

Visto assim, os filósofos políticos franceses do século XX apenas se empenharam em limpar o estrago provocado pelos seus antecessores do século XVIII.

Seja como for, desde o Iluminismo os intelectuais franceses consideraram obrigação moral sua apontar a injustiça neste mundo em nome dos valores universais. Essa determinação recebeu forte impulso durante o Caso Dreyfus (1894-1905). A história é conhecida: o capitão judeu

---

⁵ "Os *critiques* sucumbiram ainda mais por causa de suas argumentações depois que o próprio rei sucumbiu por causa destes. O processo que os críticos haviam iniciado por fim voltou-se contra eles e os tragou para o abismo. Condorcet somente escapou a esse destino cometendo suicídio logo após idealizar o seu *Esboço do Permanente Progresso*. Cometer suicídio para escapar da guilhotina é a morte da hipocrisia" (Kosseleck, *Kritik und Krise*, p. 100-01).

⁶ Tocqueville, *L'Ancien Régime*, p. 238, 240.

Albert Dreyfus foi condenado e preso ao ser injustamente acusado de espionagem com base em documentos falsos. Somente após uma controvérsia literária de dez anos entre escritores e jornalistas que dividiu a França em dois campos, com o *Eu Acuso (J'Acuse)* de Émile Zola (1898) como a sua mais famosa intervenção, é que ele foi salvo das garras da *raison-d'État*. Em geral, afirma-se que o intelectual francês moderno *surgiu* durante o Caso Dreyfus. Uma geração inteira de pensadores e escritores tornou-se ciente de seu importante papel e missão graças ao caso. O próprio termo "intelectual" foi concebido em 1898, na sua fase mais intensa.

Essa origem deixou um legado: até hoje os intelectuais franceses têm a propensão para pensar sobre conflitos políticos no contexto do Caso Dreyfus. Porém, há de se considerar que esse caso foi excepcional na sua clareza. Ali não havia dúvida de que o juízo político não só poderia como deveria se subordinar ao juízo moral. De fato, não havia sentido em aprisionar um inocente na Ilha do Diabo em nome dos interesses do Estado. Nesse caso, o princípio não só poderia como deveria ser isolado das circunstâncias. Entretanto, conforme Aron descobriu no entreguerras, isso é uma raridade. Em geral, um princípio não basta para se saber o que é uma boa decisão: para cada bom princípio existe outro bom princípio (justiça ou paz? Liberdade ou igualdade?) ou outra aplicação do mesmo princípio. Inevitavelmente surgem então os questionamentos *políticos*, pelo menos para aqueles que se consideram integrantes de uma comunidade política: com quem faremos alianças, contra quem, com quais objetivos, com que possíveis consequências? Uma decisão política somente pode ser feita nesse mundo. Não adianta declarar-se contra todas as partes, contra o governo e contra a oposição, contra os partidos e contra o Estado, contra tudo o que existe – mas a favor dos valores. Essa, porém, foi exatamente a tentação pela qual muitos pensadores franceses se deixaram seduzir.[7]

---

[7] Descombes, *Philosophie*, p. 84-85. Veja, por exemplo, a descompromissada declaração do Collège de Sociologie sobre o acordo de Munique, comentado no segmento dedicado a Deleuze no capítulo 3.

No começo da década de 1930, além de Raymond Aron também Alexandre Kojève se tornou imbuído das deficiências do moralismo neokantiano – que pouco antes havia encontrado a sua manifestação canônica em *La Trahison des Clercs* (1927), um famoso panfleto do antigo *dreyfusard* Julien Benda. Mas, enquanto o seu crítico ouvinte tentou em vão introduzir certo realismo descritivo no pensamento político francês a partir de 1933, o orador russo persistiu no idealismo normativo de seus antecessores kantianos. A reviravolta político-filosófica "de Kant a Hegel" que as palestras de Kojève acarretaram, portanto, não significou necessariamente um rompimento com a tradição normativa. Isso se confirmou em 1975, quando o melhor que os kojevianos desiludidos pelo Gulag conseguiram idealizar foi um retorno a Kant.

Desse modo, entre 1945 e 1989 a filosofia política francesa rodava impassível no mesmo círculo. Primeiro ela foi de Kant a Hegel e a seguir de Hegel – quer com uma escala em Nietzsche (a vanguarda intelectual) quer diretamente (a retaguarda marxista) – de volta a Kant. Mas quem nos garante que o mesmo ciclo não será percorrido novamente? Depois que Kant formulou abstratamente os grandes princípios morais, Hegel, não satisfeito com isso, procurou uma maneira de colocá-los em prática ("torná-los universalmente concretos"). Diante da decepção com o fracasso do "universalmente concreto", contudo, é sempre possível querer retornar a Kant, mas nesse caso surgirão exatamente os mesmos dilemas e paradoxos com os quais a filosofia teve que lidar depois de Kant. Mais uma vez as apologias ao terrorismo sucederão as ladainhas da impotência.

Os dois tipos de moralismo político-filosófico que se revezavam podem ser caracterizados como moralismo *pré-revolucionário* e *revolucionário*.[8] O primeiro tipo é o moralismo "passivo" de Kant e

---

[8] Por uma questão de integralidade deveria incluir-se aqui uma terceira categoria de intelectuais: os *antirrevolucionários*. Eles não pensavam na história em termos de progresso (como os pré-revolucionários faziam) ou revolução (como os revolucionários faziam), mas em termos de restauração. A razão

dos *"philosophes"*, de Zola, Benda e Brunschvicg, e de Camus, Lévy e Ferry e Renaut. Esses pré-revolucionários ou ainda não têm conhecimento do histórico desvio do ideal moral rumo ao terror e regicídio ou conseguem de maneira admirável reencontrar essa ingenuidade pré-revolucionária. Diante deste temos o moralismo "ativo" de Hegel e Nietzsche, de Kojève e de Sartre e Foucault. Esses destemidos, porém insatisfeitos, revolucionários têm consciência dos perigos e excessos políticos, mas não recuam diante deles e concebem justamente novos e grandiosos planos para a realização do homem.[9] Uma vez que o moralismo pré-revolucionário e revolucionário relacionam-se como o ovo e a galinha, surgiu assim o tão característico revezamento entre a impotência ("o ovo") e o terrorismo ("a galinha") no pensamento político francês.

Agora também fica claro o que seria necessário para escapar desse desagradável ciclo de moralismo pré-revolucionário e revolucionário: uma filosofia política amoral e *pós-revolucionária*. Em outras palavras: um pensamento que consiga manter as conquistas democráticas da Revolução, sem desembestar rumo ao "fim da política".

---

pela qual não dediquei atenção alguma a essa tradição católico-reacionária legitimista – que surpreendentemente persiste até hoje – é porque ela já se encontra desacreditada desde o início do século XX.

[9] Aqueles que aqui chamo de "revolucionários moralistas" obviamente abominariam a qualificação de "moralista". Isso remete ao debate exemplificativo entre Sartre e Camus (veja o capítulo 2), no qual o revolucionário Sartre acusa Camus de ser uma *schöne Seele* [bela alma] moralista. Porém, não devemos nos deixar levar por essas alegações. Isso porque o moralismo de Sartre era bem mais intenso do que o de Camus. Segundo Sartre, todo homem deveria assumir uma responsabilidade universal – uma exigência moral perto da qual os Dez Mandamentos esmaecem. Além disso, essa inatingível obrigação fazia com que todo indivíduo, não importando o seu esforço, se tornasse culpado de "má-fé" – um encargo moral comparável ao pecado original: ao mesmo tempo inevitável e culpável. Foi por isso que Nicola Chiaromonte uma vez escreveu: "A máxima de Sartre 'cada homem é responsável por toda a humanidade' me parece a fórmula por excelência de um sofisma moderno e de uma falsa moralidade" (Chiaromonte citado em Judt, *Past Imperfect*, p. 75).

Antes de me aprofundar nisso na segunda parte deste epílogo, quero demonstrar que ambos os moralismos coincidem no seu desejo em relação ao "fim da política". Em conclusão à análise do período 1945-1989, demonstro com isso que as três discutidas gerações de filósofos políticos apresentam uma semelhança fundamental.

O ponto de partida é – uma última vez – o sistema de Kojève. O princípio básico do kojevianismo foi a luta de vida ou morte por puro prestígio. Através disso o homem tornou-se homem; com isso a história começou; aquilo era política. Ao fazer da luta a matéria primordial tanto do homem como da história e a política, Kojève causou uma "*antropologização*"[10] do pensamento político francês, que por sua vez acarretou uma completa despolitização e anti-historização, destruidora da política e que persiste até hoje. Esses três processos – antropologização, anti-historização e despolitização – relacionam-se de forma sistemática. Um pensamento político que parte de um conceito monista do homem – "*der mensch ist anerkennen*", conforme Kojève citava Hegel – leva tanto ao "fim da história" como ao "fim da política". Segundo Kojève, cada antropologização inevitavelmente levava ou à tirania ou à anarquia.[11] O próprio sábio pós-histórico,

---

[10] Ato ou efeito de "antropologizar", o que por sua vez implica "tender ou fazer tender ao antropologismo". Este último termo, segundo o Dicionário Houaiss, significa: 1) teoria materialista que considera o homem apenas como parte e produto da natureza; 2) emprego abusivo de conceitos antropológicos. A palavra consta dessa forma no texto original e não foi encontrada em nenhum dicionário da língua holandesa ou portuguesa. (N. T.)

[11] Veja, por exemplo, a exorbitante carta de Kojève a Strauss, de 29 de outubro de 1953, em: Strauss, *On Tyranny*, p. 261-62: "A tarefa da filosofia é resolver a questão *fundamental* referente à '*natureza* humana'. E nesse sentido surge a pergunta se não existe *contradição* em falar sobre 'ética' e 'obrigação' de um lado e sobre a adaptação a uma 'dada' ou 'congênita' natureza humana do outro. Pois os animais, que sem dúvida possuem uma *natureza* assim, não são 'bons' ou 'maus', mas no máximo 'saudáveis' ou 'doentes', e 'selvagens' ou 'domesticados'. Poder-se-ia, por isso, concluir que seria exatamente a *antiga* antropologia que levaria ao treinamento em massa [*Massendressur*] e à eugenética [*Volkshygiene*]. A antropologia 'moderna' somente então leva à

convicto da sua razão, não hesitava em defender explicitamente a tirania. Seus discípulos em geral não iam tão longe assim. Entre eles, os marxistas no máximo defendiam a tirania comunista como uma fase lamentável, mas necessária, e para os existencialistas e nietzschianos a anarquia constituía o maior ideal. Nenhum dos kojevianos encontrou um nicho entre o anarquismo e o terror. Uma vida política de indivíduos que estruturam sua existência comunitária em liberdade e conflito para eles era impensável; esta não podia ser constituída com base nos postulados de Kojève. Foi assim que a antropologização no pensamento político francês matou todos os rudimentos da política.

Essa antropologização automaticamente significava uma *anti-historização*. A estreita ligação entre política e história, característica para o pensamento político francês do século XIX e do incipiente começo do século XX, foi cortada por Kojève. A política se transformou de uma interpretação prática do passado (revolucionário) em um projeto coletivo ou individual para o futuro. Após a guerra, Kojève levou isso às últimas consequências ao declarar que por ele a história estava terminada. Mas, embora seus discípulos franceses não acreditassem que o final da história de fato tinha sido alcançado (os marxistas) ou mesmo se esta pudesse um dia ser alcançada (os nietzschianos), toda a consciência histórica também se esvaiu entre eles. Essa não é uma particularidade do kojevianismo. Basta a simples constatação de que – nos termos aqui usados – toda antropologização implica uma anti-historização. Em particular, um pensamento que (não importa de que maneira) raciocina a partir do indivíduo demonstrará a tendência de se identificar com as intenções do ator histórico individual, e por isso não terá condições

---

anarquia moral e um 'existencialismo' de mau gosto quando se presume que, Deus sabe por quê, o homem pode originar valores *humanos*. Mas quando, em vez disso, presumirmos com Hegel que ele *retorna* às origens (deduzindo *o que* ele diz pelo simples fato *que* ele *fala*), então realmente há uma 'ética' prescrevendo que devemos fazer tudo para atingir *esse* objetivo (= a sabedoria), e que condena tudo o que impede o seu percurso – inclusive no domínio político de um progresso em direção ao Estado universal e homogêneo".

para considerar identidades coletivas e tampouco consequências não pretendidas, enquanto um profundo entendimento de ambas forma justamente a força e o cerne de qualquer pensamento histórico.[12] Esse tipo de consciência histórica não é de mero valor antiquário. Pelo contrário, constitui um instrumento intelectual de primeira ordem para aquele que deseja entender o seu próprio tempo. Uma das consequências de longo prazo mais dolorosas da reviravolta que Kojève causou, desse modo, foi a crescente incompreensão dos intelectuais franceses com relação a acontecimentos contemporâneos. François Furet uma vez tentou dimensionar esse retrocesso; e chegou à seguinte conclusão:

> Tenho a impressão de que um francês culto do final do século XX está menos preparado para dizer algo sensato sobre o espetáculo mundial do que sua contraparte do século XIX. Pior: este último provavelmente enfrentaria o mundo em que vivemos com menos embaraço intelectualmente. Cem ou cento e cinquenta anos depois.

Melancólico, foi assim que Furet encerrou seu artigo: "Poderíamos, confrontados com um mundo que não compreendemos porque pensávamos que ele não fosse possível, um dia recuperar a nossa noção do político? Proponho, para começar, um retorno aos bons e saudosos autores do século XIX".[13] Ou seja, para os que quiserem entender as

---

[12] Ankersmit argumentou de maneira convincente que a historiografia moderna *nasceu* desse entendimento sobre a discrepância entre a intenção e o resultado da conduta humana e da subsequente tentativa para encontrar uma explicação racional para essa discrepância; nisso ele pensa principalmente no estadista e historiador florentino do século XVI, Francesco Guicciardini. (Ankersmit, *De spiegel*, capítulo 1.)

[13] Furet, "Le XIXᵉ Siècle", citações nas páginas p. 120 e 125. Este é um ótimo momento para apontar que justamente *Le Débat*, cuja primeira edição trazia esse artigo de Furet, desde a sua fundação em maio de 1980 contribuiu de forma crucial para se reencontrar *"l'inteligence du politique"*. Isso se deve, além de a Furet, especialmente às duas forças motrizes da revista: Pierre Nora e Marcel Gauchet. (Para o conceito programático de Nora sobre o papel dos intelectuais após *"la fin de l'histoire finie"*, veja Nora, "Que Peuvent les Intelectuelles?".)

ameaças para a democracia, é preferível ler Quinet ou Tocqueville a Queneau ou Glucksmann.

Para Furet aparentemente era óbvio que a perda de consciência histórica implicasse a perda de consciência política. A pergunta-chave naturalmente é por que a antropologização e a anti-historização equivalem a uma despolitização. O cerne da resposta é este: a política é algo que se passa, primeiramente, entre *múltiplos* indivíduos e, em segundo, no *tempo* e no *espaço*. Logo, um pensamento individualista e anti-histórico é incapaz de compreender a política. Talvez justamente essa incapacidade tenha levado um pensamento semelhante a ansiar pelo *fim da política*. Pois se aquilo que não conseguimos conceber em teoria fosse banido da prática, então por fim se teria razão. Ninguém apostou tão expressamente nessa dialética de Realidade e Razão como o hegeliano Kojève; ele apoiava regimes que almejavam o fim da política e que assim *realizariam* esse sonhado pesadelo.

A principal asserção deste livro é que as três gerações de filósofos políticos franceses posteriores a Kojève foram todas seduzidas pelo ideal do fim da política. Tanto as duas gerações kojevianas (1945--1975) como a geração antikojeviana (1975-1989) inculparam-se de politicídio. O sonho permaneceu o mesmo, os métodos para alcançá-lo diferiram. No decorrer deste discurso encontraremos três maneiras pela qual essa despolitização ganhou forma. Em síntese: os marxistas e especialistas a procuraram na *economicidade*, os existencialistas e os nietzschianos na *anarquização*, os kantianos em uma *moralização* (ou juridicidade). Que essas representavam tantas outras maneiras para sustar a vida política fica ainda mais evidente quando se percebe a que cada um desses três processos reduziu o indivíduo politicamente ativo que costumamos chamar de *cidadão*. A perspectiva econômica fez dele um *consumidor* a ser satisfeito ("burguês"). A perspectiva anarquista o transformou em um *solitário* sem contexto. E a perspectiva jurídico-moral o via principalmente como uma *vítima* querelante. Surpreenderia, então, que, após esse triplo ataque contra os participantes da vida pública, em torno de 1990 a nação francesa – outrora uma comunidade política de cidadãos livres e iguais – pelo visto fosse transformada numa massa deprimente e disforme de consumidores rancorosos, solteiros materialistas e covardes narcisistas? Surpreenderia, em outras palavras, que a nação francesa tivesse deixado de existir como comunidade política aos olhos dos produtores culturais responsáveis pela sua autorrepresentatividade e enveredasse por uma fase pós-política?[14]

O porquê de isso representar um enorme disparate ainda será exposto adiante. Mas antes eu gostaria de enfatizar novamente que o período 1945-1989 forma um todo. Na sua luta contra as perversidades do kojevianismo a geração de 1975 *concluiu* a despolitização da filosofia política francesa que Kojève havia iniciado. Por isso podemos até afirmar que o pós-modernismo dos anos 1980 foi a expressão filosófica mais triunfante dessa crença no fim da história. A efetividade das cultuadas palestras de Kojève foi tão grande que uma infusão estético-nietzschiana da sua mensagem depois ainda conseguiu conquistar a opinião pública mundial por mais cinco décadas.[15]

Revelador, por fim, no que se refere à conformidade tácita entre os tipos antagônicos de politicídio é um livrinho de 1993: *La Fin de la Démocratie*, de Jean-Marie Guéhenno. Esse desembaraçado e muito elogiado panfleto da mão de um burocrata francês se deixa ler como um resumo de tudo o que se afirmara sobre o final da história desde Kojève. A principal asserção do discurso é: "A perda da nação leva à morte da política". Segundo Guéhenno, a política nascera em 1789, junto com a nação-Estado e a democracia moderna. A vida desses frágeis trigêmeos durou exatamente dois séculos – da Tomada da

---

[14] Veja, por exemplo, Lipovetsky, *L'Ère du Vide*, um livro *cult* e autorretrato da década de 1980.

[15] Para a noção de que Kojève contribuiu de forma decisiva para o surgimento do pós-modernismo ao provocar um desacoplamento entre história e política, veja a importante obra de Stanley Rosen, *Hermeneutics as Politics*, capítulo 3 (o ensaio sobre Kojève e Strauss que deu origem ao título).

Bastilha até a Queda do Muro de Berlim. Desde o final da Guerra Fria, percebemos que as atuais instituições políticas são relíquias de um passado longínquo. O modelo da nação-Estado, uma soberania territorial habitada por uma comunidade histórica, estaria segundo Guéhenno sendo subvertida pela internacionalização da economia. A natureza do poder mudou; na era pós-nacional, o poder estático da soberania deu lugar a uma dinâmica de redes, na qual pessoas e empresas trocam conhecimentos e ideias sem fronteiras. Em um mundo onde todas as decisões são tomadas em uma bolsa internacional de informações, a nação-Estado conquanto corpo político no máximo ainda possui uma função simbólica e a política sofre uma morte lenta. O interessante é que a análise de Guéhenno é recheada com todo tipo de lugares-comuns sobre as ideias que encontramos ao longo do presente discurso: o Estado está moribundo, a economia substitui a política, um processo de desterritorialização nos transforma em nômades, devemos escolher entre os Estados Unidos ou o Japão, corremos o risco de nos emaranhar no invisível cordame de um novo poder, o único que nos resta é ter esperança, mas debates éticos talvez possam nos salvar.[16] Assim *La Fin de la Démocratie* se revela – apesar do saudosismo assumido de Guéhenno em relação à "era política" – como uma validação definitiva do triplo assassinato pós-kojeviano da política. Nesse sentido, o local do crime não pode ser omitido. Por coincidência, Guéhenno escreveu seu livro como pesquisador do Centre d'Analyses et de Prévisions do Ministério de Relações Exteriores da França. Em outras palavras, sessenta anos depois que o moralismo

---

[16] Guéhenno, *La Fin*, citação na p. 37. Considerando que Guéhenno não incluiu referência alguma na bibliografia, não fica claro se ele realmente se baseou nos trabalhos implicados. Contudo, isso não afeta a alegação de que a sua obra constitui a versão vulgata da síntese de todos os "fins da política". Pois mesmo se Guéhenno não tivesse lido uma letra de Kojève, Deleuze, Foucault ou Lévy, não há, em vista da admirável semelhança entre o seu trabalhão e o deles, como não falar de um forte efeito propagador – o que somente confirma a tese da influência do kojevianismo.

juvenil ingênuo de Raymond Aron se despedaçou na primeira questão *política* que lhe foi colocada, até mesmo no Quai d'Orsay havia quem se dedicasse a propagar as ideias destruidoras da política do rival intelectual de Aron, Alexandre Kojève. Também nesse sentido, *La Fin de la Démocratie* representa a simbólica apoteose do fim da política.

O maior mérito do livro de Guéhenno, não obstante, foi acirrar o debate sobre o fim da política. No mínimo ele forma um desafio mais contundente para o pensamento que afirma não haver um fim da história do que os kojevianismos mais eruditos mencionados no presente livro, pois em contraste com os últimos, seu texto traz amplas referências ao empirismo atual. Em *La Fin de la Démocratie*, por exemplo, os trinta mil lobistas em Washington, o faturamento bilionário das multinacionais e a corrupção no Japão são citados. Mesmo assim, a tese fundamental de Guéhenno sucumbe sob esse mesmo empirismo. Isso porque o Estado democrático – sem mencionar os Estados não democráticos... – está longe de desvanecer. Mais do que nunca, o Estado invade cada vez mais a vida privada de seus cidadãos. Dificilmente se pode alegar que um corpo que nas democracias ocidentais consome ou redistribui uma parte considerável do produto interno bruto esteja à beira da morte. Mas justamente pelo fato dos desenvolvimentos econômicos esboçados por Guéhenno apresentarem um motivo para nos preocuparmos com relação ao futuro teor democrático desse Estado, não devemos proclamar a morte da nação e da política.

Se essa morte já ocorreu, Guéhenno por sinal não esclarece. Seu livro às vezes se assemelha a um angustiante velório, às vezes a uma fria necroscopia. Mas que o paciente se encontra em estado terminal, para ele está claro. O fim da política é ao mesmo tempo lamentado e considerado inevitável por Guéhenno. É exatamente aí que se esconde o perigo. Pois não seria um caso de *self-fulfilling mourning*?[17]

---

[17] Literalmente (do inglês): "luto autorrealizável", um trocadilho da expressão "profecia autorrealizável" (*self-fullfilling profecy*). (N. T.)

A REPÚBLICA: UMA COMUNIDADE DE CIDADÃOS

Alguém que lutou a vida inteira contra o desaparecimento da política e a favor da sua revitalização foi Hannah Arendt (1906-1975). Já em 1950 ela comentava sobre raciocínios do tipo Guéhenno: "Os atuais preconceitos sobre política são precipitados; eles rejeitam o bem junto com o mal e confundem aquilo que poria um fim a toda a política com a própria política, pretendendo que aquilo que constituiria uma catástrofe fosse inerente à natureza do caso e que assim seria inevitável". A filósofa teuto-americana também percebia nitidamente por que seria má ideia fazer de uma antropologia filosófica o fundamento do pensamento político:

> A política baseia-se no fato da pluralidade humana. Deus criou *o homem*, as pessoas são um produto humano e terreno [...]. Visto que a filosofia e a teologia sempre se ocupam com *o homem*, visto que todas as suas afirmações também se aplicariam caso houvesse apenas uma única pessoa, ou apenas duas pessoas, ou somente pessoas idênticas, porque nunca encontraram uma resposta filosoficamente válida para a pergunta: o que é política?

Assim Arendt explica o decepcionante fato de que mesmo a filosofia política dos maiores filósofos em geral é menos "profunda" do que outros componentes da sua obra: "A profundidade que falta nada mais é do que a falta de sentido para as profundezas nas quais a política se encontra ancorada".[18]

A política, segundo Arendt, organiza a *diversidade* entre múltiplas pessoas, criando assim o único espaço possível para a *liberdade*, a saber, um espaço intermediário. A política, portanto, não é algo como uma substância contida *dentro* do homem singular; a política e a liberdade surgem *entre* as pessoas, o que implica que estas se encontram *fora* do homem singular. Aquele que, conforme o costume na

---

[18] Arendt, *Was ist Politik?*, p. 9-11.

tradição ocidental, começa por definir o homem, é incapaz de entender a política. A pseudossolução mais frequente era substituir a política pela história; pela contundente representação de uma única história do mundo, a pluralidade de pessoas chamada "humanidade" foi prensada em um único indivíduo humano. Daí a contínua e deplorável tendência para reduzir o plural ao singular. Arendt ensina que na política se trata justamente de guardar a medida entre ambos.

Somente poucos filósofos políticos franceses souberam guardar a medida entre o singular e o universal. À exceção do finado Merleau-Ponty, até o momento não se comentaram esses pensadores. Em conclusão a este epílogo, entretanto, gostaria de fazer ouvir a voz daqueles poucos que na década de 1990 ganhou em força. Com isso, chegou a hora de deixar o painel mais sombrio do díptico "A Morte e o Retorno da Política" para contemplar a tábua mais alegre.

Logo a seguir se dará atenção a duas apresentações: a defesa contemporânea da República (neste segmento) e a da Democracia (no seguinte).

"O senhor é democrata ou republicano?" Era o que Régis Debray queria saber dos leitores da revista progressista *Le Nouvel Observateur* em 30 de novembro de 1989. No limiar dos anos 1990, esse ex-marxista fez um exaltado pleito pela conservação da singularidade da República Francesa, que nos anos 1980 efetivamente começou a se assemelhar cada vez mais a uma democracia anglo-saxônica. Para isso, Debray abriu uma lata inteira de clichês. República *versus* Democracia, ou seja: o Estado *versus* a sociedade civil, política *versus* economia, alistamento militar *versus* mercenários, civismo *versus* moralismo, cultura *versus* comunicação, *laïcité versus* religião. Ou, em termos menos abstratos: Roma contra Cartago, Abraão Lincoln contra Tracy Chapman, *Le Monde* contra *Libération* e François Mitterrand contra Michel Rocard. Ficava ao encargo do leitor escolher as alternativas com as quais ele se sentia mais à vontade. O próprio Debray não precisava pensar muito: "A república, essa representa a liberdade *somada* à razão. O Estado de direito *somado* à justiça. A tolerância *somada* à força de vontade. Asseveramos, portanto, que a democracia é o que sobra de uma república quando o Iluminismo se extingue".[19]

O artigo de Debray deslanchou um debate que de certo parecia terminado, até que alguns meses antes o famigerado caso acerca dos véus islâmicos havia eclodido. Um juiz havia interditado a entrada de três meninas islâmicas a sua escola em Creil, porque elas se recusaram a tirar os seus véus durante a aula. Com isso, segundo ele, elas haviam infringido a *laïcité* – a "neutralidade religiosa", mas como princípio básico do Estado pós-revolucionário francês muito mais significativo que isso. A sentença havia sido surpreendentemente *unzeitgemäß*.[20] Tudo na década de 1980 de fato indicava uma aceitação da vestimenta em questão: eram os anos do indivíduo, do politicamente correto e do começo de uma consciência comunitária e dos louvores aos direitos humanos e à tolerância – fenômenos simbolizados pelo triunfo do movimento SOS-Racisme.[21] Agora que pelo final da década um juiz havia inesperadamente colocado essa tendência (anteriormente resumida como "o fim da exceção francesa" e no geral qualificada como positiva) em discussão, houve uma abrupta conscientização do seu reverso. O democrático "direito à diferença" subvertia os valores da República.

No começo da década de 1990 surgiu assim um movimento antagônico que pretendia insuflar nova vida ao antigo espírito republicano. Debray não foi o único a se lançar em defesa da República por preocupação com o comprometimento daquela forma de democracia considerada superior. Sua ansiedade referente à despolitização era compartilhada por um grande número de autores.

---

[19] Debray, "Êtes-vous Démocrate ou Républicain?". No mesmo ano, Debray publicou *Vive la Republique* (1989) e quase dez anos depois *La Republique Expliquée à Ma Fille* (1998).

[20] "Fora do contexto da época" ou "fora de moda", em alemão. (N. T.)

[21] Movimento criado na França em 1984 para denunciar e eliminar o racismo, assim como as demais infrações contra os direitos humanos. (N. T.)

Pessoas tão diversas como Alain Finkielkraut, Marcel Gauchet, Pierre Rosanvallon e Alain-Gérard Slama enfatizavam a primazia da política e apontavam junto com Hannah Arendt para a importância da vida pública como o domínio em que a liberdade e a igualdade se constituem. Mais em particular, eles enfatizavam a superioridade do cidadão político sobre o burguês econômico. Talvez não seja coincidência que esse retorno de uma parte da intelectualidade francesa ao cidadão tivesse ocorrido logo após o alegre outono de 1989, quando o projeto comunista para transcender o burguês encalhou definitivamente – o artigo do vanguardista Debray rolou do prelo em menos de três semanas após a queda do muro. Seja como for, a valorização da cidadania é o grande denominador comum desses republicanos modernos. Juntos, eles conseguiram alcançar certa "repolitização", um *retour au politique*.[22]

A defesa mais sistemática desse renovado republicanismo foi *La Communauté des Citoyens. Sur l'Idée Moderne de la Nation* (1994), de Dominique Schnapper. A importância desse ensaio também foi imediatamente reconhecida pelos políticos: Schnapper – nascida em 1934 como a filha mais velha de ninguém menos que Raymond Aron – ganhou o Prix de l'Assemblée Nationale por isso. Sua premissa é clássica:

> A ideia da cidadania, que transcende toda a diversidade ao proclamar a igualdade política e jurídica de cada indivíduo, me parece uma grandiosa ideia. Partindo da nossa experiência histórica não vejo conceito

---

[22] Gauchet, "Pacification Démocratique"; Khilnani, "Un Nouvelle Espace"; Mongin, *Face au Scepticisme*, p. 112-17. Em consonância com Pocock, poderíamos também falar de um "momento maquiavélico". Isso porque o vocabulário clássico da *vita activa* e a vida política, conforme analisado no *The Machiavellian Moment* de Pocock junto a Maquiavel e os humanistas florentinos de um lado e os fundadores setecentistas da república norte-americana do outro, foi rigorosamente reproduzido pelos republicanos franceses (veja, por exemplo, o citado artigo de Debray). Abensour, em *La Démocratie contre l'État*, p. 102-04, no entanto, utiliza o termo "*moment machiavélien*" para o retorno de Maquiavel entre os "democratas" Merleau-Ponty, Castoriades e Lefort (veja o próximo segmento).

melhor para levar pessoas com diferentes quadros de referência a conviverem uns com os outros.[23]

Schnapper demonstra que o único quadro viável para tal cidadania é a *nação*. No seu conceito, a nação de fato não representa tão somente um dado "objetivo" de situações históricas, linguísticas ou étnicas, nem tão somente um produto "subjetivo" da vontade política – os dois extremos aos quais se costuma reduzir a nação.[24] Segundo Schnapper, a nação é uma "comunidade de cidadãos", um *projeto político* no qual a identidade cultural, étnica e religiosa individual é suplantada pelo princípio da cidadania. Esse é o primeiro "polo universal" da nação. Até aqui nada de novo.

Schnapper, socióloga por formação, entretanto é extremamente consciente do fato de que proclamar uma ideia é uma coisa, mas a sua realização é outra. As ideias de "cidadania" e "soberania nacional" constituem ficções abstratas em torno das quais não se pode congregar ou mobilizar indivíduos. A "comunidade de cidadãos" somente pode surgir se esse tipo de valor for incorporado por práticas sociais e instituições políticas. Uma conformidade subjetiva entre os cidadãos não bastaria para isso; uma nação representa mais do que uma associação. Como organização política, contudo, ela também encerra um aspecto de coerção: suas instituições políticas exercem o poder sem a contínua aprovação dos indivíduos envolvidos. Do outro lado, as características objetivas da nação tampouco são suficientes (nem necessárias) para formar uma nação. Em grande parte são as próprias instituições

---

[23] Lellouche, "Entretien avec Schnapper", p. 33.

[24] Nos debates modernos é lugar-comum dizer-se que existem dois tipos de nações: a "nação-Estado" burguesa e "subjetiva" (modelo: a França) e a "nação-cultural" étnica e "objetiva" (modelo: a Alemanha). Contra isso Schnapper argumenta: "Existe apenas *um único* conceito de nação". Pois: "O conceito 'nação étnica' é uma contradição em termos. [...] Justamente a tentativa para escapar a identidades e afinidades percebidas como naturais por meio da abstração da cidadania é o que caracteriza o projeto nacional" (Schnapper, *La Communauté*, p. 24).

políticas que viabilizam essas características objetivas. Desse modo, o francês somente tornou-se a língua de toda a nação francesa após séculos de um continuado esforço das autoridades centrais francesas. É aí que se distingue o outro polo, o "polo singular" da nação. Pois por meio de esforços desse tipo para demonstrar a ideia abstrata da cidadania universal a nação novamente adquire características de uma *etnia* distinta. O importante agora é que por definição a nação então funcione na área de tensão entre o universal e o singular, entre o Estado e a *etnia*. Ao coincidir unicamente com um desses polos, ela deixa de existir. O paradoxo, portanto, é que para que a nação possa se tornar universal, ela deve permanecer singular.[25] A nação é um constante desafio, um projeto político sempre inconcluso, assim como "interminável". Isso faz da nação o quadro por excelência para uma política democrática pós-revolucionária.

Tais evidências histórico-sociológicas formam uma bem-vinda correção ao ingênuo otimismo democrático dos anos 1980, conforme incorporada pela confiança na força política da moral e da justiça (o bem) de um lado, e a *expertise* econômica (o verdadeiro) do outro. Contra o moralismo neokantiano, primeiramente, Schnapper argumenta que abstrações racionais como os direitos humanos (Ferry e Renaut) ou a "justiça distributiva" (Rawls) formam uma base instável para uma comunidade política. Ela, desse modo, também não vê muito sentido em tentativas como a de Jürgen Habermas para separar cidadania e nacionalidade e estimular um "patriotismo constitucional". O perigo existe quando, ao desatrelar o quadro político e o cultural-nacional, se perde o controle político sobre os nacionalismos étnicos, que podem deflagrar todo tipo de movimentos separatistas e conflitos violentos.

Contra o economismo da cultura dos especialistas,[26] em segundo, Schnapper argumenta que não se pode manter uma sociedade coesa

---

[25] Schnapper, *La Communauté*, p. 49-75.

[26] No início da década de 1990, a autoconfiança dos pensadores do liberalismo clássico elevou-se simultaneamente com a dos republicanos. Uma

somente com base na economia. As vantagens materiais que o Estado assistencial democrático indubitavelmente proporciona à burguesia não são suficientes para criar o vínculo necessário entre as pessoas para manter a unidade política. Dito de forma simplista, na economia vale: o que se dá para um se tira de outro (pois mesmo nos períodos em que a economia cresce e todos enriquecem, o problema do Estado permanece em essência um problema de distribuição). A concorrência econômica afasta as pessoas uma das outras e alimenta a rivalidade entre diferentes grupos, que o projeto político justamente pretendia unir. A pergunta então é se uma sociedade que se organiza apenas em torno de princípios produtivistas ainda pode suportar uma grande crise econômica. E também se ela pode se permitir não ser capaz de assegurar a todos a dignidade que o trabalho encerra.[27] Assim, fica evidente que a combinação de ideais morais e interesses materiais no melhor dos casos produz uma sociedade extremamente frágil ou, em outras palavras, que a democracia possivelmente traz em si a sua própria destruição. Ilustrativa para as eminentes mudanças no pensamento político foi a revalorização durante a década de 1980 do autor que como nenhum outro analisou tais contradições internas da política: Alexis de Tocqueville. As duas partes do seu *Da Democracia na América* (1835 e 1840) subiam continuamente na parada de sucessos político-filosófica.[28] Os franceses não viam em Tocqueville o teórico do liberalismo (como os triunfantes norte-americanos), mas – na esteira de ambos os promotores dessa reabilitação, Aron e Furet – o pensador que justamente captava tão bem a natureza da democracia por ter sido democrata contra a própria vontade.[29] Tocqueville já havia colocado o dedo na ferida um

---

das publicações mais comentadas nessa categoria foi *Capitalisme contre Capitalisme* (1991), de Michel Alberts.

[27] Schnapper, *La Communauté*, p. 75-82, 185-202.

[28] Veja o capítulo "Le Retour de Tocqueville" em Mélonio, *Tocqueville*, p. 271-97.

[29] Um fruto precoce porém maduro dessa abordagem foi Manent, *Tocqueville et la Nature de la Démocratie*, de 1982, cuja conclusão soa: "É difícil ser amigo

século e meio antes: a democracia como sociedade pode desembocar em um sistema incompatível com a democracia do ideal político.

O fato de essa nova geração de pensadores políticos começar a venerar o amoral Tocqueville como herói intelectual, em vez de moralistas como Rousseau, Kant, Hegel, Marx ou Nietzsche, foi um passo fenomenal. Em retrospectiva, foi uma importante indicação de que o fim do moralismo que desde Kojève dominava a filosofia política francesa estava se aproximando. Não só os republicanos assumiam a crítica da geração neokantiana de 1975 ao moralismo kojeviano das gerações de Sartre e Foucault, mas no começo dos anos 1990 eles também começaram a atacar aquele moralismo neokantiano de forma veemente. Os dois autores republicanos que extravasaram seu cinismo amoral com mais desenvoltura foram Alain-Gerard Slama (nascido em 1942) e Alain Finkielkraut (nascido em 1949). Ambos não só declararam o novo moralismo neoklantiano politicamente ineficaz mas sobretudo perigoso. O virulento ensaio de Slama, *L'Angelisme Exterminateur* (1993), já foi mencionado na conclusão do capítulo 4. Slama via no crescente poder do juiz e do especialista o embrião de um novo totalitarismo – em uma análise que, conforme podemos acrescentar agora, foi inspirada na famosa visão de Tocqueville do "Estado tutelar" que sufoca toda a liberdade com a sua ingerência. Enquanto Slama se aborrecia principalmente com as ofegantes tentativas internas para banir com antecedência todos os acidentes em potencial por meio de uma legislação preventiva, Finkielkraut apontava suas flechas entre outros contra as boas intenções do assistencialismo, que se propõe a remediar o sofrimento em todas as partes do mundo.

---

da democracia, mas é necessário ser amigo da democracia: esta é a lição de Tocqueville" (Manent, *Tocqueville*, p. 181). Um patético Jean-François Revel chamou Tocqueville um ano depois de "o único refúgio piedoso e digno de confiança em meio aos horrendos monumentos da filosofia política, todos aqueles textos consagrados, tanto os da direita como os da esquerda, que há dois séculos se emulam em prescrever a destruição de metade da humanidade e a reeducação da outra metade" (Revel, *Comment les Démocraties Finissent*, p. 19).

No seu *L'Humanité Perdue* (1996), um "ensaio sobre o século XX", Finkielkraut constata que havia duas décadas a era das ideologias nazista e comunista dera lugar à era da assistência humanitária. Finkielkraut percebe isso também como um progresso. O problema, segundo ele, é que onde o ideólogo não via nenhum acidente, mas principalmente más intenções, o salvador de pessoas não vê mais nenhuma má intenção, mas unicamente acidentes. À *sobrepolitização* da ideologia, portanto, sobreveio a *despolitização* da compaixão. No mundo homogêneo e apolítico do assistencialismo, não há distinção entre as vítimas de um terremoto ou de uma guerra civil. A "solidariedade sem fronteiras" se recusa a tomar partido. Para um médico essa atitude talvez seja a mais correta, mas a objeção de Finkielkraut é que isso também acaba se estendendo à política. A compaixão humanitária tem a tendência de reivindicar o monopólio sobre a ética. Ela pretende fazer acreditar que a política seja o domínio do interesse próprio, que os políticos são todos uns "corruptos" ou "canalhas". Dessa forma, segundo Finkielkraut – que aqui recorre a Arendt – se esquece de que a política possui a sua própria dignidade moral. Sua missão, que a ética jamais pode cumprir, diz o seguinte: tente fazer deste mundo um lugar mais humano para a *pluralidade* de pessoas. Quase mais ninguém, entretanto, ainda quer ou tem a coragem de assumir essa tarefa política. A decepção, a preguiça e o ceticismo levaram a uma situação em que somente a compaixão, o menos político de todos os sentimentos, ainda pode inspirar as ações políticas. As consequências são dolorosas, pois: "Quanto mais o sentimento se apropria da moral, mais o cinismo predomina na política. A pérfida aliança entre cinismo e sentimento gerou um monstro durante a guerra na antiga Iugoslávia: o político-assistencialista". A ovelha mais negra de Finkielkraut foi o presidente francês na época, François Mitterrand. Ele apoiava a Sérvia, mas em 1992 enfrentou a indignação pública sobre o cerco sérvio de Sarajevo. Mitterrand então decidiu viajar – na companhia do seu filósofo da corte, Bernard-Henri Lévy – para a capital da Bósnia, onde obteve um belo êxito: o aeroporto foi reaberto para transportes *humanitários*. Foi assim que ele conseguiu esmorecer os pleitos para uma intervenção *militar* contra os sérvios e ludibriar a opinião pública. Graças ao cinismo-disfarçado-de-compaixão de Mitterrand, os agressores sérvios puderam continuar desimpedidos com o seu cerco à cidade. Finkielkraut: "É por isso que não se pode deixar que a solidariedade obtenha um monopólio sobre a moral".[30]

Graças a essas análises, Finkielkraut consegue explicar a circularidade do debate político-filosófico francês conforme tratado no presente discurso. A resposta que a compaixão ("Kant") tinha para a ideologia ("Kojève"), segundo ele, de maneira alguma elimina um retorno da ideologia. Finkielkraut chega mesmo a detectar alguns indicativos para tal.[31] A causa disso é que, na transição da ideologia para a compaixão, em essência nada mudou para melhor. Assim como nas ideologias do comunismo e do nazismo, a ideia atrás da ajuda humanitária nega a pluralidade humana. Todos esses movimentos querem reduzir a diversidade das pessoas que habitam a Terra ao *mero* homem: outrora ao operário ou ariano, agora a uma vítima. Essa constante recusa em reconhecer a tarefa da política conecta Finkielkraut, na esteira de Arendt, com a falta de vontade em reconhecer a efemeridade humana e a tragédia da história, ou seja: com o ressentimento.

Ainda é cedo para julgar se o republicanismo promovido por autores como Schnapper e Finkielkraut significa um rompimento com a tendência vigente na filosofia política francesa. De qualquer maneira,

---

[30] Finkielkraut, *L'Humanité Perdue*, capítulo 5, e Van Middelaar, "Interview met Finkielkraut".

[31] Numa sentença auxiliar do seu livro ele ainda se refere a isso cautelosamente: "A derrota – quiçá apenas temporária – da ideologia" (Finkielkraut, *L'Humanité Perdue*, p. 160). Contudo, desde aí Finkielkraut tem indicado algumas vezes o avanço da ideologia; veja, por exemplo, suas declarações sobre "um saudosismo da ideologia" revelado pelo movimento *gay* francês na sua relação com a aids, em: Van Middelaar, "Interview met Finkielkraut", p. 36.

trata-se de um movimento memorável: o primeiro a romper com o moralismo vigente desde Kojève. O principal mérito dos republicanos é que eles abrem mão das antigas ilusões revolucionárias sem concluir por isso que estamos condenados à impotência ou que não temos nada a temer. A base para essa tão procurada saída desse impasse de terror e impotência é o seu discernimento da autonomia da política.

Os republicanos acreditam, assim como Arendt, que a liberdade e a igualdade somente podem existir no domínio político. Eles apontam que a única *igualdade* possível entre as pessoas – e, portanto, a única real – é uma igualdade formal. Uma vez que essa igualdade formal somente consegue se estruturar no domínio público, eles consideram de importância vital que a autonomia da política seja preservada. Além disso, segundo eles o domínio político também é o único no qual *a liberdade* pode ser alcançada. Aos otimistas para quem a liberdade aumenta à medida que o Estado diminui, e aos pessimistas que murmuram "no decorrer do tempo a liberdade praticamente não tomaria mais tempo do que o êxtase na vida de um místico",[32] esses alunos de Maquiavel – o florentino que chamava a república sucintamente de "liberdade" – afirmam: a liberdade não é um estado de espírito, mas um estado de Estado. Por isso eles veem na atual economização e moralização da política uma ameaça à democracia. Sua arma na luta contra ambas as formas de despolitização é o resgate da cidadania política. Graças à política, as pessoas podem conjuntamente dar forma à sua história que nunca termina como cidadãos livres e iguais. Com isso, o republicanismo preenche a demanda que existia para esse tipo de pensamento político: uma filosofia política pós-revolucionária amoral e sem fim.

Não obstante, o republicanismo também demonstra ter um ponto fraco. Seu rompimento com a antropologização da política não parece ter sido definitivo. Se para kojevianos e kantianos a política era um meio para a realização do homem, para os republicanos a política

---

[32] Cioran, *Histoire et Utopie*, p. 24.

se torna um objetivo em si e a realização do homem se encontra na política: somente o cidadão é realmente humano. De certa forma, os republicanos, portanto, também sucumbem *stricto sensu* a uma interpretação existencialista do ser humano. A república, por um lado, pressupõe a racionalidade de todos os homens, mas pelo outro lado a totalidade de seus esforços se concentra em tornar o homem racional. Daí o lugar proeminente que a Escola ocupa na ideologia republicana; é o lugar onde o homem é formado como cidadão (e soldado) em nome de um ideal cultural rígido e sublime, que desde os dias de Jules Ferry não mudou essencialmente. A ruptura entre esse ideal e a realidade social, entretanto, desse modo gradualmente se tornou intransponível.[33] Isso faz do republicanismo – independentemente de seus méritos – um movimento saudosista, incapaz de ver novos desenvolvimentos sociais, como a continuada democratização e individualização, senão como um retrocesso.[34] O crítico que rotulou o artigo de Régis Debray de 1989 como um "canto de cisne", logo na semana seguinte a sua publicação, de fato acertou na mosca. Alguns anos depois, Claude Lefort também caracterizou os esforços republicanos como uma escaramuça de retaguarda entre conservadores.[35] Lefort é o pensador francês que baniu também a última forma republicana de essencialismo antropológico da sua filosofia política. A ele se dedica o último segmento deste livro.

---

[33] Para citar um exemplo marcante: nenhum cidadão de uma democracia ocidental atualmente ainda está determinado a morrer pela nação ou pela República, enquanto essa disposição ao sacrifício constitui o cerne do republicanismo desde a Antiguidade. Sob nenhuma reativação, não importa de qual cidadania, esse desenvolvimento "democrático" poderá ser revertido.

[34] Nesse sentido seria interessante analisar as semelhanças entre o pessimismo cultural dos republicanos franceses e dos alunos norte-americanos de Kojève – penso especialmente nos notáveis paralelos entre os representantes mais influentes de ambos: Alain Finkielkraut, *La Défaite de la Pensée* (1987), e Allan Bloom, *The Closing of the American Mind* (1987).

[35] Julliard, "Où Est-elle?" Lefort, *Écrire* (1992), p. 208; citado em Mongin, *Face au Scepticisme*, 19.

A DEMOCRACIA: UMA SOCIEDADE EM CONFLITO (LEFORT)

Em meio ao grasnido dos cacarejantes galos-de-vento[36] e das avestruzes abocanhando areia, desde o final dos anos 1940 pode-se discernir também o som específico de Claude Lefort na filosofia política francesa. Durou um pouco, entretanto, até que alguém o ouvisse. A fama de Lefort (1924-2010) por longo tempo ficou restrita a um pequeno círculo. Ele publicava seus artigos em revistas marginais e não escrevia monografias acessíveis. Nos anos 1970, Lefort chegou a se projetar de longe como o melhor crítico do totalitarismo, mas seu livro sobre Soljenítsin *Un Homme en Trop. Réflexions sur L'Archipel du Gulag* (1976) perdeu-se em meio a toda a atenção para os "novos filósofos". De maneira indireta e, por assim dizer, subterrânea, algumas das suas teses sobre a natureza da democracia e do totalitarismo não obstante encontraram ampla divulgação. Praticamente todos os pensadores franceses que nos anos 1990 contribuíram para o *"retour du politique"* devem algo a Lefort. Entrementes, também surgiram os primeiros livros sobre ele.[37]

O pensamento de Lefort representa uma insistente investigação sobre a essência da política moderna. Desde seus primeiros artigos no final da década de 1940 até *La Complication, Retour sur le Comunisme* (1999), Lefort foi fascinado por essa invenção política do século XX por excelência, o totalitarismo. Ele o considera como a cabeça de Jano[38] da democracia moderna; um pensamento político que

---

[36] O autor se refere aqui às tradicionais birutas em forma de galo que no norte da Europa costumavam ser colocadas no topo das igrejas (o ponto mais alto da vila), como uma forma primitiva de previsão do tempo. (N. T.)

[37] Habib e Mourchard, *La Démocratie à l'Oeuvre* (1993), com contribuições entre outros de Abensour, Furet, Manent, Mongin e Morin; Poltier, *Passion du Politique* (1998). Excelente também é o ensaio de Flynn "Lefort: The Flesh of the Political", o capítulo final de Flynn, *Political Philosophy* (1992). Em holandês surgiu Loose, *Democratie zonder blaaudruk* (1997).

[38] Deus romano de duas faces, uma na frente e outra atrás da cabeça, simbolizando a ambiguidade humana. (N. T.)

hoje em dia pretenda ter algo a dizer é obrigado a analisar ambos os fenômenos. Originalmente Lefort fazia isso como trotskista militante. Junto com Cornelius Castoriades (1922-1997), em 1947 ele fundou o grupo ligado à revista *Socialisme ou Barbarie*, que atacava o burocrático comunismo soviético a partir da esquerda. Ao mesmo tempo, Lefort trabalhava na universidade como um respeitado sociólogo fenomenologista. Nesse duplo percurso – marxismo e fenomenologia – reconhece-se a influência de seu amigo e tutor Merleau-Ponty.[39] Em 1957, Lefort – que nunca foi membro do PCF – rompeu com o marxismo e, um ano depois, também deixou a *Socialisme ou Barbarie*. A seguir ele imergiu na obra de Maquiavel; quinze anos depois veio à tona com uma volumosa e magnífica tese: *Le Travail de L'Oeuvre. Machiavel* (1972). Essa foi a grande – e única – guinada na carreira intelectual de Lefort. Todas as suas publicações posteriores se tratam de refinamentos e elaborações das noções expostas naquela obra mestre.[40]

Vou me dedicar aqui principalmente às ideias de Lefort sobre a origem e a função da política, conforme ele as desenvolve no seu livro

---

[39] No ano letivo de 1941-1942, Lefort tinha aulas de filosofia com Merleau--Ponty enquanto cursava o último ano do Lycée Carnot. Depois disso, eles se tornaram amigos. Graças ao apadrinhamento de Merleau-Ponty, por um breve período Lefort fez parte da redação do *Les Temps Modernes*, até se desentender com Sartre. Após a morte do seu tutor em 1961, Lefort foi apontado como o executor de seu testamento e assumiu o legado filosófico de Merleau-Ponty.

[40] As três obras mencionadas [*Machiavel* (1972), *Soljenítsin* (1976) e "Retour sur le Communisme" (1999)] foram as únicas monografias que Lefort publicou. Em essência, Lefort não é um elaborador de sistemas; sua força está nos ensaios. Até 1999, surgiram seis coletâneas – três com trabalhos de antes do *Machiavel* e três com trabalhos posteriores: *Élements d'Une Critique de la Burocratie* (1971); *Sur Une Colonne Absente. Écrits autour de Merleau-Ponty* (1978); *Les Formes de l'Histoire. Essais d'Antropologie Politique* (1978); *L'Invention Démocratique. Les Limits de la Domination Totalitaire* (1983); *Essais sur le Politique. XIXe-XXe Siècles* (1986) e *Écrire. A l'Épreuve du Politique* (1992). Em holandês surgiu da mão de Lefort *Het democratisch tekort* (1992), uma coletânea com uma boa introdução contendo três artigos sobre democracia, totalitarismo e direitos humanos.

sobre Maquiavel.[41] A exposição desse tema forma o contraponto da discussão (no capítulo 1) dos conceitos de Kojève sobre a origem da política a partir da dialética do senhor e do servo. Para concluir, gostaria de demonstrar brevemente a força e a fecundidade do pensamento de Lefort sobre a democracia. Desse modo, poderei por fim saldar a dívida incorrida na introdução: desde a vinda de Emil Cioran para Paris em 1937, Lefort foi o único que conseguiu contestar o cínico antidemocrata de maneira convincente.

O ponto de partida de Lefort é que um pensador político não pode se isolar do mundo. Isso foi o que ele guardou da crítica fenomenológica de Merleau-Ponty sobre o idealismo da teoria do conhecimento. Merleau-Ponty havia demonstrado que um filósofo não pode *a priori* derivar a nossa relação com o mundo a partir da estrutura da razão, por exemplo, mas que essa relação está sempre presente e se manifesta diante de nós como uma inevitável detentora de significados; a tarefa do filósofo é desvendar esses significados e interpretá-los.[42] Exatamente como o filósofo idealista por fim é compelido a presumir o que ele tem a pretensão de deduzir, assim um filósofo político de antemão também já está imbuído do conhecimento sobre as relações políticas que ele pensa em derivar. Por esse motivo, Lefort não vê nada na abordagem do tipo Hobbes, em que a necessidade e a essência da política fluem quase logicamente da natureza humana. Segundo Lefort, deve-se começar a pensar justamente a partir dos dados irredutíveis e indivisíveis da política. Talvez somente desse modo possamos descobrir algo relevante que ainda não sabíamos.

Assim fica logo claro que o pensamento político de Lefort se distingue decisivamente tanto da filosofia política clássica como da

---

[41] Para essa reprodução me baseio principalmente no quarto capítulo de Poltier, *Passion du Politique*.

[42] Merleau-Ponty desenvolveu essa crítica ao transcendentalismo no seu *Phénoménologie de la Perception* (1945). Para obter uma rápida impressão, veja a conclusão do segundo capítulo.

politicologia contemporânea. Na filosofia política, primeiramente, quase sempre se utilizava a natureza individual humana como fundamento da política. Conforme já foi exaustivamente tratado, os filósofos políticos franceses do pós-guerra encontravam-se quase sem exceção na tradição do idealismo político-filosófico, em que o objetivo da política era derivado do objetivo mais elevado da vida individual. O que, em segundo lugar, se refere à aversão de Lefort pela politicologia, ali se pretende fazer justamente o que de acordo com a fenomenologia não seria possível: descobrir todo tipo de irregularidades e estruturas objetivas no objeto de estudo da "política" na condição de sujeito cognoscitivo transcendental. Como todo bom cientista social, os politicólogos são culpados de um empirismo ingênuo. Esse realismo social-científico segundo Lefort deixa tanto a desejar como o idealismo metafísico.

Em Maquiavel, Lefort entrevê a prova de que outro tipo de pensamento político seja possível. Com uma perspicácia e uma inteligência fora do comum, o autor de *O Príncipe* e dos *Discursos* dedicou todo o seu esforço para fazer entender as relações políticas entre governantes e súditos, e isso com base nos acontecimentos históricos tanto da sua época como do período da República Romana. Maquiavel não analisa a política a partir de um ponto de vista transcendente, mas puramente da maneira pela qual ela ocorre entre as pessoas. O florentino, além disso, demonstrava o que segundo Lefort constituía o grandioso entendimento de que junto àquela manifestação da política também estava o *discurso* sobre a política por excelência. Atos políticos são inextricavelmente ligados a palavras e imagens políticas. (A propósito: é por isso que "Cabe cumprir em vez de falar"[43] é inocuo como afirmação política.) Determinado ato só se torna político quando é representado como tal; além disso, para entender a prática política não se pode ignorar essas representações – pois no imaginário político se encerram os princípios centrais que regem a prática política de determinada sociedade. Graças a essa percepção

---

[43] Provérbio holandês (*"Geen woorden, maar daden"*). (N. T.)

é que Maquiavel, após puxar o embasamento metafísico por debaixo da política, não incorre ao outro extremo, em que se considera a política como um equilíbrio "natural" de forças causado pela sede de poder ou do instinto de sobrevivência humana. É assim que ele, segundo Lefort, encontra um caminho intermediário entre o exaltado idealismo metafísico e o bruto realismo empírico.[44]

Em O Príncipe (1512), Maquiavel investiga como regentes podem alcançar e manter o poder político. Para isso não há como prescrever regras fixas; o melhor governante é aquele que consegue reagir com *virtù* (inteligência e atuação) às condições imprevistas. A fim de manter o poder sobre seus súditos, o monarca deve demonstrar uma mistura paradoxal de bondade e maldade; ele deve zelar para que o amem e temam ao mesmo tempo. O regente que – a exemplo de Savonarola, o profeta desarmado – é tão somente virtuoso, talvez saiba inspirar seus súditos com belos planos por algum tempo, mas seu governo não resistirá à menor brisa de insatisfação. Por outro lado, o regente que – a exemplo de Agatócles, o tirano de Siracusa – tem como único objetivo manter o seu poder, e que para isso chega a matar seus concidadãos e a trair seus amigos, por fim também não prevalecerá. A superioridade do regente favorito de Maquiavel, Cesare Bórgia, contudo, se devia ao fato de que ele contava tanto com um grandioso projeto político (a saber, o estabelecimento de um robusto Estado italiano) quanto com disposição para investir os meios necessários para isso "que em pouco tempo o tornaram o

---

[44] "Ele [Maquiavel] se empenha em arrasar a concepção clássica e cristã do Estado e ao mesmo tempo denunciar a política amoral dos pseudossábios de Florença. Em vez do suposto conhecimento da filosofia e da religião ele evoca um não conhecimento, fazendo com que a sua análise por vezes pareça estar suspensa no vazio; mas, contra a ignorância dos pragmáticos, que se contentam com a renda palaciana, ele introduz as lições da história, as reivindicações de uma previsão racional e 'a ordem das coisas' – a ordem das relações de forças e vontades. [...] A destruição dos antigos fundamentos da política não provoca a retração para dentro dos limites do empirismo e tampouco a recusa desse empirismo causa um ressurgimento da ética tradicional" (Lefort, *Machiavel*, p. 400-01).

regente mais temido da Itália".⁴⁵ O paradoxo, portanto, é que o interesse público (a *res publica*) é mais bem servido pela ambição pessoal e pela sede de poder, e que aquela ambição, por sua vez, é saciada de forma mais duradoura pelas graças de um projeto político que vai além do mero exercício do poder. A pergunta é a que isso se deve. Por que o *virtù* político exige ao mesmo tempo uma disposição para usar a violência e a capacidade de atender as aspirações políticas de um povo?

Com a resposta para essa pergunta chegamos ao cerne da interpretação de Lefort. O caráter paradoxal do *virtù*, segundo ele, só se deixa entender quando percebemos que se trata de um reflexo da *relação entre* o regente e o povo. Essa relação não ocorre naturalmente, mas somente por força daquilo que a torna necessária numa situação específica e para qual ela encontra uma solução, ou seja, por força da existência simultânea e localizada de uma *pluralidade de pessoas*. A asserção de Lefort é que o social e o político são interdependentes; o político ("o Estado") propõe uma solução para um problema que emana do social ("a sociedade"). Aquele problema social, portanto, já existe antes que haja política; além disso, ele não pode ser simplificado em componentes interligados ou causas fundamentais. Hipóteses que partem do indivíduo não conseguem explicar o surgimento do poder político em determinada sociedade. Lefort rejeita tanto o instinto de sobrevivência (Hobbes) como a necessidade de um juiz imparcial (Locke) e a luta pelo reconhecimento (Kojève) como fundamento explicativo. Diante de abordagens nas quais a sociedade é reduzida a uma soma de elementos idênticos, ele coloca uma hipótese holística: o poder político emana da sociedade como um todo.

Qual o problema social que a política resolve? Lefort encontra a evidência no capítulo IX de *O Príncipe*. Maquiavel ali diz que um novo regente deve procurar apoio ou entre o povo ou entre a elite⁴⁶ e prossegue:

---

⁴⁵ Lefort, *Machiavel*, p. 372.

⁴⁶ Do seu ponto de vista renascentista, Maquiavel de fato destinguia três tipos de "elite": a nobreza (*nobili*), a aristocracia (*ottimati*) e "os grandes"

[...] pois em cada cidade se veem esses dois grupos representados, os quais encontram sua origem no fato de que de um lado o povo não quer ser comandado e oprimido pela elite, enquanto de outro a elite quer justamente comandar e oprimir. E esses dois desejos resultam em uma destas três situações para a sociedade: seja autocracia, seja liberdade, seja incoerência.[47]

Lefort coloca essa passagem no coração da sua interpretação do pensamento político de Maquiavel. A partir disso ele conclui que, segundo Maquiavel, o contraste social entre a elite e o povo é universal e está presente em qualquer sociedade, que isso se relaciona em primeira instância ao poder (e não à riqueza, por exemplo), e que precede a política. Esta última é crucial. A oposição entre povo e elite é *constitutiva* para a política. O regente "surge como um terceiro do coração da luta civil".[48] Sem esse contraste, não haveria um poder político autônomo. Até aqui a análise de Lefort ainda se assemelha muito às teses de Marx no que se refere ao surgimento da política a partir da luta de classes, mas a diferença determinante é que, segundo Lefort, essa polarização entre as classes é *irrevogável*. Esse conflito social sempre existirá. A única tarefa da política é justamente tornar tal conflito, que ao mesmo tempo define e divide a sociedade, manejável.

Maquiavel identificou três possíveis consequências sociais do conflito entre a elite e o povo: "[...] seja autocracia seja liberdade seja incoerência". A "incoerência" ocorre quando não existe um poder político autônomo. A sociedade então fica à mercê da sede de poder da elite. Por vezes isso resulta em anarquia e surge uma situação em que todos os interesses individuais se chocam sem nenhuma intermediação. Mas em geral a incoerência não coincide com a ausência de poder e reflete

---

(*i grandi*), sendo estes últimos a quem ele se refere aqui. No texto em holandês, o autor traduziu o termo como "os prestigiosos" (*de aanzienlijken*). (N. T.)

[47] Maquiavel, *De heerser*, p. 92; citado em Lefort, *Machiavel*, p. 721. Uma passagem praticamente idêntica pode ser encontrada em Machiavelli, *Discorsi*, livro 1, capítulo 4.

[48] Lefort, *Machiavel*, p. 382.

uma situação em que *i grandi* se apropriaram do poder e instituíram uma ordem política na qual o povo é oprimido por eles. Dessa maneira, o problema político não é solucionado, mas meramente encoberto. Não obstante, uma solução política é oferecida por ambas as outras possibilidades: "autocracia" e "liberdade", ou seja, a monarquia e a república. No primeiro caso um monarca regula a luta entre os dois partidos ao se posicionar acima deles; o domínio da elite sobre o povo de fato dá lugar ao domínio do monarca sobre ambos os grupo. No caso da república, contudo, a lei é soberana; este constitui o regime da liberdade, uma vez que o conflito entre os dois grupos é solucionado sem que ninguém seja oprimido.

Sem resposta ainda ficou a pergunta de por que a mencionada disparidade social entre as classes seria *irrevogável*. Essa é a afirmação crucial com a qual Lefort se despede do ideal marxista de uma sociedade sem classes ou conflitos e, mais em geral, de uma grande parte da filosofia política contemporânea. É notável que essa disparidade procedesse de dois desejos *diferentes*: o desejo de oprimir e o desejo de não ser oprimido, respectivamente. Isso distingue a suposição de Lefort das hipóteses de Hobbes, Locke e Kojève, por exemplo, na qual se atribuem desejos *idênticos* a todos os indivíduos. Com Lefort, além disso, esses dois desejos não só são diferentes mas também contraditórios. Eles, portanto, nunca poderão ser saciados ao mesmo tempo: "Pois, entre o desejo do povo para não ser comandado e oprimido e o desejo de comandar e oprimir, não há compromisso imaginável".[49] É interessante saber a seguir qual seria a origem desse duplo desejo. Entrementes, fala por si que Lefort, sendo avesso a naturalismos e sociologismos, não admita que isso esteja contido na natureza humana ou nas condições sociais. Inicialmente, ele busca uma saída na teoria um tanto insatisfatória da intersubjetividade do desejo: ambos os desejos interagiriam e teriam

---

[49] Lefort, *Machiavel*, p. 723.

se originado simultaneamente.⁵⁰ Mais adiante no seu livro, porém, Lefort fala de "um polo *do* desejo", sugerindo assim que haveria *um único* desejo que oscilaria alternadamente entre dois polos. Um pouco adiante o indivíduo parece de fato possuir dois desejos: um "desejo para ter" e "um desejo para ser".⁵¹ Estes não podem ser realizados ao mesmo tempo. A elite está voltada à satisfação da sua (insaciável) necessidade de conquistar e possuir, ao mesmo tempo que lida com uma carência na medida em que seu desejo de ser nunca desaparece totalmente; algo inverso vale para o povo. A conclusão de Lefort, portanto, é que a origem da disparidade social se encontra na inextinguível fragmentação do sujeito humano.

Mas não estaria Lefort trazendo a natureza humana como embasamento da ordem política novamente de volta pela porta dos fundos, depois de a ter colocado para fora pela porta da frente? Não. A fragmentação do sujeito humano não se encontra, por assim dizer, "naturalmente" embutida no seu material genético, mas constitui um produto da *história* humana. O "desejo de ter", o encalço do interesse próprio tão despudoradamente descrito em O *Príncipe*, constitui um desejo ancestral *animalesco*, que não (para ser exato: não mais) forma a única verdade sobre o homem.⁵² Esse nunca poderia – exceto em hipóteses como o do *Leviatã* – explicar o aparecimento de uma ordem política. O fato de um novo desejo *humano* desempenhar um papel no tempo histórico desponta por excelência pela maneira como

---

⁵⁰ Isso é insatisfatório, porque o desejo de oprimir logicamente deve anteceder o desejo de não ser oprimido. Além do mais, essa hipótese faz lembrar bastante a dialética hegeliana do senhor e do servo.

⁵¹ Lefort, *Machiavel*, p. 723.

⁵² "A ideia do animalesco do homem consequentemente não mais desbota a uma imagem de uma transmutação da espécie humana, de uma transição do estágio animal do homem para o seu estágio social, mas agora alimenta a ideia de uma diferença interna na constituição do homem, ou, nos termos triviais de O *Príncipe*, de uma dupla natureza animal-homem, que forma a sua essência sócio-histórica" (Lefort, *Machiavel*, p. 723).

o monarca consegue manejar e dissimular as contradições sociais. O desejo do povo de não ser oprimido pela elite, um desejo que pede por uma *lei*, de fato é em grande parte atendido pelo monarca com meios *imaginários*, por meio de símbolos e ilusões.

Que o povo se satisfaça com isso – e aqui a crítica ideológica de Lefort passa para a antropologia política – não só se relaciona com a simplicidade de espírito de um ou da intenção de enganar do outro, mas com o *desejo de não querer saber*. Os súditos esperam que seu monarca denote bondade, que suas intenções pareçam nobres, e que seu Estado demonstre sinais de grandeza. Seu desejo é "julgar com os olhos em vez de com as mãos, e ver belas cores em vez do padrão das coisas". Lefort prossegue:

> Como simplificar esse desejo em apetite, sem afetar a sua definição central e nela incluir também a *sede de representação*? Sem se dar conta de que o mandamento da sobrevivência, que em geral é considerado primário, engloba a necessidade de assimilar a imagem do Outro, uma vez que, quando o príncipe veste bem a sua máscara, as pessoas são levadas a abandonar suas posses e perder a vida somente para defendê-lo, não importando os seus desvarios?[53]

Aqui reside, em suma, a crítica fundamental de Lefort a todos aqueles que acham que apenas os desejos ancestrais animalescos se encontram na origem dos conflitos humanos, e que esses antigos impulsos podem ser dominados seja pela satisfação total das necessidades econômicas (Marx *cum suius*) seja por um aperfeiçoado discernimento moral (Kant *cum suius*).

Voltemos à origem da política. O poder político, conforme vimos acima, "surge como um terceiro da luta civil". O verbo "surgir" usado por Lefort já indica que o poder não representa um resultado *imprescindível* da luta social. Similarmente, é concebível que não houvesse poder algum; nesse caso, a incoerência continuaria. A contingência

---

[53] Lefort, *Machiavel*, p. 725-26.

histórica do poder também desponta pelo fato de que a fonte do poder não se situa em um dos dois desejos, mas na carência que aflige a ambos, e que leva a um confronto. Na origem da política, portanto, encontra-se determinado "vazio", nos termos de Lefort. Embora subitamente um poder político aparecesse trazendo novas regras de convivência para ambas as classes, este não consegue de maneira alguma eliminar a disparidade social. Não obstante, algo a mais acontece, algo essencial. Isso porque o regente, ao se colocar acima das convulsões sociais, cria um espaço público no qual ele pode exercer a sua autoridade. Com isso, o poder político é a instância "que deve encarnar a comunidade imaginária, a identidade sem a qual o corpo social se decompõe".[54] Em outras palavras, a instituição do poder político significa nada menos que o surgimento de uma comunidade, de uma identidade compartilhada, de uma história coletiva. Sem a política, não haveria história nem sociedade, mas somente a dominação direta e desenfreada dos poderosos. O regente – ou, o que daria no mesmo, o Estado –, portanto, é quem gera a unidade da sociedade e também, por meio do desenvolvimento de uma *política do imaginário*, aquele que a encarna.

Em contraste com o que geralmente se pensa na filosofia clássica, portanto, o objetivo da política segundo Lefort não é a realização de ideais abstratos como o bem ou a justiça. Não existe nenhum critério objetivo, nenhuma representação de uma boa sociedade, pelos quais se consegue avaliar ações políticas. Tanto a origem como a missão da política encontram-se na sociedade; o bom regente – como um fenomenólogo formado – é capaz de "ler" eventos e situações específicas:

> Uma política apropriada é aquela que se encontra em consonância com o ser da sociedade, que assimila os contrários no seu meio, que está enraizada no tempo, que se obriga a lidar com o abismo no qual a sociedade se apoia, e que resiste aos limites que a incompatibilidade dos desejos humanos lhe impõe.[55]

---

[54] Lefort, *Machiavel*, p. 434.
[55] Lefort, *Machiavel*, p. 427.

Uma única regra geral de fato pode ser formulada: o regente deve manter distância da sociedade. Assim que ele permite seus interesses pessoais interferirem nas suas decisões políticas, ele deixa de existir como *sujeito político;* nesse caso ele logo se transforma novamente em um dos muitos integrantes da elite envolvidos na luta pelo poder. O bom regente projeta-se como um "terceiro". Na prática, isso implica que seria melhor ele procurar o apoio do povo.

Essas análises do *Le Travail de l'Oeuvre, Machiavel* mostraram-se bastante férteis; elas permitiram que Lefort desenvolvesse uma variedade de novas e surpreendentes noções sobre diversas formas de convivência social. Antes de abordar a sua investigação sobre democracia e totalitarismo, talvez seja útil eu observar que no *pensée du politique* de Lefort não se trata da política-como-forma-de-governo ("a política", *la politique*) – não da luta pelo poder ou estratégias partidárias sobre as quais os politicólogos empíricos se lançam e tampouco da ordem jurídica ou constitucional com a qual os filósofos da política normativa se ocupam. Nada disso interessa a Lefort. Ele quer fazer declarações sobre a sociedade *como um todo*, tanto sobre seus aspectos econômicos, sociais, culturais ou demais. Seu brilhante lampejo de fato foi que a melhor perspectiva para isso é o estudo do poder-político-como-símbolo ("o político", *le politique*). Segundo Lefort, o poder político é em primeiro lugar um núcleo simbólico pelo qual se consegue entender como determinada sociedade se constitui, como ela vê a sua origem e fundamento e quais os princípios que determinam a sua relação com o mundo e consigo mesma. Um exemplo (idealizável) pode esclarecer isso. Em uma sociedade tradicional e pré-moderna (tomemos a China do ano 1000) os governantes são simbolicamente considerados intermediadores entre o mundo humano e as forças divinas (ou pelo menos sobre-humanas) que se encontram na origem da sociedade e que a regem. Os governantes valem como os guardiões de uma ordem sagrada (onde poder "político" e "religioso" portanto não se distinguem). Esse simbolismo político dá a entender que os membros dessa sociedade não tendem a considerar a ordem social como algo suscetível a mudanças ou melhorias, mas antes como um elemento autônomo de uma ordem cósmica imutável. A imagem de um organismo ou a de um animal se impõe. Isso por sua vez torna evidente que, a exemplo dos membros do corpo humano, todos desempenham um papel atribuído "naturalmente", o que na prática se traduz em relações de dependência entre indivíduos (não autônomos). Assim vemos que no seu cerne o simbolismo político se faz sentir até os recantos mais afastados da sociedade; a determinação do "lugar do poder" (*lieu du pouvouir*) enfoca o caráter conservador dessa sociedade pré-moderna como um todo.

Democracia e totalitarismo são ambos formas *modernas* de convivência social. Para Lefort, isso quer dizer: o poder nesse caso é concebido como algo que brota da própria sociedade e não mais se refere a uma ordem transcendental. As consequências para essa nova constelação são imensas. Uma ordem social que não se apresenta mais como um ditame de forças sobre-humanas perde a sua normalidade natural. A imagem de um corpo inserido numa ordem cósmica, natural ou racional perde em força; os "membros" individuais desse corpo podem se isentar de expectativas tradicionais; autoridades são subvertidas; surgem novas aberturas e espaços para manobra; antigos bloqueios desaparecem, inesperadas energias são liberadas. Esse processo todo se torna compreensível a partir do novo lugar do poder. Sociedades modernas em geral são caracterizadas por uma receptividade genérica em relação ao novo, e nesse aspecto constituem sociedades *históricas* por excelência. Como e quando esse movimento de modernização começou a subverter o poder tradicional não é investigado por Lefort. Em algum momento na Idade Média e graças à separação entre Igreja e Estado, pode-se supor. Incontestado, entretanto, é o ponto final desse andamento. A "desincorporação" do poder político foi finalizada pela execução de Luís XVI: em 21 de janeiro de 1793, o corpo político perdeu a cabeça. Nesse sentido, o regicídio realmente significou o nascimento da política moderna – e somente a partir daquele momento é que tentativas de politicídio puderam ser empreendidas.

Lefort chama esse movimento de modernização, com um termo de Tocqueville, de "revolução democrática". Tal como o autor de *Da Democracia na América*, ele não considera a democracia em primeiro lugar como uma forma de governo, mas como uma "forma de sociedade", caracterizada por uma inexorável dinâmica democrática. A revolucionária e nunca dantes manifestada característica da democracia é esta: "O lugar do poder se torna um *lugar vazio*. Os detalhes institucionais são pouco relevantes. O que importa é que governantes são proibidos de se apropriar do poder ou de encarná-lo". A questão de quem exerce o poder é contrariada periodicamente numa competição de regras fixas (em que "ganha quem tiver mais votos" é a mais importante). Os fins e a maneira como o poder é exercido não são determinados. O fato de que numa democracia o poder procede do sufrágio universal não implica que este se encontre na sociedade. O poder democrático igualmente representa uma entidade simbólica externa à sociedade, permitindo que esta reconheça a si mesma como uma unidade. O excepcional da sociedade democrática é que ela não disfarça a sua disparidade intrínseca; ela é "a institucionalização do conflito".[56]

A sociedade totalitária é a cabeça de Jano da democracia. Ela é um produto da mesma revolução democrática e surge quando – não importa o motivo – o poder político democrático se retrai *na* sociedade, e quando em função disso a ilusão da unidade orgânica se revigora. Na origem do totalitarismo, portanto, não há reviravolta socioeconômica (conforme os primeiros artigos de Lefort sobre o capitalismo soviético já demonstravam), mas uma metamorfose da ordem política simbólica. De forma mais específica, o lugar vazio do poder democrático moderno é novamente "preenchido". Não como nas sociedades pré-modernas, com algo que transcende a sociedade (o totalitarismo, portanto, não é

---

[56] Lefort, *Essais sur le Politique*, citações na p. 27.

regressivo), mas com algo que brota da própria sociedade: uma raça (nazismo) ou uma classe (comunismo), por exemplo. Um único partido se lança como o detentor de um conhecimento irrefutável sobre o objetivo da sociedade. Por meio da propaganda, esse "conhecimento" se torna a ideologia dominante; o seu cerne em todos os casos constitui a imagem de uma sociedade homogênea e transparente. O velho ideal organicista é combinado com um novo ideal de plasticidade social. No simbolismo político, a imagem do corpo se funde com a da máquina. Espera-se que os membros da sociedade funcionem como apêndices solidários na realização de um objetivo conjunto: a criação de um novo homem. Uma vez que o poder totalitário encontra os seus fundamentos em si mesmo, nada pode freá-lo. Os governantes podem reger como se não houvesse nada além deles. Resta ainda um último quesito: muitas vezes se alegou que as sociedades totalitárias politizariam todos os aspectos da sociedade. Isso parece fazer sentido: a distinção entre Estado e sociedade se torna difusa e o Partido-Estado se intromete profundamente na vida privada do cidadão. Não obstante, Lefort não endossa essa análise. A sociedade totalitária, segundo Lefort – cuja análise nesse ponto se relaciona estreitamente com a de Hannah Arendt –, não se caracteriza por uma politização demasiada, mas justamente por uma completa *despolitização*.[57] O domínio político ali é destruído. Conflitos são rejeitados e abafados, o dissenso é reprimido e ignorado, oponentes são presos ou assassinados.

O ponto agora é que essa análise do totalitarismo como o auge da despolitização inversamente expõe a essência plenamente política da democracia. A democracia é a única forma de convivência social a reconhecer o conflito social irrevogável que se encontra na base de qualquer sociedade. Mais do que isso: ela vive desse conflito. É sua fonte de energia e renovação.[58] A conflituosidade na democracia não pode

---

[57] Para a afinidade entre Lefort e Arendt, veja Lefort, "Hannah Arendt et la Question du Politique", em: idem, *Essais sur le Politique*, p. 59-72.

[58] Maquiavel tinha essa mesma visão: a explicação mais importante que ele fornece no *Discorsi* para o estrondoso êxito da República romana – uma

ser abolida, nem superada e tampouco eliminada. O "fim da história" assim se torna impossível:

> A democracia desponta assim como a sociedade histórica por excelência, a sociedade que até na sua forma absorve e assimila o indefinido; com isso ela apresenta um flagrante contraste com o totalitarismo que, apesar de se fundamentar no princípio de um novo homem, de fato resiste a essa indeterminação, tem a pretensão de possuir certo conhecimento sobre sua organização e desenvolvimento e aparece incógnito no mundo moderno como uma *sociedade sem história*.[59]

Novamente o forte vínculo entre a história e a política nos é mostrado. Mas Lefort é mais exato do que isso. Ele nos ensina que o que vale é: o vínculo intrínseco entre *historicidade* e *política democrática*.

O pensamento político de Lefort revela-se assim como a forma mais *vivente* de filosofia política que o debate do pós-guerra rendeu na França. Seu pensamento político é uma luta contra todas as formas de politicídio. Lefort argumenta de maneira convincente que um pensamento que explicitamente promove o "fim da história", ou que implicitamente a carrega em si, prepara o caminho para uma sociedade totalitária. O cerne do argumento é este: a liberdade política exige o reconhecimento da irrevogabilidade dos conflitos sociais e políticos.

Com isso, Lefort encontra uma saída para o impasse que caracterizou a filosofia política francesa do período 1945-1989. Ele encontra uma posição entre, de um lado, os pensadores que consideram a luta como a virtude mais elevada, e do outro os pensadores que creem que pode haver um fim a toda luta. Vejamos essa dicotomia uma última vez em detalhe. O primeiro grupo, o dos existencialistas e nietzschianos, vive em um mundo pré-político. Eles rejeitam a natureza específica do poder

---

cidadezinha que em cinco séculos se desenvolveu em um império mundial – foi a desunião entre plebeus e patrícios. Ele elogiava os romanos principalmente pela instituição do tribunato popular, um elemento democrático na sua constituição que – nos termos de Lefort – institucionalizou o conflito social.

[59] Lefort, *Essais sur la Politique*, p. 25.

político e convocam a resistência contra ele, sem saber que o tão desprezado poder político, ao intervir no conflito social, concomitantemente criou a sociedade e a liberdade. Michel Foucault expressou esse equívoco histórico-político de maneira inigualável com seu pleito por um regicídio na filosofia política ("Temos que cortar a cabeça do rei"). Em contraste, o segundo grupo, o dos marxistas e kantianos, se dedica a um mundo pós-político. Eles consideram a política uma etapa de transição que pode terminar. O fundamento ideológico comum entre marxistas e kantianos é que os conflitos são resultantes de crenças e comportamentos irracionais e que esses resquícios de irracionalidade pré-histórica podem ser eliminados por meio de uma melhor compreensão das coisas. Essa utopia de uma harmonia racional pós-política baseia-se na rejeição pura e simples da irrevogabilidade do conflito social inerente à sociedade. Não obstante, essa ideia é excepcionalmente influente e poderosa: ela sustenta a maior parte da filosofia política ocidental.[60]

---

[60] Isso hoje em dia ainda vale principalmente para os debates éticos e político-filosóficos anglo-americanos. O ideal de Rawls e seus discípulos é o *well-ordered society*, em que todos aceitam os mesmos princípios de justiça. Menos ainda do que por esse objetivo da filosofia política de Rawls, Lefort se encanta pelo seu método. A hipotética assembleia rawliana para a determinação desses princípios não leva a nada, visto que seus participantes foram previamente despojados de todas as suas idiossincrasias históricas, sociais e psicológicas (a fim de torná-los "imparciais" e portanto "justos").
Dessa forma, o problema a ser resolvido – como fazer coexistir uma *pluralidade* de pessoas? – primeiro é eliminado para depois ser enfrentado. Seria como primeiro eliminar a gravidade para depois projetar um guindaste. Presumivelmente é óbvio que a crítica de Lefort ao liberalismo rawliano não se pareça em nada com a crítica ao liberalismo dos comunitaristas (pessoas como Sandel, MacIntyre e Etzioni). A parte mais polêmica nessa discussão é se os direitos encontram a sua origem na dignidade natural do indivíduo (os liberais) ou no projeto da convivência sócio-histórica de um grupo (os comunitaristas). Apesar de Lefort – provavelmente por falta de interesse – nunca ter participado desse debate, ele propôs uma solução satisfatória para o dilema. Lefort nega que possamos saber o que seja uma boa vida individual e a ordem social a que essa boa vida melhor se adapta. Na democracia, tal ignorância é reconhecida – e simbolizada pelo lugar

Lefort faz mais do que desmantelar as utopias pré- ou pós-históricas. Na sua obra ele demonstra ser possível refletir sobre a política sem recair em um desses dois extremos, que aniquilam a política com o seu comodismo. Graças a uma investigação insistente e perspicaz sobre a origem e a natureza da política, Lefort compreendeu por que a democracia constitui a forma de convivência social mais política e dinâmica de todas. Essa noção não é de mero interesse teórico ou histórico. Lefort descobriu as *condicionantes da liberdade*.

Das análises de Lefort pode-se chegar especialmente à conclusão de que o Estado deve preservar sua independência com relação à sociedade. O Estado, conforme ensinava Maquiavel, é o mediador que constitui a sociedade ao dar forma ao conflito social. Quando o Estado democrático não mais mantém a sua distância da sociedade – seja por terceirizar parte das suas tarefas vitais (privatização), seja por se fundir completamente com ela (burocracia) –, ele perde a sua força simbólica. Surge então o perigo de que da boca dos insatisfeitos e excluídos repercuta o clamor para preencher o vazio no coração do Estado democrático. Em outras palavras: aquele que despreza ou rejeita a função da política, ainda pode se surpreender com um desagradável retorno.

No pasarán.

A política moderna nasceu a partir da Revolução Francesa. A incompreensão referente à natureza desse fenômeno fez com que muitos pensadores franceses quisessem pôr um fim à política e ansiassem por

---

vazio no poder. Pressupondo que numa democracia todos os indivíduos se encontram numa posição similar com relação a esse não saber, Lefort consegue – sem ter que atribuir uma natureza fixa a indivíduos ou despojá-los de suas particularidades – idealizar a dinâmica democrática (de sempre novos protestos, novas reivindicações, novos grupos). Em outras palavras: na democracia a identidade coletiva em princípio permanece indefinida e forma o assunto de um permanente debate do qual ninguém é excluído. Segundo Lefort, portanto, seria tão absurdo negar essa identidade coletiva (como os liberais fazem) quanto tentar moldá-la (como os comunitaristas desejam).

uma situação social pré- ou pós-política. Em vez de nutrir esse doloroso, mas belo rebento do regicídio revolucionário, eles o ameaçaram com a morte. Essa ameaça de politicídio existe até hoje e sempre existirá. O grande mérito, contudo, do recente pensamento político francês, conforme este se constituiu com base na excepcional experiência francesa com a política e se materializou na sua forma mais convincente por meio do pensamento político de Claude Lefort, é que ele demonstra a existência de um perigo real. Além disso, esse pensamento demonstra sobretudo por que e como devemos manter a política viva.

Haveria ainda, para concluir, aqueles que afirmam que o pensamento político de Lefort, no qual não há lugar para o Bem, para o Verdadeiro e para o Belo, não mereceria ser chamado de *filosofia* política? Isso, deploravelmente, atestaria uma parca compreensão do profundo discernimento de Maquiavel que deu origem a essa área de conhecimento: "O bem nem sempre é o mesmo em todo o lugar".[61] Justamente aquele pensador político que desiste da busca do bem, da verdade e do belo, se mostra o mais fiel "amigo da sabedoria".

---

[61] Machiaveli, *De Heerser*, p. 154.

Bibliografia

ABENSOUR, Miguel. *La démocratie contre l'État. Marx et le moment machiavélien.* Paris, 1997.
ACHTERHUIS, Hans. *De erfenis van de utopie.* Amsterdam, 1998.
ALAIN. *Le citoyen contre les pouvoirs.* Paris, 1926.
ALBERT, Michel. *Capitalisme contre capitalisme.* Paris, 1991.
ALTHUSSER, Louis. *De toekomst duurt lang, gevolgd door De feiten.* Ed. Olivier Corpet; Yann Moulier Boutang. Amsterdam, 1993; *L'avenir dure longtemps, suivi de Les faits.* Paris, 1992.
ANKERSMIT, Frank. "Representatie, waarheid en ervaring". In: BULHOF, Ilse; VAN RIESSEN, Renée (ed.). *Als woorden niets meer zeggen. De crisis rond woord en beeid in de huidige cultuur.* Kämpen, 1995, p. 105-22.
———. *De Spiegel van het verleden.* Kämpen, 1996.
———. *Aesthetic politics. Political philosophy beyond fact and value.* Stanford, 1997.
ARENDT, Hannah. *The origins of totalitarianism.* London/New York, 1973 (1951).
———. *Was ist Politik? Fragmente aus dem Nachlaß.* Ed. Ursula Ludz. München/Zürich, 1992.
ARON, Raymond. *Marxismes imaginaires. D'une sainte famille à l'autre.* Paris, 1970.
———. *Mémoires. 50 ans de réflexion politique.* Paris, 1983.
———. *Introduction à la philosophie politique. Démocratie et révolution.* Paris, 1997.
AUBRAL, François; DELCOURT, Xavier. *Contre la nouvelle philosophie.* Paris, 1977.

AUFFRET, Dominique. *Alexandre Kojève. La philosophie, l'État, la fin de l'histoire*. Paris, 1990.
BAVEREZ, Nicolas. *Raymond Aron. Un moraliste au temps des ideologies*. Paris, 1993.
BEAUVOIR, Simone de. *Pour une morale de l'ambiguïté*. Paris, 1947.
BENDA, Julien. *La trahison des clercs*. Paris, 1975 (1927).
BERLIN, Isaiah. *The proper study of mankind. An anthology of essays*. London, 1997.
BESNIER, Jean-Michel. *La politique de l'impossible. L'intellectuel entre révolte et engagement*. Paris, 1988.
BEST, Steven; KEINER, Douglas. *Postmodern theory. Critical interrogations*. London, 1991.
BLOOM, Allan. "Kojève, le philosophe". *Commentaire*, n. 3, vol. 9, 1980, p. 116-19.
———. *The closing of the American mind*. New York, 1997.
BOER, Pim den. *Geschiedenis als beroep. De professionalisering van de geschied-beoefening in Frankrijk (1818-1914)*. Nijmegen, 1987.
BOURETZ, Pierre. "Nouvelle philosophie". *Le débat*, n. 9, vol. 50, 1988, p. 210-11.
BRAAK, Menno ter. *Verzameld werk* 3. Amsterdam, 1980.
BRÉE, Germaine. *Camus and Sartre. Crisis and commitment*. New York, 1972.
BURNIER, Michel-Antoine. *Le testament de Sartre*. Paris, 1982.
CAMUS, Albert. *De pest*. Amsterdam, 1968; *La peste*. Paris, 1947.
———. *L'homme révolté*. Paris, 1951.
———. "Lettre au directeur des 'Temps modernes'". *Les temps modernes*, n. 8, 1952, p. 317-33.
———. *Essais*. Paris, 1965.
CASTORIADIS, Cornelius. "Les rapports de production en Russie" (1949). In: Idem, *La société bureaucratique 1*. Paris, 1973, p. 205-82.
CIORAN, Émile. *Histoire et utopie*. Paris, 1960.
COHEN-SOLAL, Annie. *Sartre, 1905-1980*. Paris, 1985.
COMTE-SPONVILLE, André; FERRY, Luc. *La sagesse des modernes. Dix questions pour notre temps*. Paris, 1998.
DEBRAY, Régis. "Êtes-vous démocrate ou républicain?". *Le nouvel observateur*, n. 30, novembro, 1989.
DELEUZE, Gilles. *Nietzsche et la philosophie*. Paris, 1962.

DELEUZE, Gilles. "Aanval op de nieuwe filosofen" (1977). In: DELEUZE, Gilles; GUATTARI, Felix. *Rizoom*. Utrecht, 1997, p. 75-86.
———. *Foucault*. Paris, 1986.
———; GUATTARI, Félix. *L'anti-Oedipe. Capitalisme et schizophrénie 1*. Paris, 1972.
DERRIDA, Jacques. "Préjugés: devant la loi". In: idem e.a., *La faculté de juger*. Paris, 1985, 87-139.
———. *Spectres de Marx. L'État de la dette, le travail du deuil et la nouvelle internationale*. Paris, 1993.
———. *Politiques de l'amitié*. Paris, 1994.
———. *Over gastvrijheid*. Amsterdam, 1998.
DESCOMBES, Vincent. *Le même et l'autre. Quarante-cinq ans de philosophie française (1933-1978)*. Paris, 1979.
———. *Philosophie par gros temps*. Paris, 1989.
———. "Le moment français de Nietzsche". In: Boyer, Alain et al. *Pourquoi nous ne sommes pas nietzschéens*. Paris, 1991, p. 99-128.
DOSSE, François. *Histoire du structuralisme II. Le chant du cygne, 1967 à nos jours*. Paris, 1992.
DRURY, Shadia B. *Alexandre Kojève. The roots of postmodern politics*. New York, 1994.
DUNN, Susan. *The deaths of Louis XVI. Regicide and the French political imagination*. Princeton, 1994.
ENEGRÉN, André. *La pensée politique de Hannah Arendt*. Paris, 1984.
EPTING, Carl. *Das Französische Sendungsbewußtsein im 19. und 20. Jahrhundert*. Heidelberg, 1952.
ÉRIBON, Didier. *Michel Foucault (1926-1984)*. Paris, 1991 (1989).
FERRY, Jean-Marc. *Habermas. L'éthique de la communication*. Paris, 1987.
———. *Les puissances de l'expérience. Essai sur l'identité contemporaine 2*. Paris, 1991.
FERRY, Luc. *Philosophie politique 1. Le droit: la nouvelle querelle des anciens et des modernes*. Paris, 1984.
———. *Philosophie politique 2. Le système des philosophies de l'histoire*. Paris, 1985.
———. *L'Homme-Dieu ou le sens de la vie*. Paris, 1996.
———; RENAUT, Alain. *Système et critique. Essais sur la critique de la raison dans la philosophie contemporaine*. Brussel, 1984.

Ferry, Luc; Renaut, Alain. *Philosophie politique 3. Des droits de l'homme à l'idée républicaine.* Paris, 1984.

____; ____. *La pensée 68. Essai sur l'antihumanisme contemporain.* Paris, 1985.

Finkielkraut, Alain. *La défaite de la pensée.* Paris, 1987

———. *L'humanité perdue. Essai sur le xxe siècle.* Paris, 1996

Flynn, Bernard. *Political philosophy at the closure of metaphysics.* London/New Jersey, 1992.

Foucault, Michel. "Nietzsche, Freud, Marx". In: Beaufret, Jean et al. *Nietzsche.* Paris, 1967, p. 183-200.

———. *Les mots et les choses. Une archéologie des sciences humaines.* Paris, 1966.

———. *Discipline, toezicht en straf. De geboorte van de gevangenis*, Groningen 2010⁶; *Surveiller et punir. La naissance de la prison.* Paris, 1975.

———. *De wil tot weten. Geschiedenis van de seksualiteit* 1. Nijmegen, 1984; *La volonté de savoir. Histoire de la sexualité 1.* Paris, 1976.

———. *Power/Knowledge. Selected interviews and other writings, 1972-1977.* Ed. Colin Gordon. New York, 1980.

———. "Histories weten en macht". *Te elfder ure*, n. 25, vol. 29, 1981, 559-72.

———. "Twee typen macht". *Te elfder ure*, n. 25, vol. 29, 1981, p. 573-87.

———. "Deux essais sur le sujet et le pouvoir". In: Dreyfus, Hubert; Rabinow, Paul. *Michel Foucault. Un parcours philosophique au delà de l'objectivité et de la subjectivité, avec un entretien et deux essais de Michel Foucault.* Paris, 1984, p. 297-321.

———. "Kant, de Verlichting, de Revolutie". *Krisis*, n. 7, vol. 24, 1986, p. 29-38; "Un cours inédit" (1983). *Magazine littéraire*, n. 207, 1984, p. 35-39.

Fukuyama, Francis. *Het einde van de geschiedenis en de laatste mens.* Amsterdam, 1992; *The end of history and the last man.* New York, 1992.

Furet, François. *Penser la Révolution française.* Paris, 1978.

———. "Le xixe siècle et l'intelligence du politique". *Le débat 1*, 1980, p. 120-25.

———. "Une certaine idée de la France. Entretien avec Raymond Barre". *Le débat* n. 4, vol. 26, 1983, p. 5-52.

———. "La Révolution dans l'imaginaire politique français". *Le débat 1*, 26, 1983, p. 173-81.

FURET, François. *La Révolution française (i). De Turgot à Napoléon (1770-1814)*. Paris, 1988.

———. *Terminer la Révolution (11). De Louis XVIII à Jules Ferry (1814--1880)*. Paris, 1988.

———; JULLIARD, Jacques; ROSANVALLON, Pierre. *La République du centr.* Paris, 1988.

GARCIA, Patrick. "Un Bicentenaire entre deux paradigms". In: LÉVY, Patrick; GARAI Jacques; MATEI, Marie-Flore. *Révolutions, fin et suite. Les mutations du changement social et de ses représentations saisies à travers les images de la Révolution française et les pratiques du Bicentenaire*. Paris, 1991, p. 167-204.

GAUCHET, Marcel. "Les droits de l'homme ne font pas une politique". *Le débat 1*, 3, 1980, p. 3-21.

———. "L'alignement". *Le débat 9*, 50, 1988, p. 113-14.

———. "Pacification démocratique, désertion civique". *Le débat 11,* (1960, p. 87-98.

———; NORA, Pierre. "Mots-moments. Les cinq langages de l'esprit du temps". *Le débat 9*, 50, 1988, p. 171-89.

GIRARDET, Raoul. *Le nationalisme français. Anthologie 1871-1914*. Paris, 1983.

GLUCKSMANN, André. *La cuisinière et le mangeur d'hommes. Essai sur l'État le marxisme, les camps de concentration*. Paris, 1975.

———. *Les maîtres penseurs*. Paris, 1977.

GOUREVITCH, Victor; ROTH, Michael S. "Introduction". In: STRAUSS, Leo. *On tyranny: including the Strauss-Kojève correspondence (1932-1965)*. New York, 1991, ix-xxii.

GRENIER, Jean. *Essai sur l'esprit d'orthodoxie*. Paris, 1938.

GRENIER, Robert. *Albert Camus. Soleil et ombre*. Paris, 1987.

GRIFFIOEN, Sander. "Lyotard over de grote verhalen". In: BOER, Theo de et al. *Moderne Franse filosofen*. Kampen, 1993, p. 111-25.

GUÉHENNO, Jean-Marie. *La fin de la démocratie*. Paris, 1993.

GUÉNAIRE, Michel. "La Constitution ou la fin de la politique". *Le débat* 12, 64, 1991, p. 149-57.

HABERMAS, Jürgen. "Die Moderne – ein unvollendetes Projekt" (1980). In: *Kleine politische Schriften l-iv*. Frankfurt, 1981, p. 444-64.

HABIB, Claude; MOUCHARD, Claude (ed.). *La démocratie à l'œuvre. Autour de Claude Lefort*. Paris, 1993.

HOLLIER, Denis (ed.). *Le Collège de Sociologie (1937-1939). Textes de Georges Bataille, Roger Caillois, René M. Guastalla, Pierre Klossowski, Alexandre Kojève, Michel Leiris, Anatole Lewitzky, Hans Mayer, Jean Paulhan, Jean Wahl, etc.* Paris, 1979.

———. *Politique de la prose. Jean-Paul Sartre et l'an quarante.* Paris, 1982.

JARCZYK, Gwendolyne; LABARRIÈRE, Pierre-Jean. *De Kojève à Hegel. Cent cinquante ans de pensée hégélienne en France.* Paris, 1996.

JEANSON, Francis. "Albert Camus ou l'âme révoltée". *Les temps modernes* 7, 1952, p. 2070-090.

———. "Pour tout vous dire". *Les temps modernes* 8, 1952, p. 354-91.

JUDT, Tony. *Marxism and the French Left. Studies in labour and politics in France, 1830-1981.* Oxford, 1986.

———. *Past imperfect. French intellectuals,* 1944-1956. Berkeley/Oxford, 1992.

JULLIARD, Jacques. "Où est-elle, votre République?". *Le nouvel observateur,* 7 de dezembro de 1989.

KATE, Laurens ten (ed.). *Voorbij het zelfbehoud. Gemeenschap en offer bij Georges Bataille.* Apeldoorn/Leuven, 1991.

KESEL, Marc De (ed.). *Georges Bataille: de sfinx van de sociologie. Een politieke filosofie van het geweld. Batailles bijdragen tot het 'College voor Sociologie' [1937-1939].* Amersfoort/Leuven, 1994.

KHILNANI, Sunil. "Un nouvel espace pour la pensée politique". *Le débat 11,* 58, 1990, p. 181-92.

———. *Arguing Revolution. The intellectual Left in postwar France.* New York, 1994.

KLOSSOWSKI, Pierre. "Oubli et anamnèse dans l'expérience vécue de l'éternel retour du Même". In: BEAUFRET, Jean et al. *Nietzsche.* Paris, 1967, p. 227-44.

KOJÈVE, Alexandre. "Hegel, Marx and Christianity". *Interpretation,* 1970, p. 21-42; "Hegel, Marx et le christianisme". *Critique 2.* Paris, 1946.

———. *Introduction à la lecture de Hegel. Leçons sur la Phénoménologie de l'Esprit, professées de 1933 à 1939 à l'École des Hautes Études, réunies et publiées par Raymond Queneau.* Paris, 1947; Paris, 1968.

———. "Tyranny and wisdom". In: STRAUSS, Leo. *On tyranny: including the Strauss-Kojève correspondence (1932-1965).* Ed. Victor e Michael S. Roth. New York, 1991, p. 135-76; *Tyrannie et sagesse.* Paris, 1950.

———. "Les romans de la sagesse". *Critique* 7, 1952, 387-97.

KOLAKOWSKI, Leszek. "The myth of human self-identity. Unity of civil and political society in socialist thought". In: KOLAKOWSKI, Leszek; HAMPSHIRE, Stuart (ed.). *The socialist idea*. London, 1977, p. 18-35.

KOSELLECK, Reinhart. *Kritik und Krise. Eine Studie zur Pathogenese der bürgerlichen Welt*. Frankfurt, 1976 (1959).

KUNDERA, Milan. *Onsterfelijkheid*. Baarn, 1990.

LACOUE-LABARTHE, Philippe. "Ou en étions-nous?". In: DERRIDA, Jacques et al. *La faculté de juger*. Paris, 1985, p. 165-93.

———; NANCY, Jean-Luc (ed.). *Rejouer le politique*. Paris, 1981.

———; ——— (ed.). *Le retrait du politique*. Paris, 1983.

———; ———. *Retreating the political*. Ed. Simon Sparks. London/New York, 1997.

LAPOUGE, Gilles. "Les philosophes ne m'intéressent pas, je cherche les sages. Entretien avec Kojève". *La quinzaine littéraire*, 1-15 agosto, 1968, p. 18-20.

LARDREAU, Guy; JAMBET, Christian. *L'Ange. Pour une cynégétique du semblant*. Paris, 1976.

LEFORT, Claude. *Le travail de l'œuvre. Machiavel*. Paris, 1972.

———. *Un homme en trop. Réflexions sur 'L'Archipel du Goulag'*. Paris, 1976.

———. "Introduction". In: MERLEAU-PONTY, Maurice. *Humanisme et terreur. Essai sur le problème communiste*. Paris, 1980, p. 11-38.

———. *L'invention démocratique. Les limites de la domination totalitaire*. Paris, 1981.

———. *Essais sur le politique, xixe-xxe siècles*. Paris, 1986.

———. *Het democratisch tekort. Over de noodzakelijke onbepaaldheid van de démocratie*. Amsterdam, 1992.

———. *La complication. Retour sur le communisme*. Paris, 1999.

LELLOUCHE, Serge. "Sur l'idée moderne de nation. Un entretien avec Dominique Schnapper". *Derrière le Mur 3*, 1995, p. 32-35.

LENOBLE, J.; BERTEN, A. "Jugement juridique et jugement pratique: de Kant à la philosophie du langage". *Revue de métaphysique et de morale 95*, 1990, p. 339-65.

LÉVY, Bernard-Henri. *La barbarie à visage humain*. Paris, 1977.

LIPOVETSKY, Gilles. *L'ère du vide. Essai sur l'individualisme contemporain*. Paris, 1983.

LOOSE, Donald. *Démocratie zonder blauwdruk. De politieke filosofie van Claude Lefort*. Best, 1997.

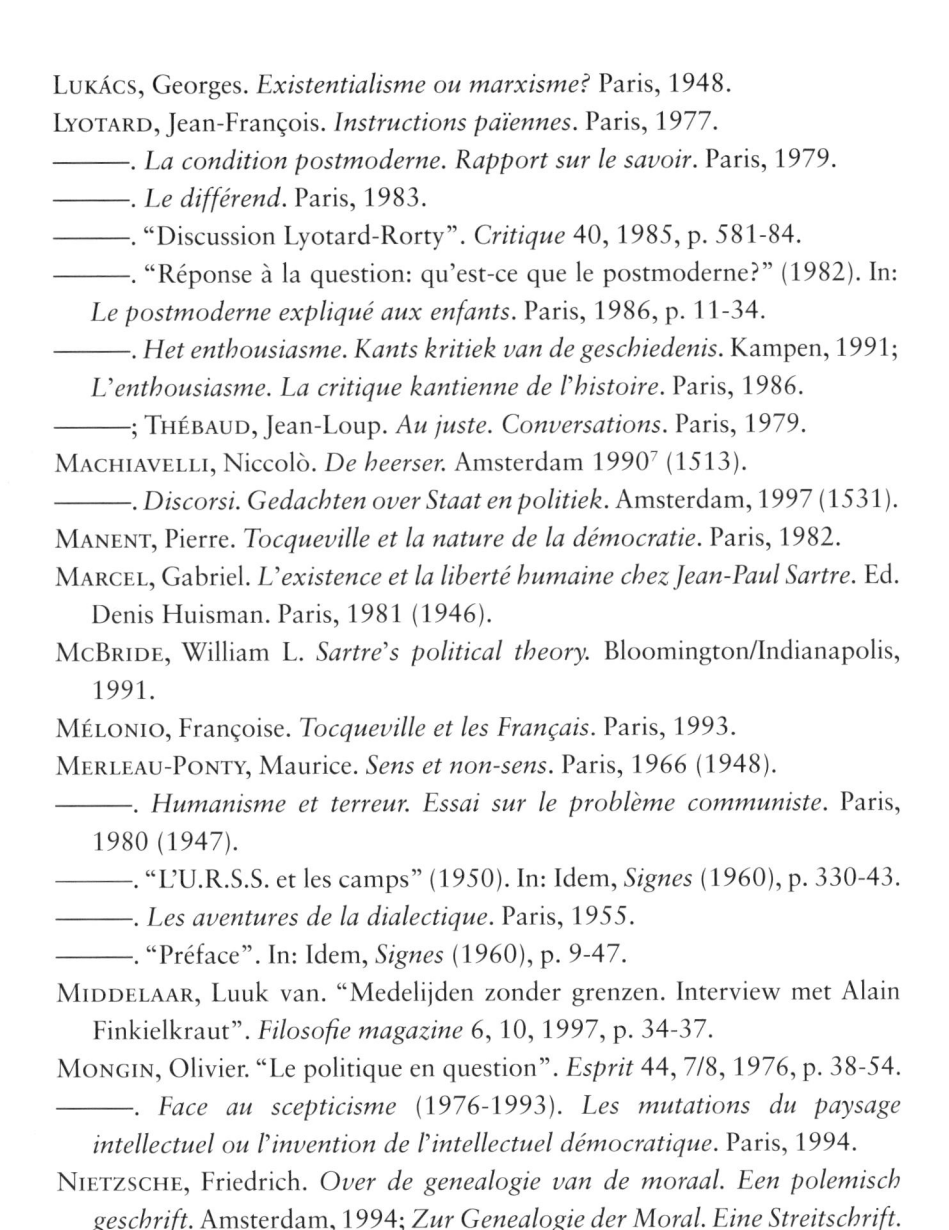

LUKÁCS, Georges. *Existentialisme ou marxisme?* Paris, 1948.
LYOTARD, Jean-François. *Instructions païennes.* Paris, 1977.
———. *La condition postmoderne. Rapport sur le savoir.* Paris, 1979.
———. *Le différend.* Paris, 1983.
———. "Discussion Lyotard-Rorty". *Critique* 40, 1985, p. 581-84.
———. "Réponse à la question: qu'est-ce que le postmoderne?" (1982). In: *Le postmoderne expliqué aux enfants.* Paris, 1986, p. 11-34.
———. *Het enthousiasme. Kants kritiek van de geschiedenis.* Kampen, 1991; *L'enthousiasme. La critique kantienne de l'histoire.* Paris, 1986.
———; THÉBAUD, Jean-Loup. *Au juste. Conversations.* Paris, 1979.
MACHIAVELLI, Niccolò. *De heerser.* Amsterdam 1990^7 (1513).
———. *Discorsi. Gedachten over Staat en politiek.* Amsterdam, 1997 (1531).
MANENT, Pierre. *Tocqueville et la nature de la démocratie.* Paris, 1982.
MARCEL, Gabriel. *L'existence et la liberté humaine chez Jean-Paul Sartre.* Ed. Denis Huisman. Paris, 1981 (1946).
MCBRIDE, William L. *Sartre's political theory.* Bloomington/Indianapolis, 1991.
MÉLONIO, Françoise. *Tocqueville et les Français.* Paris, 1993.
MERLEAU-PONTY, Maurice. *Sens et non-sens.* Paris, 1966 (1948).
———. *Humanisme et terreur. Essai sur le problème communiste.* Paris, 1980 (1947).
———. "L'U.R.S.S. et les camps" (1950). In: Idem, *Signes* (1960), p. 330-43.
———. *Les aventures de la dialectique.* Paris, 1955.
———. "Préface". In: Idem, *Signes* (1960), p. 9-47.
MIDDELAAR, Luuk van. "Medelijden zonder grenzen. Interview met Alain Finkielkraut". *Filosofie magazine* 6, 10, 1997, p. 34-37.
MONGIN, Olivier. "Le politique en question". *Esprit* 44, 7/8, 1976, p. 38-54.
———. *Face au scepticisme (1976-1993). Les mutations du paysage intellectuel ou l'invention de l'intellectuel démocratique.* Paris, 1994.
NIETZSCHE, Friedrich. *Over de genealogie van de moraal. Een polemisch geschrift.* Amsterdam, 1994; *Zur Genealogie der Moral. Eine Streitschrift.* Leipzig, 1887.
NORA, Pierre. "Que peuvent les intellectuels?". *Le débat* 1, 1, 1980, p. 3-19.
OFFERMAN, Cyrille. "De utopie van het dashboardlampje. Recensie van Hans Achterhuis, *De erfenis van de utopie* (Amsterdam 1998)". *Vrij Nederland,* 11 julho de 1998, p. 51-52.

ONFRAY, Michel. *Politique du rebelle. Traité de résistance et d'insoumission.* Paris, 1997.

OOSTERLING, Henk. *Door schijn bewogen. Naar een hyperkritiek van de xenofobe rede.* Kampen, 1996.

ORY, Pascal; SIRINELLI, Jean-François. *Les intellectuels en France de l'affaire Dreyfus à nos jours.* Paris, 1986.

PEPERSTRATEN, Frans van. "Verlichtingsfilosofie twee eeuwen later: J.-F. Lyotard als *postmoderne Kant*". *Algemeen Nederlands Tijdschrift voor Wijsbegeerte 83*, 1991, p. 188-205.

PEPERSTRATEN, Frans van. *Jean-François Lyotard. Gebeurtenis en rechtvaardigheid.* Kampen, 1995.

POCOCK, J. G. A. *The Machiavellian moment. Florentine political thought and the Atlantic tradition.* Princeton/London, 1975.

POKIER, Hugues. *Passion du politique. La pensée de Claude Lefort.* Genève, 1998.

POSTER, Mark. *Existential Marxism in postwar France. From Sartre to Althusser.* Princeton, 1975.

QUENEAU, Raymond. *Odile.* Amsterdam, 1990; *Odile.* Paris, 1937.

———. *Zazie dans le métro.* Paris, 1990 (1959).

RAWLS, John. *A theory of justice.* Cambridge, Mass., 1971.

READINGS, Bill. "Foreword: The end of the political". In: LYOTARD, Jean-François. *Political writings.* Ed. Bill Readings. Minnesota, 1993, p. xiii-xxvi.

RENAUT, Alain. *Sartre, le dernier philosophe.* Paris, 1993.

REVEL, Jean-François. *La tentation totalitaire.* Paris, 1976.

———. *Comment les démocraties finissent.* Paris, 1983.

RICOEUR, Paul. *De l'interprétation. Essai sur Freud.* Paris, 1965.

RIEFFEL, Rémy. *Le tribu des clercs. Les intellectuels sous la Ve République* 3. Paris, 1993.

RIESSEN, Renée van. "Ethiek zonder grond. De representatiecrisis bij Lyotard en Levinas". In: BULHOF, Ilse; RIESSEN, Renée van (eds.). *Als woorden niets meer zeggen. De crisis rond woord en beeid in de huidige cultuur.* Kampen, 1995, p. 77-104.

ROBESPIERRE, Maximilien. *Œuvres* x *Discours 5 (27 juillet 1793-27 juillet 1794).* Ed. Marc Bouloiseau & Albert Soboul. Paris, 1967.

RORTY, Richard. *Amerika waarmaken.* Amsterdam, 1998; *Achieving America.* New York, 1998.

Rosen, Stanley. *Hermeneutics as politics*. New York/Oxford, 1987.
Roth, Michael S. *Knowing and history. Appropriations of Hegel in twentieth-century France*. Ithaca/London, 1988.
Rousseau, Jean-Jacques. *Discours sur l'origine et les fondements de l'inégalité parmi les homes*. Paris, 1985 (1755).
Sartre, Jean-Paul. *L'être et le néant. Essai d'ontologie phénoménologique*. Paris, 1943.
———. "Présentation des Temps Modernes" (1945). In: Idem, *Situations IL Qu'est-ce que la littérature?* Paris, 1948, p. 9-28.
———. *L'existentialisme est un humanisme*. Paris, 1946.
———. *Les mains sales*. Paris, 1948.
———. "Réponse à Albert Camus". *Les temps modernes* 8, 1952, p. 334-53.
———. "Réponse à Claude Lefort" (1953). In: Idem, *Situations VII. Problèmes du marxisme 2*. Paris, 1965, p. 7-93.
———. "Albert Camus" (1960). In: Idem, *Situations IV*. Paris, 1964, p. 126-29.
———. *Critique de la raison dialectique I. Théorie des ensembles pratiques*. Paris, 1960.
———. "Préface". In: Fanon, Frantz. *Les damnés de la terre*. Paris, 1961, p. 9-26.
Scheepers, Monique. *Differentie en politiek. Een inleiding tot de filosofie van Gilles Deleuze*. Tilburg, 1996.
Schmitt, Carl. *Der Begriff des Politischen. Text von 1932 mit einem Vorwort und drei Corollarien*. Berlim, 1987.
Schnapper, Dominique. *La communauté des citoyens. Sur l'idée moderne de la nation*. Paris, 1994.
Simons, Jon. *Foucault & the political*. London/New York, 1994.
Sirinelli, Jean-François. *Deux intellectuels dans le siècle, Sartre et Aron*. Paris, 1995.
Slama, Alain-Gérard. *L'angélisme exterminateur. Essai sur l'ordre moral contemporain*. Paris, 1993.
———. *La régression démocratique*. Paris, 1996.
Smith, Douglas. *Transvaluations. Nietzsche in France, 1872-1972*. Oxford, 1996.
Strauss, Leo. *On tyranny: including the Strauss-Kojève correspondence (1932- 1965)*. Ed. Victor Gourevitch e Michael S. Roth. New York, 1991.

STURROCK, John (ed.). *Structuralism and since. From Lévi-Strauss to Derrida*. Oxford, 1979.

TALMON, Jacob. *Political messianism. The romantic phase*. London, 1960.

TAYLOR, Charles. "Foucault on freedom and truth". In: David Couzens Hoy (ed.). *Foucault. A critical reader*. Oxford/New York, 1986, p. 69-102.

THIBAUD, Paul. "Droit et politique". *Esprit* 48, 3, 1980, p. 3-21.

THÜSEN, Joachim von der. *Het verlangen naar huivering. Over het sublieme, het wrede en het unheimliche*. Amsterdam, 1997.

TOCQUEVILLE, Alexis de. *De la démocratie en Amérique*. Paris, 1992 (1835, 1840).

———. *L'ancien régime et la Révolution*. Paris, 1997 (1856).

VARGAS LLOSA, Mário. "Een beetje geweld doorbreekt de sieur". *De Volkskrant*, 27 de junho de 1998.

VERKUIJLEN, Ad. "The medium is the message. Recensie van Henk Oosterling, *Door schijn bewogen: naar een hyperkritiek van de xenofobe rede*, Kampen 1996". *Filosofie magazine* 6, 2, 1997, p. 48-49.

———. "Van win-win naar min-min? Groeistuipen in économie en milieu". *Filosofie magazine* 7, 1, 1998, p. 12-15.

VIAN, Boris. *L'écume des jours*. Paris, 1947.

WAHL, Jean. "Ordre et désordre dans la pensée de Nietzsche". In: BEAUFRET, Jean et al. *Nietzsche*. Paris, 1967, p. 85-94.

WALZER, Michael. "The politics of Michel Foucault". In: HOY, David Couzens (ed.). *Foucault. A critical reader*. Oxford/New York, 1986, p. 51-68.

WEERS, A. J. M. van. *Staat en persoon. De politieke filosofie van Emmanuel Mounier*. Rotterdam, 1987.

WERNER, Éric. *De la violence au totalitarisme. Essai sur la pensée de Camus et de Sartre*. Paris, 1972.

WHITESIDE, Kerry H. *Merleau-Ponty and the foundation of an existential politics*. Princeton, 1988.

WILLHOITE Jr., Fred H. *Beyond nihilism. Albert Camus's contribution to political thought*. Baton Rouge, 1968.

WINOCK, Michel. *Le siècle des intellectuels*. Paris, 1997.

WORMS, Frédéric (ed.). *Droits de l'homme et philosophie. Une anthologie (1789- 1914)*. Paris, 1993.

Índice onomástico

A
Abensour, M., 228, 237
Achterhuis, H., 107-08
Adão, 43
Alain (É. A. Chartier), 109, 116, 120, 159, 170, 186, 205, 210, 228, 232, 236
Albert, M., 18, 24, 26, 76, 79, 98-99, 101, 104, 106, 111, 215
Alexandre, o Grande, 7, 12, 15, 26, 29-31, 34-35, 45-48, 56, 63, 65, 125, 132, 151-52, 161, 169, 184, 190, 206, 216, 224
Althusser, L., 17, 26, 35, 118-19, 121, 160-61
Ankersmit, E. R., 22, 27, 174, 220
Arago, E., 209
Aragon, L., 78
Arendt, H., 29, 101, 173, 190, 192-93, 225-26, 228, 233-35, 251
Aristóteles, 187
Aron, J. P., 120
Aron, R., 29-30, 32, 34, 60-62, 76, 78, 89, 97, 119, 159, 209-11, 215-16, 224, 228, 231
Aubral, F., 126, 158, 160-61, 164, 166-67
Auffret, D., 29-30, 46, 63, 206-07

B
Barnave, A., 21
Barthes, R., 123
Basch, V., 33, 34
Bataille, G., 27, 29-31, 36, 46, 114, 131-33, 154, 182-83
Beaufret, J., 115

Beauvoir, S. de, 35, 76-77, 82-83, 87, 99
Benda, J., 216-17
Benoist, J. M., 157
Berlin, I., 33, 47, 79
Berten, A., 189
Besnier, J. M., 132
Best, S., 171
Blanchot, M., 101, 183
Blanc, L., 23
Bloom, A., 30, 56, 75, 236
Blum, L., 25
Boer, P. den, 22
Bost, J. L., 99
Bourdieu, P., 150, 186
Bouretz, P., 158
Braak, M. ter, 154
Brée, G., 98
Brel, J., 157
Breton, A., 27, 29, 79, 114
Brunschvicg, L., 32-33, 116, 210, 217
Burnier, M. A., 96

C
Caillois, R., 29, 46, 131, 133
Camus, A., 8, 18, 74, 76, 79, 98-108, 110-11, 159, 168, 183, 217
Cassandra, 45
Castoriadis, C., 17
Céline, L. F., 74
Chapman, T., 226
Chiaromonte, N., 217
Cioran, E. M., 11-13, 235, 239

Clausewitz, C. von, 142, 153
Clavel, M., 163-64
Clemenceau, G., 58
Cohen-Solal, A., 71, 98
Cohn-Bendit, D., 20
Collot d'Herbois, J.-M., 19
Comte-Sponville, A., 192, 203, 206
Condorcet, M. J. A. N. (marquês de Caritat), 214
Crusoé, R., 153
Cuny, A., 120

D
Damiens, R., 144
Danton, G., 19, 21
Dean, J., 150
Debray, R., 226-28, 236
Defert, D., 127
Delcourt, X., 126, 158, 160-61, 164, 166-67
Deleuze, G., 12, 35, 67, 69, 114-18, 123, 126-39, 142, 153-54, 158-60, 170-71, 174-75, 182-83, 211, 215, 223
Derrida, J., 35, 56, 115, 123-24, 129, 160, 173-74, 182-83, 186
Descartes, R., 116
Descombes, V., 15-16, 30-31, 60, 86-88, 115, 119, 121, 123, 125, 128, 130-31, 133, 135, 165, 215
Desmoulins, C., 21
Dollé, J. P., 157, 160, 163, 167
Dreyfus, A., 16, 214-15
Droit, R. P., 120, 185, 191
Drury, S. B., 15-16, 30, 35, 45, 56, 65, 132, 151-52
Dunn, S., 106
Dworkin, R., 202

E
Enegrén, A., 29
Engels, F., 47
Epting, C., 197
Éribon, D., 124, 128, 140, 150
Etzioni, A., 253

F
Ferry, J., 236
Ferry, J.-M., 202

Ferry, L., 115, 140, 156, 159, 170, 184-93, 198, 202-04, 206, 217, 230
Fessard, G., 29
Feuerbach, L., 66
Fichte, J. G., 186-88, 191-92, 211
Finkielkraut, A., 228, 232-34
Flaubert, G., 76
Flynn, B., 237
Foucault, M., 8, 11-12, 14, 35, 67, 69, 112, 114-15, 121-24, 127-28, 131, 133, 139-55, 163-64, 168-71, 174, 182-84, 186, 211, 217, 223, 232, 253
Freud, S., 57, 114-16, 118-22, 126, 136, 142, 171
Fukuyama, F., 55-57, 68-69
Furet, F., 18, 20, 22-24, 199, 207, 220-21, 231, 237

G
Gandhi, M., 108, 183
Garcia, P., 200-01
Gauchet, M., 16, 74, 96, 123, 167, 185, 220, 228
Gaulle, C. de, 14, 74
Gide, A., 74, 76
Girardet, R., 24
Giscard d'Estaing, V., 206
Glucksmann, A., 25, 92, 120, 158, 160, 163-65, 221
Goncourt, E. de, 76
Gorz, A., 119
Gourevitch, V., 30
Grenier, J., 101
Grenier, R., 99, 101
Griffioen, S., 180
Groot, G., 183
Guattari, F., 120, 129, 135-37, 139
Guéhenno, J.-M., 222-25
Guénaire, M., 201
Guérin, M., 157
Guicciardini, F., 220
Guizot, F., 22-23

H
Habermas, J., 174, 179, 202, 230
Habib, C., 237
Havel, V., 163

Hegel, G. W. F., 7, 12, 14, 17-18, 26, 29, 31, 34-37, 39, 41-44, 46, 48-50, 53, 56, 58-67, 75, 77, 80, 88-89, 97, 102-04, 110, 113-17, 119, 125, 130, 132, 142, 151, 154, 173, 179, 186-88, 190-92, 207, 211, 216-19, 232
Heidegger, M., 26, 32, 56, 59, 64-67, 89-90, 115-16, 140, 157, 183, 186-88, 190-91, 193
Heráclito, 122
Herriot, É., 209-10
Herr, L., 24
Hippolyte, J., 29, 34-35, 141
Hitler, A., 25, 34, 44, 210
Hobbes, Th., 144, 154, 239, 242, 244
Hollier, D., 46, 76, 132
Husserl, E., 32, 115

J

Jambet, C., 160, 163, 166-67
Jarczyk, G., 37, 39, 61, 63
Jaurès, J., 24-26
Jeanson, F., 99, 104, 106-07
João de Éfeso, 160
Judt, T., 16-17, 25-26, 74, 79, 119, 211, 217
Julliard, J., 236

K

Kant, I., 14, 29, 31-32, 34, 36, 64, 116, 133, 141-42, 168-70, 172-73, 175-80, 183-84, 186-92, 199, 201, 210-11, 216-17, 232, 234, 246
Kate, L. ten, 183
Kelner, D., 171
Kesel, M. De, 31, 133
Khilnani, S., 16, 228
Kierkegaard, S., 89
Klossowski, P., 27, 29, 114-15
Koestler, A., 94, 107
Kojève, A., 7, 12-13, 15-17, 26-31, 34-69, 71, 75, 77-78, 83-84, 90, 94-95, 97, 101, 114, 117-19, 122-23, 125, 129, 131-32, 135, 142, 151-52, 166, 169, 171, 190, 198, 201, 206-07, 211-12, 216-24, 232, 234-36, 239, 242, 244
Kolakowski, L., 47
Korsch, K., 119

Koselleck, R., 213
Kouchner, B., 164
Koyré, A., 29, 31
Kravchenko, V., 161
Kundera, M., 184-85, 195-96

L

Labarrière, P. J., 37, 39, 61, 63
Lacan, J., 27, 29, 119-21, 123, 126, 157, 186
Lacoue-Labarthe, Ph., 176, 183-84
La Fayette, M. J. Y. Gilbert du Motier, marquês de, 21
Lamartine, A. de, 23
Lapouge, G., 31, 54-55, 62, 125, 207
Lardreau, G., 157, 160, 163, 166-67
Lavisse, E., 24
Le Bris, M., 163
Leclerc, A., 157, 158
Lefebvre, G., 17, 119
Lefebvre, H., 24
Lefort, C., 15, 79, 89, 92, 159, 180, 184-85, 190, 192, 198, 208, 212, 228, 236-55
Leiris, M., 76, 133
Lênin, N., 160, 165
Lenoble, J., 189
Lévi-Strauss, C., 123, 125
Lévy, B.-H., 157-61, 163-64, 166-69, 206, 211, 217, 223, 233
Lévy, F., 157
Lincoln, A., 226
Lipovetsky, G., 127, 222
Loesje, 213
Loose, D., 237
Löwith, K., 114
Luís Filipe, 23
Luís XVI, 19, 21, 249
Lukács, G., 85, 89-90
Lyotard, J. F., 14, 18-19, 115, 141, 170-84, 189, 198, 202

M

MacIntyre, A., 253
Manent, P., 231-32, 237
Maquiavel, N., 83, 110-11, 211, 228, 235, 238-43, 251, 254-55
Marcel, G., 16, 81, 114, 220, 228

Marcuse, H., 120
Marjolin, R., 207
Marx, K., 14, 17, 22, 26, 36, 45-48, 52, 56, 61, 65-67, 89-90, 95, 105, 110, 114-16, 118-22, 124, 126, 159, 163, 165-66, 171, 173, 178-79, 185-87, 211, 232, 243, 246
Maspéro, F., 159
Mathiez, A., 24
Mauriac, F., 74
McBride, W., 82
Mélonio, F., 231
Merleau-Ponty, M., 8, 12, 14-15, 17, 27, 29, 31, 59, 66, 69, 75-77, 80, 84-86, 88-96, 99, 109-11, 116, 118-19, 162, 209, 226, 228, 238-39
Michelet, J., 23
Middelaar, L. J. van, 234
Milosz, C., 71
Mirabeau, H. G. Riqueti, conde de, 21, 58
Mitterrand, F., 200, 226, 233-34
Mongin, O., 16, 159, 164, 167, 198-99, 228, 236-37
Montesquieu, C. de Secondat de la Brede, 211
Morin, E., 237
Mounier, E., 75-76
Mounier, J. J., 21

N

Nancy, J.-L., 183-84
Napoleão III, 23
Némo, Ph., 160
Nietzsche, F., 14, 26, 31, 52-53, 65-67, 103, 113-18, 120-22, 124, 127, 129-30, 132-35, 139, 140-42, 154, 170-73, 175-76, 184, 186, 211, 216-17, 232
Nora, P., 16, 74, 96, 123, 220
Nozick, R., 202

O

Offermans, C., 108
Oosterling, H., 182
Ory, P., 16, 78, 80, 87

P

Paganon, J., 209
Patri, A., 75

Péguy, C., 92
Peperstraten, F. van, 172, 175-76, 180
Pétain, Ph., 14, 25
Picasso, P., 71
Platão, 8, 64, 157, 160
Pocock, J. G. A., 228
Poltier, H., 237, 239
Popper, K., 101, 173, 201
Poster, M., 17, 35

Q

Queneau, R., 27, 29-30, 35, 45-46, 169, 221
Quinet, E., 23, 221

R

Rajk, L., 71
Rawls, J., 202, 230, 253
Readings, B., 177
Reich, W., 142
Renaut, A., 115, 140, 159, 170, 184-93, 198, 202, 217, 230, 258
Revel, J.-F., 159, 232
Ricoeur, P., 116, 120
Rivière, P., 141
Robespierre, M., 19-21, 27, 40, 58-59, 191
Rocard, M., 226
Rorty, R., 19, 173, 182
Rosanvallon, P., 199, 228
Rosen, S., 30, 56
Roth, M. S., 30
Rougemont, D. de, 75
Rousseau, J. J., 20, 101, 127, 187, 211, 232
Rousset, D., 79, 161

S

Sade, D. A. F. de, 114
Saint-Just, L. A. de, 83, 191
Saint-Simon, C. H. de Rouvroy, conde, 47
Sandel, M., 202, 253
Sartre, J.-P., 8, 12, 17-18, 26, 35, 44, 59, 64, 66, 69-77, 79-93, 96-100, 103-04, 105-08, 110-11, 114-16, 118-19, 124-25, 140, 159, 162, 169, 181, 183, 186-87, 190-91, 211, 217, 232, 238
Savonarola, 241
Scheepers, M., 139
Schiller, F., 60

Schmitt, C., 44
Schnapper, D., 228-31, 234
Schwartz, L., 87
Serge, V., 27, 161
Shakespeare, W., 161
Simon, C. V., 27, 47, 84, 183
Simons, J, 149-52
Sirinelli, J.-F., 16, 78, 80, 87
Slama, A.-G., 205-06, 228, 232
Smith, D., 116
Soboul, A., 24, 26
Soljenítsin, A., 92-93, 161-63, 165, 167, 171, 175, 184, 195, 197, 237-38
Sollers, Ph., 120, 163
Souvarine, B., 161
Sparks, S., 183
Stálin, J., 25, 27, 46, 49, 54, 61-63, 71, 77-78, 91, 95, 108, 135, 183
Stendhal, 7
Strauss, L., 35, 42, 50-53, 56, 67, 123, 125, 187, 190, 218, 222
Sturrock, J., 123

T

Talmon, J., 101, 173, 192
Tartufo, 201
Taylor, C., 143, 149, 202
Thao, T. D., 37, 61, 63
Thébaud, J. L., 174
Thibaud, P., 185
Tocqueville, A. de, 23, 211, 214, 221, 231-32, 250
Tommissen, P., 44

V

Vargas Llosa, M., 57
Vattimo, G., 114
Verkuijlen, A., 182, 204
Vian, B., 73, 99
Viansson-Ponté, P., 160
Voltaire, 76, 169

W

Wahl, J., 113-14, 122, 186
Walzer, M., 146-47, 148, 202
Weers, A. J. M. van, 75
Weil, E., 29

Wenders, W., 94
Werner, É., 95, 98, 100-01
Whiteside, K. H., 96
Winock, M., 16, 163, 167
Wittgenstein, L., 173
Wit, Th. de, 183
Worms, F., 186, 193-94

Z

Zola, É., 76, 215, 217

Você também poderá interessar-se por:

Hegel e o Estado é a tese complementar que Eric Weil defende em 1950 com *Lógica da Filosofia*, sua tese principal. Eric Weil introduz os temas que ocuparão toda a sua vida: a filosofia da política, da moral e da história, o que Hegel chama de Espírito objetivo. Ele desenvolverá essa filosofia da ação em obras dedicadas à *Filosofia Política* (1956), à *Filosofia Moral* (1961) e aos *Problemas Kantianos* (1963).

facebook.com/erealizacoeseditora   twitter.com/erealizacoes   instagram.com/erealizacoes   youtube.com/editorae

issuu.com/editora_e   erealizacoes.com.br   atendimento@erealizacoes.com.br